商务英语语言及其教学研究

李晓坤 著

中国纺织出版社

图书在版编目（CIP）数据

商务英语语言及其教学研究 / 李晓坤著. -- 北京 : 中国纺织出版社, 2017.11

ISBN 978-7-5180-3906-7

Ⅰ. ①商… Ⅱ. ①李… Ⅲ. ①商务—英语—教学研究 Ⅳ. ①F7

中国版本图书馆 CIP 数据核字(2017)第 188057 号

策划编辑：汤　浩　　　　责任编辑：汤　浩
责任设计：林昕瑶　　　　责任印制：储志伟

中国纺织出版社出版发行
地　　址：北京市朝阳区百子湾东里A407号楼
邮政编码：100124
销售电话：010－67004422 传真：010－87155801
http：//www.c-textilep.com
E-mail：faxing@c-textilep.com
中国纺织出版社天猫旗舰店
官方微博http：//weibo.com/2119887771
北京虎彩文化传播有限公司　　各地新华书店经销
2017年11月第1版第1次印刷
开　　本：787 × 1092　1/16　印张：16.875
字　　数：300 千字　定价：65.50 元

凡购本书，如有缺页、倒页、脱页，由本社图书营销中心调换

前 言

随着经济全球化和对外贸易的发展，商务英语的应用越来越广泛，其作用也日益凸显。国际贸易离不开商务英语。

近年来，对外贸易虽然得到了飞速的发展，但一些问题随之而暴露出来。对外贸易的空前繁荣造成了专业人才出现脱节的现状，学习商务英语的专业人数出现“多而不精”的发展趋势，这与其教学现状有着密不可分的关系，优秀师资的缺乏、落后的教学模式、对教学环境的忽视、学生少之又少的实践机会都会对商务英语人才的培养产生巨大的影响。面对未知的机遇与挑战，只有做好教学的基础工作才有可能使商务英语类人才健康地发展。 出于此，笔者精心策划并撰写了这本《商务英语语言及其教学研究》。

本书在写作时立足于商务英语语言与教学两个方面，系统介绍了商务英语语言和教学的基本理论知识，首先详细梳理了商务英语的内涵、性质、语言特点、现状发展趋势、学科体系构建及商务英语专业建设构想；然后系统分析了商务英语的词汇、句法、语篇及修辞特征，并对英汉商务语言进行比较；最后对商务英语教学进行全面的研究，其中包括商务英语教学的产生、理论基础、指导思想、现状思考以及课程体系建设等，此外还对商务英语语言翻译教学进行总结。总的来说，本书内容翔实、逻辑严密，具有一定的学术性与实用性，是商务英语学习与研究的参考书，希望能对我国的商务英语实践活动略尽绵薄之力。

另外，本书在撰写过程中参阅了国内外的许多优秀成果和相关资料，恕不一一详尽说明，在此一并致以衷心的感谢！由于作者能力和水平有限，难免存在不足之处，敬请广大读者批评指正！

本书是 2011 年河北省哲学社科规划办研究课题——《医学英语中 ESP 教学模式需求调查与研究》，课题编号：HB11Y0055

编者

2017 年 3 月

目 录

第一章 商务英语语言概述

英语是国际通用语言之一，商务活动又是全球最活跃的交际活动，于是商务英语就成为除日常交际英语以外使用最广泛的英语变体之一，同时也成为非英语国家英语教学的一大热点。本章就对当代商务英语的内涵、特点、课程特征、现状与发展以及商务英语学科体系构建等方面进行简要阐述，为后面各章节的开展做好铺垫。

第一节 商务英语的内涵

一、当代商务英语的定义

一般来说，商务英语是指人们在商务活动中所使用的英语，在西方国家通常称“Business English”。20世纪80年代，在我国，商务英语主要用于对外贸易，因而又称为外贸英语（Foreign Trade English）。现在随着经济发展的日益全球化，我国在更广阔的领域、更深的层次上融入了国际社会，政治、经济、文化教育等领域内的国际交流与合作日趋频繁，现代商务英语的内涵和外延也得到了扩展。下面主要讲述一下中西方对商务英语的定义。

（一）西方学者的观点

皮克特（Pickett，1989）认为，商务英语是介于商务技术语言和普通语言之间的一种用于商务工作中的“工作语言”（Working Language），是一种中介语，基本只包括两个层次：词汇层次和交际层次。

罗宾逊（Robinson，1991）从特征的角度对商务英语进行了界定。他认为，商务英语具有以下几个特征：（1）与一定的商务背景知识有关。（2）以需求分析为基础。（3）有明确的目的。（4）有时间上的压力。

埃利斯与约翰逊（Ellis&Johnson，1994）认为，商务英语是专门用途英语（English for Specific Purposes，简称ESP）的一个分支，是从事或即将从事商务行业的人才学习和使用的英语。

舒伊（Shuy，1998）在对大量商务资料进行分析研究后指出，商务英语是由专门化的词汇、句法、语义等构成的专门化语言。

另外，Wikipedia（维基百科）对商务英语的解释是："Business English is English especially related to international trade. Many non-native English speakers study business English with the goal of doing bus mess with English-speaking countries, or with companies located in non-native English-speaking areas but nonetheless using English as shared second language or lingua franca."（商务英语特指与国际贸易有关的英语。很多非英语本族语者学习商务英语的目的是与英语国家或将英语作为通用语的非英语国家、地区的公司展开商务活动。）

（二）中国学者的观点

史天陆（1999）认为，商务英语本质上就是商贸活动中使用的、反映该领域活动的英语词汇、句型等语言形式的总和。

张佐成、王彦（2002）提出，商务活动的参与者为了实现商业目的，遵循行业惯例使用特定的词汇、语法、语用策略，以顺利地开展交际活动。

张新红、李明（2004）认为，商务英语是商务场合中使用的英语，它涉及各种商务活动内容，本质上是英语的一种社会功能变体。

杨启宁（2004）认为，商务英语包含两层含义：（1）商务英语是商务环境下使用的英语，其语法、语言规则和普通英语一样。（2）商务英语是全世界所有商务领域的人都使用的一种工作语言。

林添湖对国际商务英语给出了四个侧面的定义，认为国际商务英语应被看作在特定的语言环境中（主要是在国际商务环境中）如何处理英语语言问题的态度和看法；国际商务英语是有别于英美等国家"地道英语"的一种国际性语言；国际商务英语的教学可分为"一般商务英语课程"和"专用商务英语课程"，以满足不同学习者的学习目的和动机；国际商务英语是一种须"因需施教"和"因材施教"的专用英语分支。

除了众多学者的观点外，英国剑桥大学考试委员会与我国国家教育部考试中心指定的BEC考试教材在引言部分指出，"International business English is for business people who need to, or will soon need to, use English in their work. It may also be used by adult students who will be entering the world of business at the end of their course of studies."由此可见，商务英语不是商务和英语的简单叠加，而是有机融合。

综上所述，尽管这些观点众说纷纭、意见不一，但其中却存在一定的相同之处，概括如下。

（1）商务英语是用于国际商务交往活动的语言工具，是ESP的一个变体，而非一种新的语言。

（2）商务英语用于商务活动中，涉及经济、贸易、法律等商务交往的一切领域。

（3）商务英语是一种专门化的英语，具体体现在其独特的用词、句法、文体风格上。

通过对上述观点的分析研究，我们认为，商务英语包含商务和英语两个方面，是人们在国际商务活动中所使用的、用以实现商业目的的英语。另外，商务活动涉及的范围极广，除一般的商贸往来以外，还涉及物流、海关、银行业、国际法律等领域，因此商务英语的范畴实际上十分庞大。需要指出的是，商务英语并非一个绝对的概念，有些商务英语同时也属于其他的专门用途英语。例如：商务活动中不可避免地会涉及法律法规，很多具有法律约束力的商务文本中的语言既可算作商务英语，也可算作法律英语。因此，在认识商务英语这一概念时，不能太过死板，而要深刻、透彻。

二、商务英语的组成要素

英国商务英语专家Nick Brieger（1997）提出了“商务英语范畴”理论。他认为，“商务英语应包括语言知识（Language Knowledge）、交际技能（Communication Skills）、专业知识（Professional Content）、管理技能（Management Skills）和文化背景（Cultural Awareness）等核心内容”。

首先，语言能力是交际能力的基础，然而具备了语言能力并不意味着具备了交际能力。美国社会语言学家Dwell Hymes认为，交际能力不仅包括对一种语言的语言形式的理解和掌握，而且还包括对在何时何地、以什么方式对谁恰当使用语言形式进行交际的知识体系的理解和掌握。现在越来越多的人已达成共识，即交际能力应包括听、说、读、写能力和社会能力这五个方面，主要指的是达意及得体。商务英语的实践性更强调交际能力的重要性。

其次，我们亦可从以下三要素来概括商务英语：商务背景知识、商务背景下使用的语言以及商务交际技能。此三要素相辅相成：商务背景决定交际技能和语言技能，商务交际技能指从事商务交际活动所必需的技能，既有语言方面的，也有非语言方面的。具体情景中使用的语言是由商务背景的内容和交际技能决定的。商务交际的内容决定词汇的选择，某个词语在不同的专业里可能会有不同的含义，在不同的上下文里可能也会有不同的表达，不熟悉相关专业的知识内容，不关注词语存在的上下文，就难以有精确的翻译或忠实的表达。而交际技能则决定句型的选择、篇章结构、文体风格、语调、节奏的变化等。

三、商务英语和普通英语

（一）商务英语和普通英语的联系

作为专门用途英语的一种，商务英语并没有脱离英语的语言规则，其语音、词汇、语法规则与普通英语一般无异，只是相对普通英语而言更加专业化、局域化，是普通英语的一种延伸。现对此展开详细论述。

1．通用英语语言规则

通过对商务英语的观察、分析可以发现，商务英语的语法、句法和词汇本质上都不能脱离普通英语而独立存在。

（1）词汇。经研究发现，商务英语词汇与普通英语词汇的重叠度十分高。这些商务专业词汇往往直接来源于普通英语当中，或通过英语构词法派生而来。尽管其含义发生了变化，但其专业含义往往来源于其普通含义。例如：share 一词在普通英语当中表示“一份、份额”的含义，但在商务领域中意为“股票”，这一含义显然与其普通含义有千丝万缕的联系。

（2）语法。商务英语并没有跳出普通英语的语法限制，而是遵从普通英语的语法规则并符合普通英语句子的结构特征。例如：

The date of the receipt issued by transportation department of concerned shall be regarded as the date of delivery of the goods.

由承运的运输机构所开具的收据日期即被视为交货日期。

The pattern of prices is usually set by competition, with leadership often assumed by the most efficient competitors.

价格构成通常由竞争决定，并由效率最高的竞争者来担任主导角色。

可以看出，上面几个商务英语句子在时态、句法上沿袭了普通英语一贯的规则，只是多了一些与专业相关的表达而已。

（3）语音。商务英语采用的发音规则与普通英语一致，并没有自己特定的发音规则和语音系统。再加上很多词语本身就来源于普通英语，其发音始终不变，并不会因为使用情景变换而变换。

2．是普通英语的延伸

既然共享语言规则，商务英语与普通英语就是同根同源的，但二者之间的联系不仅如此。事实上，商务英语是英语的专业化，是使用者需要付出更多努力学习的语言，也是他们只用于商务领域中的语言。毋庸置疑，这种专业化自然是建立在普通英语的基础之上的。因此，从这个角度来看，商务英语是普通英语的延伸。

（二）商务英语和普通英语的区别

虽然商务英语与普通英语之间存在着千丝万缕的联系，但二者之间的差异还是十分显著的，这些差异主要体现在以下几点。

第一，普通英语是人们日常生活所使用的最广泛的语言，普通英语能力包括英语语言的听、说、读、写、译的英语基本技能。普通英语运用通俗易懂的语言来表达人们的普通思想和进行信息交流。商务英语是以普通英语为基础的。学习商务英语需要有一定的普通英语基础。学习商务英语与学习普通英语一样，首先需要全面提高听、说、读、写、译能力，学习国际商务工作环境中英语使用的方法从而提高英语的交际能力。这种交际能力以普通英语为基础，以商务为特色。优秀的英语语言文学专业毕业生，在国际商务工作环境中与商人交往表现不一定良好，他们能用流利的英语与人进行一般的交际，但当涉及商务内容时由于缺乏商务英语语汇和国际商务业务知识，难以与人有效地交际。

第二，普通英语是人们生活和交际中所使用的英语，内容主要是英语知识和技能以及跨文化交际的一般知识。而作为商务环境下使用的英语，商务英语涉及经济、法律、管理、信息等多个领域，其知识和能力结构包括专业词汇、常用句式和文体风格，以及这些领域和行业的内在知识体系。商务英语集语言、专业知识、国际商务交际于一体，强调商务交流和商务沟通能力，其专业性和目的性非常明显。

第三，普通英语的学习中，学生对英语的学习往往没有明确的需求。他们大多是迫于家长的压力和考试的压力才学习英语。但是商务英语的学习者或为学术研究，或为从事商务活动等一些明确的需求而进行学习。这一点也可以从图式理论的角度进行论证。以阅读为例，图式理论认为阅读能力由三个方面决定，即语言图式、内容图式和形式图式。语言图式是指阅读者对文章所使用语言的掌握程度；内容图式是指阅读者对文章内容所属领域的熟悉程度；形式图式则是指阅读者对文章所用体裁的熟悉程度。这一理论认为语言图式在学习者的阅读过程中起主要作用，另外两者对阅读起到一定的辅助作用。进入商务英语学习阶段的学习者通常已经具备一定的英语基础，语言图式的要求已经基本掌握。这些学习者将带着明确的学习目的，努力达到内容图式和形式图式的要求，进而有效提高商务阅读水平，获得所需信息。这种明确的目的和特殊的需求是普通英语所不具备的。

第四，普通英语和商务英语并不是界限分明、各自独立，而是呈交融状态。商务英语以普通英语为基础，它并不是另外一种语言。商务英语是普通英语和行业英语的合体。所谓行业英语指的是具有行业特征的英语语言材料。商务英语是国际商务活动中所使用的语言，是全民语言的一部分，和文学语言、科技语言等功能文体一样，具有共同的实质。商务英语既然不是另外的语言，它就没有专门的语音系统和语法系统。虽然商务英语包含特殊的行业语言，但是，某些语言现象有时在普通英语或其他功能语言文体中也可能出现。

第五，商务英语教学虽然起源于普通英语教学，但其特殊性决定了在实践过程中它还有着许多不同于普通英语的教学方法。哈钦森和沃特斯（Hutchinson & Waters，1987）等语言学家均认为，ESP 的研究内容以及教学方式都是由学习者的需求而决定的，作为 ESP 的分支，商务英语和普通英语在教学方式上自然也存在一定的差别。普通英语教学以传授普通英语语言技能为目的，并且这种教学是由普通教育目标决定的。例如：学校开设英语课程是为了普及英语，提高学生的英语水平。但是，商务英语学习者明确的、特殊的需求决定了商务英语教学的内容必定和普通英语有着很大的不同。例如：商务学术写作、商务体裁风格等都是普通英语教学并不涉及的内容。正是由于这种实用的需求，商务英语把语言能力培养重点放在了商务领域的“行”（Doing）上，即开展商务实践，培养用英语解决商务问题的能力。而普通英语则把重点放在“知”（Knowing）上，即把握英语的普通规则。由此可见，商务英语教学的目标更具体、更明确，因此其教学中也常采用任务型教学法。

第六，商务英语以英语语言共核为基础。所谓语言共核是指语言的共同核心，语言的共核部分是学习任何语言功能变体时需要学习的内容，如学习法律英语、科技英语时首先要学会基础语言，然后，才学习语言的非共核部分。语言的非共核部分指的是学习者需要掌握的特殊语言材料以满足特殊需求。商务英语中带有行业特征的英语语言材料属于英语的非共核内容。商务英语是基于普通英语基础知识，根据国际商务活动内容发展的用英语进行国际商务活动的语言。普通英语是商务英语教学的依托和基石。

第七，商务英语不能脱离商务环境，是与商务某个特别工作或行业相关的特定内容，是与一般有效沟通能力相关的一般内容的混合，具有行业性特征，而这些带有行业特征的英语语言材料属于英语的非共核部分，涉及商务活动相关的多个领域的专门化内容，它使商务英语成为一门独立专门用途英语。同时，由于商务英语内容不仅包括商务语言的听、说、读、写、译，还包括学习者学会如何在商务领域做事的内容，因此，反映在语言上，其实用性和话语的目的性都盛于普通英语和其他的专门用途英语。

第八，由于商务英语是人们从事国际商务中所使用的英语，而国际商务各个行业领域都注重实践活动，所以，商务英语有写实的特点。商务英语的文体风格显著，表现在语言的正式、规范等方面。如产品说明书的用词有专业特点，书面语言较多；国际商法语言非常正式，用词非常讲究，逻辑严密、滴水不漏。而普通英语一般不具备这些明显的特点，普通英语只是人们用来从事日常交流和传递一般信息的英语语言，只有在某种特殊情况下才会对语言有特别选择。

由此看来，商务英语与普通英语互为联系，商务英语以普通英语为基础，没有普通英语，商务英语不完整。另一方面，普通英语的存在，不以商务英语为前提条件，而商务英语则离不开普通英语。就篇章结构而言，没有普通英语就没有商务英语，因为商务英语的篇章包含普通英语。

四、商务英语和国际商务英语

商务英语有时也被称为“国际商务英语”，这与所使用的英语与国际商务密切联系有关。但商务英语和国际商务英语毕竟是两个不同的概念，因此有必要对二者之间的关系做一个说明。在说明之前，首先需要明确一个概念：什么是国际商务英语。

（一）国际商务英语的内涵

所谓国际商务，就是指一个国家由于自身经济发展的需要在生产或非生产领域的国际之间的合作行为。国际商务涉及众多领域，如贸易、劳务、运输、技术投资等各方面。既然国际商务涉及这些领域，那么商务英语也就自然与这些领域密切相关，这就是商务英语被称为“国际商务英语”的原因所在。从这个角度来看，无论是商务英语还是国际商务英语，它们都是一种英语语言，都属于语言学的范畴。

（二）商务英语和国际商务英语的差别

研究商务英语需要解决的另一个问题是有关商务英语与国际商务英语的区别。否则，概念不清不利于教学与研究。所以，有必要对商务英语和国际商务英语加以区别。一般说来，两者之间的异同是：

（1）显然，二者之间主要的差别在于“国际”二字上。实际上，商务英语与国际商务英语二者在本质上是相同的，它们是同一件事从不同的角度去理解的结果。至于是“商务英语”还是“国际商务英语”则是对不同的对象而言的。具体来说，对于那些以英语为母语的人而言，商务英语就是商务英语，不存在所谓的国际商务英语。而对那些将英语作为外语来学习的人来说，商务英语就相当于国际商务英语。此外，如果以英语为母语的人与非英语国家的人，或两个非英语国家的人之间进行商务往来，他们所使用的语言就具有国际性的特征，因此也称为国际商务英语。可见，正如王兴孙（1997）认为的那样，“之所以在商务英语前加上‘国际’二字，无非是表明与涉外商贸有关”。

（2）对于英语本民族的人来说，商务英语就是指从事商务活动时使用的英语，由于并不涉及与其他国家的商务人员进行交易，因此也就不涉及诸如国际金融、国际支付、海关、外汇结算等领域。但实际上，商务英语通常是在从事国际商务活动时才会使用的语言，而这就必然会涉及上面提到的各种领域。基于这种原因，尽管商务英语与国际商务英语二者在概念上存在细微的差别，这里还是将“商务英语”等同于“国际商务英语”进行研究，避免在理解时产生不必要的麻烦。

第二节 商务英语的性质与语言特点

一、商务英语的性质

如前所述，国际商务英语（International Business English）属于专门用途英语（ESP）的范畴。Hutchinson 和 Waters 认为，“专门用途英语不是一种‘特殊种类’的英语”。虽然专门用途英语有其特殊的语言特性，但并不存在某种特殊的语言种类。换言之，不应该认为专门用途英语是有别于普通英语的特种语言，因为两者之间的共性大于特殊性。Munby（1978）把专门用途英语分为两类：以学术为目的的英语（English for Academic Purposes），指用以完成学业或进行学术研究、交流所使用的英语，其学术性较强；以职业为目的英语（English for

Occupational Purposes），指从事某一行业工作所使用的英语，实用性、专业性较强。Hutchinson and Water认为，商务英语属于专门用途英语的一个分支，一种变体。商务英语的全称应是English for Business and Economics（EBE）。在美国，商务英语指的是“商务沟通之用语也”（Mary Ellen Guffey，1999）。

二、商务英语的语言特点

商务英语作为语言，它是一种交际工具，是传递知识信息的载体。它所传递的知识信息有突出地反映国际商务学科领域的特征。所以，它与普通英语相比有其自身独特的语言特征。因此在对商务英语概念有了一定了解之后，我们要继续研究商务英语的语言特征。从国内外英语学者对商务英语定义的各种评说中，我们可以明确的是：商务英语的核心是英语，它以商务活动为背景，因而其语言是写实的，两者在基本词汇、句型、语法的运用上具有共性，但由于商务英语传达的商务理论和实务等信息的特殊性，在专业词汇、句式特点、篇章结构及表达方式等方面，商务英语有其独特性。

1. 用词正式、严谨、准确

商务英语可谓字字千金，必须准确清楚地表达所要传递的信息，谨慎使用夸张、比喻等手法，尽量避免使用模棱两可的词语，以免产生不必要的争议。除广告语体外，商务英语在用词方面大量使用书面语，用词正式，力求准确无误。一般用词义相对单一的词来替代词义灵活丰富的词，以使文体正式、严谨、庄重。比方说，普通英语中的词汇tax，be familiar with，buy，include对应在商务英语中则用tariff，acquaint，purchase，constitute。

例1：When the validity expires，you need to make a new application for the registration.

译文：有效期结束后，需要申请重新注册。

例2： In case one party desires to sell or assign all of or part of its investment subscribed，the other party shall have the preemptive right.

译文：如一方想出手或者转让其投资之全部或部分，另一方有优先购买权。（assign较transfer正式）

例3： Unless specified otherwise in the contract，the insurer may also terminate the contract.

译文：除合同约定不得终止合同的以外，保险人也可以终止合同。

例 4： To acquaint you with our purchase terms，we are enclosing a specimen of our contract for your reference.

译文：为使你方熟悉我方交易条款，兹随函寄上合同格式一份以供参考。

解析："acquaint"是正式用语，词义单一稳定，意为"make sb. familiar with sth."，而"familiar"词义较为丰富，可以表达多种含意，常见的有"熟悉的、常见的、听惯的、亲近的、随便的"等意思，在正式交往中，容易产生异议，采用词义单一的词语"acquaint"，可以有效避免歧义，使句意表达明确、正式、严谨，文体更庄重。

商务英语中常用的正式用词还有：assign（转让），construe（解释），convene（召集），interim（临时），partake（参加），repatriate（遣返），effect（实现），grant（提供；让渡财产），levy（征收；征税），initiate（创始；发起），substantial（相当大的；重要的），terminate（结束；终止），utilize（利用）等。再举几例：

例 5： Under the new regime，which could levy a tax rate as low as 20%，it will become legitimate to maintain an offshore account and pay the lower Swiss tax rate.

译文：在新的税收制度下，英国政府将征税税率低至 20%，并且，将英国纳税人继续持有外国账户且按较低的瑞士税率缴付视为合法。

例 6：A request for interim measures addressed by any party to a judicial authority shall not be deemed incompatible with the agreement to arbitrate，or as a waiver of that agreement.

译文：任何一方当事人向司法机构提出临时措施的请求并不能视为对仲裁协议的违反或放弃。

2. 常用缩略词、外来词、古体词

英国语言学家 Leech（1998）在英语词义的分类学说中指出，专业词语、古体词及外来词都属于具有正式用语风格的词汇，符合商务英语语体行文准确、简洁的要求。

（1）缩略词的使用。缩略词是国际商务英语词汇的重要组成部分，它是随着语言使用的便利化而出现的。使用缩略词能够避免使用长而繁的语言现象。随着社会和科技的迅猛发展，到了 21 世纪的今天，我们所做的一切都非常讲究工作效率。从商者都讲究效率，而要提高工作效率首先就要有时间观念。"时间就是金钱 / 效率"永远不会过时。正因为如此，商务英语中出现许多缩略语就不足为奇了。缩略词的特点是能用较少的语言表达丰富复杂的内容，言简意赅、信息量大、使用方便。在商务交际中使用这些缩略语通常是带有行业特征的。例如：

YR TLX 28 TH RCVD（28日来电收悉）；

VC（Venture Capital 风险投资）；

Reps （sales representatives 销售代表）；

blue chip 蓝筹股，绩优股；

bad debt 呆账；

NYSE （New Stock Security Exchange 纽约证券交易所）；

BR （bank rate 银行贴现率）；

wt （weight 重量）；

L/C (信用证) ；

M/T（mail transfer 信汇）；

D/P（documents against payment 付款交单）；

C. I. F. （cost，insurance and freight 到岸价）；

F. O. B.（free on board 离岸价）；

……

由于常用缩略语在外贸函电中出现的频率很高，熟练掌握这些缩略语有利于我们更好地进行商务活动。

（2）外来词的使用。商务合同英语中使用的商务类专业术语有不少源于拉丁语、法语、希腊语等的书面词或由合成构成的词语，或是习惯上使用的所谓“商业用词”，它们的意义比较稳定，利于精确地表达概念。外来词的使用使商贸英语文本更加正式、庄重和严肃。如来自法语的 force majeure（不可抗力）；拉丁语的 ad valorem（从价税）等。有些则是由其词根派生或合成，许多术语都有相同的前缀或后缀。它们的意义比较稳定，利于精确地表达概念。

例 7： The tariff may be collected on an ad valorem basis，where it is a percentage of the value of the import.

译文：从价关税是依照进出口货物价格的一定百分比为标准征收关税。

例 8： So far few，if any，workers have been laid off as oil companies have，with a few exceptions including Anadarko，have not invoked force majeure clauses that allow them cancel rig contracts.

译文：目前甚少工人遭到解雇，除了美国的阿纳达科等少数公司外，多数石油公司还没有行使不可抗力条款以取消油井开采合同。

（3）古体词的使用。国际商务英语会涉及商务函电、经贸合同和各种协议，由于这些文本对双方都具有法律效力，为体现法律的权威性和严密性，用词特点是正式、规范和严谨。经常使用一些在其他英语语体中很少或不再使用的古体词，能够体现商务英语语体行文准确、简洁和正式、规范、严谨的要求。

例 9： LICENSEE shall not acquire any rights in any copyrights or other rights in the Property， or the Product， except for the license expressly granted herein.

译文：被许可人不能获得任何权利，包括版权或是其他的所有权，或是作品，除非许可中明确准予。

例 10： In compliance with the request in your letter dated May 8， we have much pleasure in sending you herewith our pro forma invoice in quadruplicate.

译文：应贵方 5 月 8 日来函要求，特此随函附寄形式发票一式四份。

例 11： Provided that the acceptance of rent or mesne profits by the Landlord after the expiration of the term of the tenancy hereby created shall not be deemed to operate as a waiver or breach of any of the terms hereof nor as a new periodic tenancy by way of holding over or otherwise. A new Tenancy shall only be created by a fresh tenancy agreement in writing signed by the Landlord and the Tenant.

译文：倘若在本合约规定的租期届满后业主接受租金或中间收益，不应被认为是起了放弃或违背本合约的任何条件的作用，也不应认为是起了作为继续租用或其他的新租期的作用。新租约只能是业主和租户签署的新书面租赁合约。

3. 一词多义

英语词汇所包含的意义往往颇具灵活性，也就是说，英语词汇的意义多依据各自前后搭配和上下文而变化。一词多义是商务英语词汇的另一特征，主要表现在一个英文单词的普通词义和商务词汇之间的区别。许多平时熟悉的词，在商务英语中除了基本含义外还有其特定的专业意义。了解和掌握了这些词的多义性，才能运用自如，准确灵活地进行翻译。例如：汉语的“单”，这个字一般译成“bill”，如“煤气单”译成“a gas bill”，“剧目单”译成“a theatre bill”。但“保险单”的英文却是“insurance policy”而不是“insurance bill”，同样，“insurance policy”在汉语中只能译成“保险单”，而不能译成“保险政策”。

例 12：No reference was made by anyone to the past.

译文：没有人提到过去。

例 13：My reference will prove to you that I am efficient and dependable.

译文：我的担保人将向你证明我的工作是高效的，并且我是可信赖的。

解析：reference 一词在例 11 中具有普通英语里的含义，即“参考、查阅、提及”；而在例 12 中该词则作为商务词汇出现，意思是“person or firms named by a customer asking a supplier for credit，from whom the supplier can get information about the business reputation of the customer”，即“担保人、证明人”的意思。又如 negotiation 一词，通常做“谈判”讲，而在 negotiation of the relative draft 中则是作为商务词汇，表示“议付”。因此，这里应译为“议付有关汇票”。

英语的词义具有游移性和灵活性，很多词汇都需要考虑到上下文的语境再做出判断，在商务英语中尤其要注意。

4. 臆造词语

臆造词汇是商务英语广告和商标的一大词汇特点。商标和商务广告的共同特点是要用新颖独特的语言和符号，大胆创新、标新立异，让消费者一见钟情、烙印在心。商标是某一产品区别于其他产品的标志，可以说是独一无二的，因此为表现商标的独特性. 商标中的新造词使用甚多。广告语力求让消费者耳目一新，迅速得到消费者的青睐，也会巧妙地制造新词，吸引消费者的注意力。例如：福特汽车广告“4ord costs 5ive% le$$（Ford）”将数字与字母有机混合，Ford 换成 4ord，five 变成 5ive，less 换成 le$$，让数字映入消费者的眼帘，让声音传达商家的意愿，让美元代替优惠的价格，强烈吸引消费者的眼球，达到出奇制胜的效果。“We know exactly how to sell eggs”广告语中 exactly 一词，故意将 eggs 和 exactly 拼缀在一起，达到新颖绝妙的效果，令人过目难忘。

5. 逻辑语义衔接词语

为明确陈述贸易双方的立场和观点，尤其是贸易条件等，商务语言常使用一些逻辑—语义关系词语来陈述事物间的逻辑关系，或表示原因（due to，caused by，etc.），或表示结果（therefore，as a result，etc.），或表示假设（providin g，provided，assuming，etc.），或表示转折（nevertheless，otherwise）和限定（if only，unless，etc.）等。这些词的正确使用和理解有助于正确翻译商务英语中的各类文本，准确传达原文的意思。要精确地传达原文的信息，翻译时必须使用标准的、对等的专业术语，即强调词汇的精准和对应，从而使译文读者能准确地理解原文。例如：“whereas”常用于合同约首的开头部分引出签约的背景和目的，“therefore”常用于合约的约首结尾部分引出订约双方达成的约定条款。在商务活动中，交际双方讲究的是时间和效率，简洁高效的交流必将成为商务活动的主旋律。

语言交际有其特定的语言环境，商务话语是一种职业话语，是人们使用语言进行商务活动的产物，语言和商务活动之间是密切联系的，要使商务活动得以顺利进行，商务活动参与人必须运用语言，对词汇语法资源进行适当的操作。商务活动本身决定了语言的使用特点。商务英语的特点主要在于专业化和较强的针对性。归根到底，实用性是商务英语最大的特点。它注重的是在商务沟通中口语与书面表达的准确、简练与规范。出于国际商务活动的客观性与现实性需要，商务英语的专业术语和职业套语多，但都必须用语礼貌，表意清晰，结构可行，表达得体。商务英语所要表达的语言信息是商务活动方面的内容，因此，必须精确运用专业词汇。在商务英语中，掌握一定量的商务词汇是必备的，但是仅有一定量的专业术语仍无法自如应对各种商务问题。

第三节 商务英语的现状与发展趋势

一、国外商务英语的发展与现状

语言作为人类最重要的交际工具，是随着社会的进步而发展的。英语的发展最早可追溯至公元前 500 年，工业革命的结束迎来了英语的大发展时期。随着英国对殖民地的争夺以及帝国主义的不断扩张，英语逐渐走向了世界的舞台。

在 20 世纪，尤其是二战结束后，人类社会开始进入了一个前所未有的、大规模的科技和经济高速发展的时代。由于战后的美国在科技和经济方面发展最快，成了举世瞩目的科技和经济强国，美国的官方语言——英语也就成了国际上科技和经济活动中最通用的语言交际工具。据统计，把英语作为第一语言的就有美国、英国、澳大利亚、新西兰、加拿大、爱尔兰等 10 多个国家；把英语作为主要交际用语的地区有新加坡以及非洲的一些国家，总计有 80 多个国家；把英语作为第二语言的国家有法国、瑞士、丹麦、比利时、挪威、芬兰和冰岛等国。时至今日，英语的使用人数已从 400 年前的 500 万左右，发展到今天的 10 多亿。这些数字都充分地说明了：英语已逐渐发展成为一种世界语言，成为今天世界政治、经济、科技、文化交流最重要的通用语言工具。

随着世界经济社会的不断发展，英语广泛应用于国家间商务活动与交流的各个领域。英语在国际商务活动中扮演着重要的角色，已经得到了人们的普遍认同和接受。国际商务活动中英语的使用领域不仅包括商务谈判业务、保险、索赔、信用证、付款、装运等，也包括贸易、金融、运输、财会、投资、国际合作、经济法、国际惯例等方面。国际商务活动中使用的英语不仅在词汇、语法资源等的选择方面有一定的特征，而且具有鲜明的意识形态、礼貌体制、话语形式，与一定的商务背景知识相联系，具有明确的目的性，并以需求分析为基础。因此，英语在商务活动中的使用与普通英语产生了越来越大的区别，它形成了独具特点的语言、交际系统，继而形成英语的一种功能变体——商务英语。目前在世界许多国家，商务英语都呈现蓬勃发展的势头。发达国家非常重视商务英语教育，许多院校都开设了商务英语课程。商务英语课程的目的具体来说应该是培养熟悉商务课程各方面专业知识、社交能力强、能够利用英语开展商务活动，解决商务纠纷等的高级应用型和管理型人才。在以英语为母语的国家，它们的外语教学界把商务英语教学视为专门用途英语教学（ESP）的一个领域。在英国，各大经贸类院校都开设了商务英语课程，如牛津大学、剑桥大学向全世界推出了国际性商务英语考试，伦敦商会设立了商务英语证书的培训和考试机构；美国的哈佛大学、斯坦福大学、加州伯克利大学等著名院校都开设了商务英语课程，普林斯顿大学还成立了以商务英语为核心的国际交易英语考试中心。英美的主要广播公司每天都在播出商务英语教学节目；同时，许多国家的大小城市，拥有为数众多的商务英语培训学校。据 Teaching Business English 的作者 Mark Ellis 和 Christine Johnson 介绍，仅在英国这类学校就有一百多所。英国的中央兰开夏大学专门开设商务英语专业并与我们国家的几个主要城市，如上海、广州、深圳等地的高校联合开设商务英语专业，培养了一批又一批的商务英语的专业人才。

国外出版了大量的专著和学术论文，还有数种 SSCI 学术期刊，如 English for Specific Purposes，Journal of Business and Technical Communication；设有专门的学术组织，如 IATEFL BESIG、美国亚太商务交流协会等；定期组织召开学术研讨会。在 2000—2011 年期间对发表在 English for Specific Purposes 期刊上的论文进行检索，考察国外商务英语学术动态，检索发现，商务英语研究涉及语言体裁、认知、教师发展、教材教法、商务话语、商务交际、语料库等，如英语作为国际商务通用语（Nickerson，2005）、波兰产品英语广告使用对商务英语的启示（Btigitte，Meurs & Radlinska，2010）、基于语料库的搭配因素对商务英语教学的作用研究（Walker，2011）、基于语料库的书面商务英语中的词汇性别研究（Fuertes-Olivera，2007）、公司经理日常话语分析（Leena，2002）、纺织商人的职场交际英语分析（Li & KaeMead，2000）、案例教学法在商务英语教学中的应用（Esteban，Mara Luisa& Pérez canado，2004；Jackson，2004）、商务报告教学模块的设计与实施（Flowerdew， 2010）、基于语料库的商务英语教材中的隐喻评价（Sznajder，2010）、商务英语教材的整体评估框架（Chan，2009）、商务会议的参与与表现研究（Rogerson-Revell，2008）、营销信函的话语策略（Carla，2004）等。另外，大量商务话语和跨文化商务交际的学术专著也相继出版：如《商务话语手册》（The Handbook of Business Discourse）、《商务话语：文本与语境》（Business Discourse：Texts and Contexts）、《商务话语评价》（Evaluation in Business Discourse）、《跨文化商务交际》（Intercultural Business Communication）、《跨文化与国际商务交际：理论、研究与教学》（Intercultural and International Business Communication：Theory， Research and Teaching）。

二、我国商务英语的发展与现状

（一）商务英语在中国的发展概况

商务英语在我国的发展可以追溯到20世纪50年代初期。由于当时我国正在实行计划经济体制，“冷战”的国际环境也使得我国对外经济、商务交流和与国际社会的交流非常有限。这种局面导致我国没有更多的机会进行商务英语语言的学习，所以当时商务英语在我国的发展并不明显。20世纪80年代以来，我国确立了以经济工作为中心和对外改革开放的政策，对外经济贸易活动范围逐渐扩大，对外国际商务活动日益繁荣，中国的对外经济联系由原来的单一商品贸易发展到现在的技术、服务、资本、金融、保险和旅游等领域，人们开始对商务英语有了更深的认识。20世纪90年代以来，中国市场经济体制得到确立并逐渐完善，经济全球化进程加快，中国经济逐步与世界接轨，进出口贸易量迅速加大，社会上能够使用英语直接从事国际商务活动的人才极度缺乏。由此，推动了商务英语语言在我国的飞速发展。进入21世纪，随着我国加入世界贸易组织，经济全球化和世界一体化的进一步加剧，我国经济和社会进入了新的快速发展时期，商务英语的发展在我国达到了鼎盛时期。

2007年，商务英语专业获得教育部批准设立。教育部本科专业新目录批准商务英语进入基本目录（专业代码050258）。2008年，上海对外贸易学院和广东外语外贸大学也经教育部批准设立了该专业。从2012年起，专业审批权调整为省级教育厅审批、教育部备案。商务英语已成为成熟稳定、就业好、社会认可度高的专业。在研究生层次，国内部分高校从20世纪80年代初开始招收商务英语方向硕士生，已培养出近万名研究生，近年来成为最热门专业，每年报考过千人。从 2012 年起，商务英语的博士点开始试点招生，商务英语已形成了专科、本科、硕士、博士、在职培训一条龙的人才培养体系和模式。

随着社会对商务英语的需求与日俱增，各种培训班比比皆是，各种商务英语证书考试名目繁多，其中影响较大的有商务部举办的全国外销员考试、国家人事部和商务部联合举办的全国商务师资格证书考试、国家教育部和英国剑桥大学联合举办的剑桥商务英语证书考试。在商务英语教学蓬勃发展的同时，商务英语的学科体系也在逐步形成。由此，我们可以清楚地看到，商务英语已经深入我们的生活当中，受到了极大的重视和越来越多人的青睐。

（二）我国的商务英语研究

国内的商务英语研究多年来发表学术论文主题涉及学科建设、教学、教材、翻译、语言研究、商务文化等。商务英语论文大多数探讨教学（占 56.7%）。近年来，出现了一些有学术深度的论文，如《解读 < 高等学校商务英语专业教学要求 >》（陈准民、王立非，2009）、《商务外语的学科内涵与发展路径分析》（王立非、李琳，2011）、《跨学科构建商务英语理论体系的共同核心——基于北美商务沟通和欧洲商务语篇的跨学科没想》（曹德春，2011）等。统计发现，关于商务英语研究方法的论文较少，而商务英语硕士学位论文量有逐年上升的趋势。其中，2000—2010 年，“中国优秀硕士论文数据库”共收录商务英语主题的硕士论文就有 143 篇。不少学者如陈准民（1999）、刘法公（1999）、王兴孙（1997）、林添湖（2001、2004）、陈莉萍（2000）、廖瑛（2005）、莫再树（2008）等从学科建设、专业设置、课程体系、教学内容、教学方法以及语体、语用、修辞、翻译等角度对商务英语进行了研究和探讨，并形成一支初具规模的师资和学术队伍。

图 1-1 所示是根据王立非和李琳（2013）的调查研究制作，由图可看出，2002—2011 年间我国发表的商务英语方面的论文增势较强。在中国学术期刊网络出版总库中的 76 种核心期刊上，关于商务英语的论文就有 787 篇，这与近些年来社会对商务英语的迫切需求有很大的关系。然而，在检索了 32 种 CSSCI 期刊后发现，尽管商务英语论文的发表数量有所增加，但总数量仍然较少，只有 122 篇，如图 1-2 所示。这表明我国高质量的商务英语论文数量仍然较少，同时也意味着未来我国的商务英语研究必须在学术性、研究价值等方面有所提升，这样才能促使我国的商务英语研究更快、更好地前进。

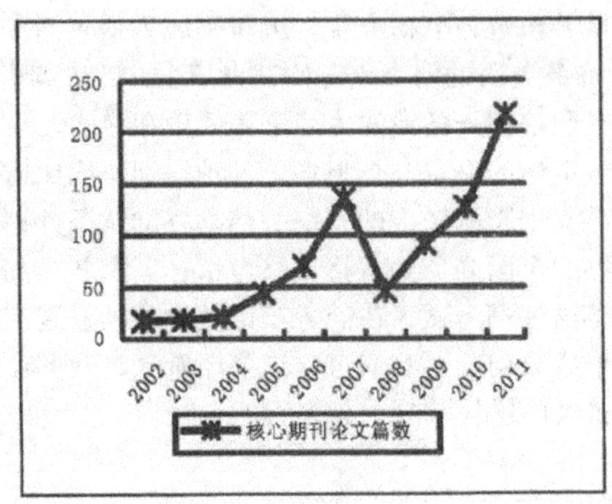

图1-1　2002—2011年间国内核心期刊上商务英语论文的发表数量

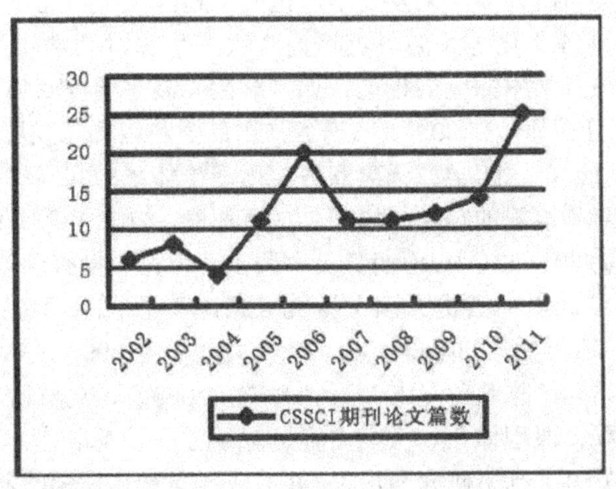

图1-2　2002—2011年间CSSCI期刊上商务英语论文的发表数量

另外，在学术专著方面，出版了《商务英语研究》《基于语料库的商务英语研究》《商务英语理论与实践》《跨文化商务交际中的关系管理》等。在国家社科基金立项方面，近几年取得突破，如"商务英语名物化的语料库考察与研究""专用翻译机器自动评分模型研究"等。2011年成立了中国专门用途英语专业委员会，多次举办教育部全国商务英语中青年骨干教师研修班，在国内举办ESP in Asia国际研讨会、亚太商务交流协会年会、跨文化商务交际国际研讨会和工作坊等，加强学术研究和师资培养。对外经贸大学和北京外国语大学还分别出版了《商务外语研究》和《中国 ESP 研究》等学术集刊。

（三）我国的商务英语教学

今天，作为专门用途英语的一个分支，商务英语在很多高校都有专门的课程，目的是培养熟悉商务课程各方面专业知识、社交能力强、能够利用英语开展商务活动，解决商务纠纷等的高级应用型和管理型人才。经过近些年来的教学实践，我国的商务英语课程覆盖了商务英语听力、口语、阅读、写作、翻译五项能力，内容涉及营销英语、外贸英语、会展英语等各个领域，教学体系初见雏形，教学成果日益提升，为我国商务英语的深入发展和商务英语人才的培养做出了巨大的贡献。

第四节　商务英语学科体系构建

一、商务英语学科的定位与内涵

商务英语起源于应用语言学的 ESP，从理论到实践不断发展，形成一门交叉学科，建设独立的学科体系。该学科理论基础来源于应用语言学、专门用途英语、跨文化交际学和话语分析。商务英语研究对象是商务活动、商务话语和商务文化，研究队伍是商务英语教师以及国际商务从业人员。同时，他们应掌握经济学、管理学和法学等相关学科的基本知识和理论，具备较强的跨文化交际能力与较高的人文素养，能在国际环境中熟练使用英语完成商务、经贸、管理、金融等工作。商务英语发展到现在，学科定位已经逐步清楚，它是应用语言学与国际商务、国际贸易、世界经济等学科相交叉产生的新学科（图 1-3），但人才培养的目标和侧重点有所不同，它是专用外语人才培养的一个新模式和途径。商务英语主要培养精通外语和商务的国际化复合型外语人才，从事跨国投资、跨国诉讼、跨国贸易、跨国管理等领域的信息调研、商务演讲谈判、商务法律写作和翻译等工作。要求外语调研和沟通能力强，通晓相关商务专业知识，熟悉外国文化与国情，集中了外语专业和国际商务专业的双重优势。与外语专业学生相比，商务英语专业学生掌握了专业商务基本理论、基础知识和业务技能；与国际商务的学生相比，具有外语应用水平高、跨文化交际能力强、中外文化素养好、外国国情知识广的优势。多门外语（如法、德、日、韩、阿等）技能更能显示优势。

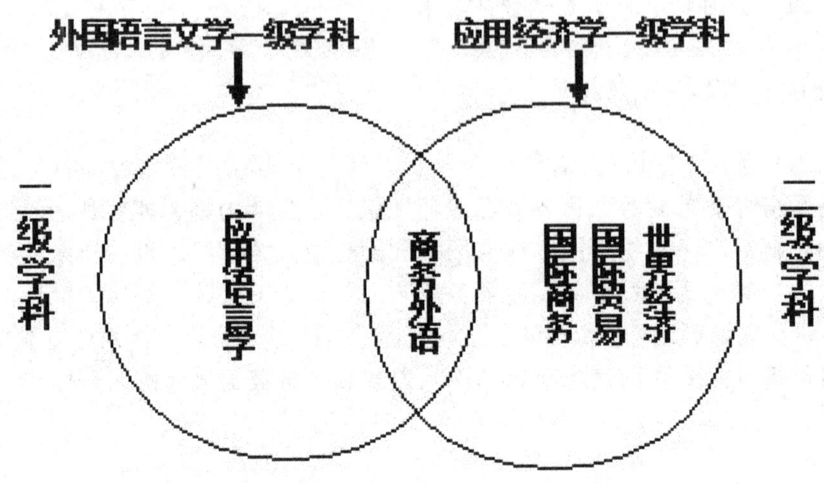

图1-3　商务外语一级学科交叉的内涵与定位

商务英语学科是专用外语和国际商务交叉产生的新学科，是专门研究外语在国际商务领域中应用的规律和特点的一门学科。目前，学科分类主要有几种不同观点。

第一种为语言学分类观。认为商务英语是以语言学为理论基础的，因此，将商务英语纳入应用语言学学科范畴，归类为专用外语范畴，专用外语的主要研究领域包含三个部分：学术英语、商务英语、科技英语（图 1-4）。

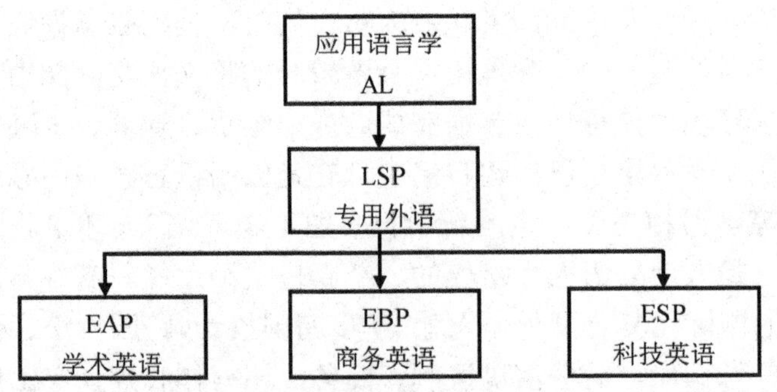

图1-4　商务外语的语言学归属

第二种为管理学分类观。认为商务英语以管理学为理论基础，商务英语属于工商管理学学科范畴，主要研究重点是国际商务沟通，与国际营销、企业管理内外部沟通密切相关，因此可归类为国际商务沟通范畴，主要研究重点包含商业策略、交际策略、跨文化策略三个组成部分，涉及商务谈判、商务礼仪等（图1-5）。

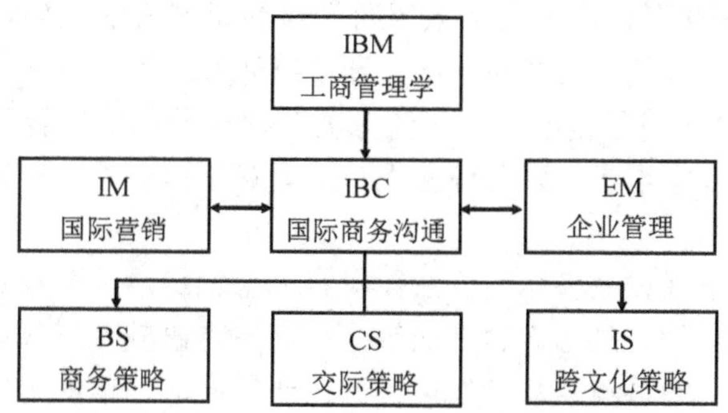

图1-5　商务外语的管理学归属

第三种为经济学分类观。从学科内涵看，在一级学科层次，商务英语学科是由外国语言文学和应用经济学两个一级学科相交叉，在二级学科层次，由外国语言学及应用语言学与国际商务、国际贸易或世界经济等二级学科交叉产生的一个独立的二级交叉学科，产生三个独立的交叉学科方向：（1）与国际贸易交叉，产生国际商务话语研究；（2）与国际商务交叉，产生国际商务文化研究；（3）与世界经济交叉，产生外国商务国情研究。（图1-6）

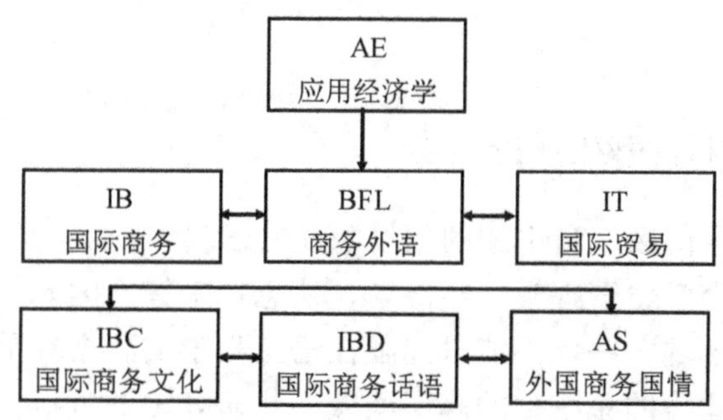

图1-6　商务外语二级学科交叉内涵与研究领域

商务英语的交叉学科属性具体体现在以下四个方面：

（1）学科理论基础交叉，商务英语研究自身具备了较完善的交叉学科理论体系，包括专用英语理论（ESP）、话语分析、应用语言学、功能语言学、跨文化交际学、翻译学、经济学、国际商务、国际贸易学、电子商务、国际营销、国际商法等；

（2）研究对象交叉，商务英语明确针对三个研究领域：国际商务话语、国际商务文化、外国商务国情；

（3）研究方法交叉，商务英语采用跨学科的研究方法，如定量研究、定性研究、话语分析、案例法、语料库方法、计量统计方法等；

（4）从业人员知识与技能交叉，商务英语拥有专门的复合型从业人员，商务英语教师、商务专家学者、国际商务人员都有跨学科背景。知识与技能都是复合型的。

注：商务语言学（如商务话语、法律语言、金融英语、财经新闻英语、电子商务英语、语言经济学、外语教育产业等）；商务英语教育学（如商务英语教学法、商务英语测试、商务英语教师发展等）；研究商务话语的手段，如商务研究方法（如修辞分析、批评话语分析、语料库方法、多模态分析、功能语言学方法等）。

二、商务英语的学科理论体系

任何一门学科皆有其理论和应用两个方面，学科的构建也包含学科的理论和应用两个内容。由此可知，商务英语学科亦包括学科基础理论和学科应用理论。此外，由于商务英语是交叉性学科，它涉及许多相关学科，因而它还包含学科支撑理论。

（一）商务英语学科的基础理论

商务英语应是一门多学科组成的相对独立的学科，包含了语言学、语义学、修辞学、心理学、社会学、管理学、经济学、信息技术等。因此，对商务英语的基础理论研究应该更宏观一些，不能只局限在语言教学的各个环节，应从整个学科的理论研究和理论建设的系统化的高层面做一些研究。商务英语学科的基础理论是本体理论，也是核心理论。商务英语学科的应用理论为外延理论。商务英语学科本体理论的生成过程也就是商务英语学科本体理论的核心理论的形成过程。在此理论的生成过程中，由于商务英语学科是尚未完全独立的学科，因而许多学者在研究商务英语现象时，缺乏对商务英语学科的理论概念，即使有此概念也是比较模糊的。任何一门真正独立的学科，都侧重某一方面的知识单元，按照一定联系方式组成一个有机的整体。其基本理论占有一定的比例。该基本理论包括概念系统、研究方法、学科本质分析和定位、功能分析等内容及其相应的链接方式。

理论是学科的立足之本，任何一门专门的学科都会有自己的学科理论，商务英语当然也不例外。理论的目的在于寻找规律，解释实践。一门学科必须具备其赖以依存的理论基础。如前所述，基础理论也可称为核心理论。整体学科发展需要基础理论作为支柱。由此看来，商务英语学科的基础理论主要由商务英语学科本体理论的核心理论、语言理论、语言习得理论和一般教育理论构成。

商务英语学科的基础理论是与其应用理论相对而言的。学科的基础理论是学科赖以生存的理论依据。语言理论是商务英语学科最重要的基础理论。商务英语教学可获得语言理论宏观和微观两个方面的指导。从宏观上来说，根据语言理论原理，我们对商务英语的语言本质和特点加以论述和描写。商务英语由普通英语和有国际商务行业特征的英语术语构成，其语言特点与普通英语和文学英语有所不同。语言理论可以帮助商务英语区别普通英语和文学英语，也有助于认知商务英语及其教学的本质，是该认知活动不可缺少的理论依据。另一方面，语言理论在微观上对商务英语教学有指导作用并对它有所影响。在商务英语研究过程中，我们以语言理论为依据，对语言事实加以研究与描写。例如：对商务英语研究中的定量研究，对商务英语词汇、句型、语用规律和规则，对话语篇章规律和规则进行描写等。语言理论对商务英语课程的总体设计、教材编著、课堂教学、测试等具体教学活动有直接的指导作用。

二语习得理论是商务英语学科的另一重要基础理论。商务英语主要研究商务英语教学。怎样通过最有效的方法达到最佳的教学效果是商务英语学科需要研究的课题。传统的研究方法往往注重“怎样教”，二语习得理论则将学生怎样习得、怎样学习纳入研究范围。二语习得理论对商务英语研究具有不可代替的作用。

二语习得全称为第二语言习得（Second Language Acquisition，简称SLA），研究一个人在习得母语（mother tongue）之后是如何习得另一门语言的。（SLA refers to the systematic study of how one person acquits a second language subsequent to his native language.）在此，“第二语言”并不专指外语，而是指除母语之外的任何一门语言，它可以是外语，也可以指与母语一样同在本国使用的其他语言，主要看该语言在该国的地位。二语习得理论对商务英语研究具有直接的指导功能，因为它描写学习者的第二语言特征及其发展变化。此外，它还描述学习者学习第二语言时的共有特征、相互之间的个别差异，以及分析影响二语习得的内外部因素。在商务英语研究过程中，我们需要对商务英语教育过程中语言习得的规律进行归纳总结，对商务英语学习者进行分析研究。二语习得研究主要是为了系统地探讨二语习得的本质及习得过程，描述学习者如何获得第二语言以及解释为什么学习者能够获得第二语言。不过，在借用二语习得理论原理研究商务英语的过程中，需要对商务英语习得者与普通二语习得者加以区别。商务英语习得者已经有一定的普通英语基础，甚至有很好的普通英语基础，而二语习得者往往指没有第二语言基础的人。所以，在运用二语习得理论研究商务英语习得者的过程中，要区别对待他们。二语习得重点研究人们学习第二语言的过程和结果，对二语习得者的语言能力和交际能力进行客观描述和科学解释。商务英语研究需要特别分析研究商务英语学习者在掌握了一定的普通英语基础之后怎样习得国际商务环境下的英语，并进行仔细的对比研究，找出其中的规律，从而对其加以客观的描述和阐释。

二语习得研究涉及三大领域：中介语研究、学习者内部因素研究、学习者外部因素研究。

我们在研究商务英语时也可以从这三个方面入手。

中介语理论将学习者的语言系统作为一个独立的、与学习者的母语和目的语系统并列的系统来考察，并将其置于第二语言习得研究的核心，试图对这个系统产生的心理认知机制做出科学的解释，这标志着第二语言习得研究方向的根本转变。商务英语研究也可以将商务英语学习者的“中介语”纳入其研究范围。但是，必须明确指出，在借用二语习得理论的中介语研究方法时，我们不能将商务英语学习者学习的商务英语作为一个独立的语言系统，商务英语仍然是英语语言，商务英语并不是“第二语言”，“英语”才是商务英语学习者的第二语言。另外，在研究过程中对商务英语学习者的内外部因素进行研究是必不可少的。例如：对商务英语学习者在学习过程中受母语的影响进行研究。此外，对商务英语学习者受普通英语的影响进行研究，寻找出其中的异同，从而对它们加以客观、科学的描述。

由于商务英语学科的研究对象主要是商务英语教学，其逻辑起点是“商务英语教育”活动，因此，教育理论应该是商务英语学科的核心基础理论。教育理论是通过一系列教育概念、教育判断或命题，借助一定的推理形式构成的关于教育问题的系统性的陈述，它对商务英语教育有指导性的关键作用。

（二）商务英语学科的支撑理论

如果说商务英语学科的基础理论和应用理论构成了商务英语学科的基本框架，那么，商务英语学科的支撑理论为该框架注入了有机的活力，为商务英语学科的稳固发展起到了关键作用。这里重点讨论商务英语的支撑理论。支撑理论对商务英语学科起到渗透、复合和支撑的作用。根据商务英语的交叉性特点，我们认为以下学科理论可以作为商务英语学科的支撑理论：语言学、教育学、国际商务学、二语习得理论、心理学、经济学、跨文化交际学、文化学、社会学、哲学、现代教育技术。以下我们分别进一步阐述。

1．语言学

语言学是研究语言的科学，或对语言的科学研究。作为一门科学，语言学有自己的一套理论、方法和分支。它是语言教学的教学原理和教学实践的理论基础之一。语言教学很大程度上依靠语言学的研究成果。商务英语学科的研究对象是商务英语教学，所以它与语言学的关系非常密切。语言学的分支学科如应用语言学、普通语言学、理论语言学、认知语言学、社会语言学、心理语言学、语用学、语义学等的研究成果对商务英语教学起着极其重要的作用。这些分支学科从不同角度或层面研究语言，它们的理论原理对商务英语学科有直接的指导作用。现代语言学比几十年前的语言学有所发展，它已经成为一门领先的学科，它的研究早已超出了语言这个范围本身。语言学的理论和方法已在人文社会科学中得到了越来越广泛的应用。例如比较音乐学就是受到语言学比较方法的影响而诞生的。商务英语教学受普通语言学理论的指导，以英语语言学为基础。所以，语言学是商务英语学科最重要的支撑理论。

2．教育学

教育学是研究教育现象和教育问题从而揭示教育规律的科学。换言之，教育学的研究对象是人类教育现象和问题以及教育的一般规律。教育学与语言教学的关系也非常直接和密切。教育学的重要组成部分“教学论”是研究教学规律的理论。由于商务英语是研究商务英语教学的学科，因此，教育学的原理对商务英语学科具有指导功能。商务英语教学是语言教学，它必然会受到普遍教育规律和教学规律的制约，必须符合一般的教育原理和教学原则。语言教学带有教育的性质，商务英语学科以教育学和教学论的一般原理为依据来指导教学实践，又对教育学和教学论的不断完善和不断发展有促进作用。此外，教育学中涉及教育目的、教育制度、教育管理等，教学论涉及教学过程、教学原则、教学内容、教学方法、教学手段等，它们所反映出来的教育、教学规律，对商务英语教学具有指导意义。因此，教育学也是商务英语学科的重要支撑理论。

3．国际商务学

一般认为，国际商务学是一门研究国际商务活动的学科，研究内容一般包括两层含义：一是研究跨国界的经济交易活动，二是研究个人、组织、国家以经济利益为目的的跨国经济活动。非商业性经济活动不在国际商务学研究范围之内。总之，国际商务学侧重于国际商务活动的理论分析。从国际商务学所研究的对象、范围来看，商务英语学科必然和国际商务学发生关系，因为商务英语学科所研究的商务英语教学涉及国际商务学的研究内容。如果离开了国际商务，商务英语学科就难以存在。我们可以从另一个角度来说明。普通英语的教学可以不涉及国际商务学，因为普通英语一般不涉及国际商务学的研究内容。商务英语学科是国际商务学和英语复合的交叉性学科，它就必然与国际商务学科密不可分。国际商务学的研究对象是商务英语学科的教学必然会涉及的内容，研究商务英语教学就需要借助国际商务学科理论。因此，国际商务学科理论作为商务英语学科的支撑理论就不言而喻了。

4．二语习得理论

语言习得（Theory of 2nd Language Acquisition）指的是在自然状态下，在良好的语言环境中，无外在压力，无任务意识，非常自然地形成对语言的认识并进而掌握这门语言的活动。“二语习得”的全称为“第二语言习得”，它主要指母语习得之后的任何其他语言学习，是应用语言学的一个重要分支学科，主要研究人们学习第二语言的过程和结果，其目的是对语言学习者的语言能力和交际能力进行客观描述和科学解释。专家认为二语习得研究能够帮助和促进学习者第二语言习得形成的过程，而教师恰当的教学行为亦可有助二语习得（ELlis，2008；Larsen-Freaman et al，1991）。

一个国家的少数民族学习该国家的母语和使用母语的人学习该国家少数民族语言时可以把对方的语言称作第二语言。在国内学习的其他国家的语言一般情况下都被称作外语。由此看来，商务英语学习主要是外语学习，而不是第二语言习得，因为商务英语学习者不是在英语国家的商务英语环境中自然习得商务英语，而是有目的地去学习和掌握商务英语。但也有学者（如胡守宏）认为，广义的二语是外语的上义词，包括外语；狭义的二语与外语是并列的、相对应的关系。我国的外语教学和研究是广义的二语习得研究的一部分。不管怎样，西方二语习得研究的许多方法和成果，对商务英语研究有着重要的指导和借鉴意义。在商务英语教学和研究中完全可以并且很有必要借鉴第二语言习得理论，因为二语习得理论有助于帮助我们注意到商务英语语言教学中对言语功能的认识、交际活动的组织以及交际能力的培养等许多重要概念及其应用。根据二语习得理论原理，我们可以从交际能力、言语功能等方面来研究商务英语。

5．心理学

商务英语研究的核心是商务英语教学。心理学原理可以用来研究商务英语学习者和使用者，研究他们的记忆、知觉、思维等方面。心理学还是研究人的行为与心理活动规律的科学。借用心理学理论，研究商务英语学科所涉及的行为人，如教师、学生、商务英语使用者的行为，从心理学角度研究商务英语学习与教学，用心理学原理指导商务英语教育活动和商务英语实践活动，从中寻找出规律以促进商务英语教学与研究。因此，心理学是商务英语研究不可缺少的支撑理论。

6．经济学

从微观经济学的角度来看，商务英语对一种经济形态有某种影响，因为商务英语学习者作为单个的经济单位，他掌握商务英语的能力直接影响他的工作能力。从宏观经济学的角度来看，商务英语在经济变量中扮演一种中介角色，整个经济变量的总量与商务英语同样有某种必然的关系。一个国家人民的商务英语教育水平，或多或少影响该国的经济。商务英语教学有助于促进国民经济发展，因为国民的商务英语能力与我国的改革开放和国际商务活动密切相关。难以想象，若我国仍然停留在改革开放以前的英语教学模式和目标，以培养英语语言文学专业人才为唯一目的，那样必然影响各行各业，尤其是涉外企业，以及外国来华投资的企业的生产能力。可以说，正如翻译为我国的改革开放做出了巨大贡献，商务英语教育对经济增长的贡献也功不可没。所以，商务英语学科与经济学联系密切，其原理对商务英语研究能起到引领作用。例如：由于资源的稀缺，经济学涉及每个经济问题必须解决生产什么、如何生产、为谁生产三个基本的资源配置问题。商务英语从另外一个角度来看，是一种资源，借用经济学的理论，如何解决商务英语专业教什么、如何教学、为谁教的资源配置问题。

7．跨文化交际学

跨文化交际（intercultural communication/cross-cultural communication）指的是来自不同背景下的人之间的交际，需要处理的是交际与文化之间的关系，解决的是跨文化语境中的问题。在此交际过程中，交际双方由于来自不同的文化背景，他们的交际必然分别受到其文化背景和生活经历的影响。“简言之，跨文化交际就是来自不同文化背景人们之间的相互交流”（张玲红，2007：22）。跨文化交际学便是研究跨文化交际的科学。作为一门新兴的学科，跨文化交际学是专门研究跨文化交际中的矛盾与问题，并探索如何提高跨文化交际能力的学科，它是人类学、社会学和交际学的中间学科和应用学科。“跨文化交际学是一门在传播学等学科理论的基础上，与人类学、心理学、语言学、文化学以及社会学等相互交叉而发展起来的学科”（胡文仲、贾玉新，2007：总序 IV）。

跨文化交际学于 20 世纪五六十年代在美国兴起。20 世纪 80 年代，哈尔滨工业大学外国语学院在国际跨文化交际研究学会的主任理事、中国跨文化交际学会会长贾玉新教授的引领下，为促进和推动我国的跨文化交际学研究做出了突出的贡献。跨文化交际研究涉及交际的各个领域：各种身份人之间的交际，如商人之间、同事之间、商家与客户之间、师生之间等；各种交际的手段，如语言交际、非语言交际等，都是跨文化交际学的研究范围。商务英语学科与跨文化交际学一样是一门交叉性学科，且两门学科有共同的交叉点，都与语言学、心理学、文化学以及社会学等学科交叉。商务英语学科研究具有商务内容的英语教学，其中涉及不同文化背景的国际商务从业人员的交际，因而必须研究商务英语教学中跨文化交际因素的影响问题。如前所述，跨文化交际研究不同文化背景人们之间的交际过程中发生的矛盾与问题，探索如何提高跨文化交际能力，该学科的理论和成果对商务英语学科有非常实用的指导价值。

跨文化交际学研究至少涉及以下五个方面：学科基本概念、语言能力与跨文化交际、世界文化差异、跨文化交际过程、跨文化交际能力。这些是跨文化交际学的五个研究内容。除第一个之外，其他四个都与商务英语学科相关。例如：世界文化差异研究的成果可以直接运用到商务英语教学中，商务英语学科可以对世界文化差异而引起的矛盾冲突对商务英语教学的影响进行不同视角的研究，从而充实跨文化交际学的功能作用。另外，跨文化交际学研究的跨文化交际能力对商务英语学科研究各国国际商务人员的交际同样有指导功能。由此可以得知，跨文化交际学能很好地支撑商务英语学科。

8．文化学

文化是一个内涵极为丰富的概念，文化是人类某一群体所普遍享有的、通过学习得到的信念、价值观念或行为特征，它具有民族性、社会性、系统性等特征。任何外语教学都离不开文化因素。商务英语教学与英语国家的文化密切相关。商务英语教学必须以一定的文化学理论为理论基础。作为研究商务英语教学的学科自然就不能忽略文化学因素了。众所周知，在商务英语教学中，很多情况下并不是因为语言问题影响教学，而是文化因素直接成了商务英语教学中的瓶颈。所谓“文化因素”，是指那些与语言理解和语言表达密切相关的文化因素，主要包括语言形式内的文化含义、文化背景和非言语信息三个方面。因此，商务英语学科需要文化学作为其支撑理论以便更有效地研究商务英语教学及商务英语使用的规律。

9. 社会学

商务英语学科与社会学有不可分割的关系。作为一种社会现象，商务英语与社会发展密切相关。在中国，随着改革开放，商务英语从过去的国际贸易英语发展而来，其内涵和外延意义与改革开放前的国际贸易英语有所不同。我们可以借用社会学的原理来阐释这种发展和演变现象，可以从中发现人类社会发展规律性的作用。商务英语作为一门新型的独立学科正处于发展的初级状态，社会学的研究内容，如社会文化、社会行为对商务英语有不同程度的影响，因为一个时代的文化能反映出当时的社会发展走向，而社会行为对社会群体客观上产生制约和影响。社会学所研究的社会关系包含了个人与社会在内的关系，这是个人与社会相统一的关系。个人只有在社会中才能生存、发展，个人的价值与幸福取决于社会的安定与繁荣。商务英语学科所研究的内容包含着作为社会的单个人的社会价值。商务英语中涉及的个人，不管是商务英语教育者，还是商务英语受教育者，他们之间的关系体现了社会人关系中的一个方面。从社会学角度来研究商务英语中的社会人，可以更扩大研究视野，立足社会，使商务英语研究与社会关系紧密地联系起来，从而更好地协调所研究的对象之间的关系。

社会的发展离不开社会中个人的努力与奉献。没有个人的存在与发展，社会的存在与发展也无从谈起。马克思主义反对抽象地把人看作自然的类，认为在其现实性上，它是一切社会关系的总和。通过以上论述我们可知，商务英语研究不能忽视社会学的指导与支撑作用。

10. 哲学

哲学在人文社会学科中居核心地位，具有人文学科性质的商务英语学科自然就可以将哲学作为其支撑理论，用哲学思辨的理论思想来指导商务英语学科的理论与实践。

哲学活动没有仅仅局限于所谓人文学科，它常常与自然科学以及社会科学发生密切关联。哲学可以看成是人文学科，但是，其工作范围不局限于人文科学。哲学总是与知识进化状况息息相关的。复杂而细化的现代知识学科体系，本身就有必要建立一种横向和深刻的关联形式，由此实现知识学科的整合，这是哲学的当代使命。这一点本身也决定了哲学学科在现代知识学科体系中的存在方式，哲学学科必须体现出一种学科综合性。商务英语作为当代知识体系中新出现的细化学科，具有当代新兴学科的交叉性特征，其理论系统需继承传统又需要根据本学科的特点创新。哲学作为现代知识体系表现出了前所未有的跨学科性以及学科综合性，由此，它对其他任何学科更具有指导功能，商务英语学科离不开哲学作为其支撑理论。

11. 现代教育技术

进入信息社会的21世纪，传统的教学方式已经跟不上时代的发展要求，加上教学观念的更新以及教学模式的多元化，人们的教育思想和教育观念也随着科学技术的进步而发展。信息技术的高速发展，电子科学的发达，计算机技术的进步，特别是计算机多媒体技术与计算机网络技术等现代技术的融入，促进了教育手段的更新和教育方法的完善，人们对教育技术因而有了新的认识。此外，由于教育竞争，教育管理者充分利用现代科学技术成果以提高教学质量。所以，运用教育技术就成为十分必要和紧迫的任务。作为当代实用性很强的新兴学科，商务英语教学离不开现代教育技术。商务英语课堂教学可使用多媒体教室，充分利用现代教育技术。如通过播放国际商务公司运作的DVD让没有实践经验的学生对国际商务实践有个初步的感性认识。另外，通过要求学生按照跨国公司的实践，制作PPT进行公司及其产品的推介（presentation）。可以让学生模拟实践，借助现代教育技术，有助于商务英语学生提前进入国际商务活动的角色。现代教育技术的理论对商务英语研究因而显得非常重要。由此，现代教育技术学也是商务英语学科不可缺少的支撑理论。

综上所述，我们可知，作为一门独立学科，商务英语需要语言学、教育学、心理学等相关学科为它提供有益的理论，以便充分从中汲取营养，从而不断地丰富、完善和发展商务英语学科的理论和方法。

三、商务英语的学术机构

一个学科的形成和发展，离不开一支稳定的学术队伍和学科带头人及学术机构。随着商务英语教学和实际使用的迅猛发展，商务英语研究也取得了令人可喜的进步和成绩，目前已有一大批教师投身于商务英语的研究与实践，许多院校成立了商务英语或专门用途英语学术机构。1998年成立了全国国际商务英语研究会，标志着商务英语研究已进入一个新的发展阶段。自该研究会成立以来，已举办了八届全国或国际性的商务英语学术研讨会，研讨会规模逐渐扩大，由最初的几十人参会发展到最近一届的四百多人规模，而且递交研讨会交流的论文档次、研究深度不断提高。研讨主题也不断深化，基本涵盖了商务英语理论研究、商务英语教学研究、商务英语本体研究、商务英语翻译研究、商务英语话语研究、商务英语跨学科研究等领域。不难发现，商务英语研究已更趋深入和系统化，一个崭新的、独立的学科分支正在形成。

我国商务英语的主要研究力量来自三所专业的外经贸大学：

（1）对外经济贸易大学。该大学的英语学院在我国商务英语教学与研究方面发挥重要的作用。他们的研究包括“高等学校商务英语专业本科教学要求”“商务英语人才培养复合度研究”。该英语学院于2006年3月25日成立国际商务英语研究所，下设四个研究中心：商务英语语料工程实验中心、商务英语语言与测试研究中心、商务英语教师发展中心、跨文化商务交际与管理研究中心。该所商务英语研究阵容强大，集中了一批商务英语教学骨干和研究主要力量。此外，该英语学院还有国家级商务英语教学团队、商务英语人才培养模式创新试验区。

（2）上海对外贸易学院。该学校于2001年11月成立商务英语研究开发中心，该中心与英国中央兰开夏大学（University of Central Lancashire）合作研究商务英语。该研究开发中心集中了国际商务外语学院一批学术骨干，近年来活跃在商务英语界并在商务英语研究方面成绩昭著。

（3）广东外语外贸大学。该大学于2007年5月8日成立商务英语研究中心，该研究中心的研究力量主要来自国际商务英语学院的国际商务系。此外，该校的国际经贸英语系、英语（国际商务管理）系给予大力支持。该中心有着一支力量强大的学术研究队伍，致力于商务英语研究。

以上三所大学的商务英语研究机构成为我国在该领域研究中的重要力量，它们不仅推动本校的商务英语研究，而且带动其他院校的商务英语研究。

商务英语是语言学与国际商务相结合而形成的一个交叉学科，是语言学、应用语言学的一个分支学科。总体而言，从事商务英语教学和研究的教师主要归属于英语语言学学科，实际上多数商务英语教师也是从英语专业的教学和研究中起步和转向的。正如前文所述，目前该学科尚存在商务英语师资队伍现状与商务英语教学快速发展不相吻合这一突出问题。尽管商务英语已作为一个独立专业进行建设，而且加入商务英语研究与实践的队伍不断壮大，但该领域仍缺乏引领学科的带头人，也尚未形成一支稳定的学术队伍，不少人实际上属于半路出家，学术方向仍不十分明朗和确定。毋庸置疑，商务英语要发展成为一个成熟的学科，仍有很长的路要走。其次，由于没有专门的商务英语期刊，商务英语研究的论文没有集中发表的园地。虽然在各种学术期刊（主要是大学的学报）上发表了不少关于商务英语的论文，但是由于这些期刊、学报的受众分散，因而论文影响不大，难以有效地促进我国商务英语学科的发展。另外，除了每两年一次的国际商务英语研究会主办的研讨会，以及一些出版社，如高等教育出版社、对外经济贸易大学出版社、上海外语教育出版社、复旦大学出版社等出版社组织一些商务英语教学研讨会，商务英语学术活动不甚理想。应该经常组织召开专题的小型研讨会（seminar），就商务英语学科发展的某个方面做专题探讨。如商务英语学科定位研讨会、商务英语专业建设研讨会、商务英语教学大纲研讨会等。全国各个省市、自治区应该成立国际商务英语研究分会，受全国国际商务英语研究会的领导。这样，各省市、自治区的商务英语学术活动能得到有序发展，同时也将促进全国的商务英语学术活动，形成全国范围内的学术研究群体，这无疑有利于商务英语学科建设。应该成立受教育部领导的全国性的商务英语教学指导委员会，制定出统一的指导性的商务英语教学大纲，对我国的商务英语教学、研究进行指导。

第五节 商务英语专业建设构想

一、商务英语专业的人才培养目标

21世纪是一个国际化的知识经济时代，由于社会对外语人才的需求已呈多元化的趋势，过去那种单一外语专业和基础技能型的人才已不能适应市场经济的需要，市场对单纯语言文学专业毕业生的需求量正逐渐减小，我国每年仅需要少量外语与文学、外语与语言学相结合的专业人才以从事外国文学和语言学的教学和研究工作，而大量需要的则是外语与其他有关学科如外交、经贸、法律、新闻等相结合的复合型人才，培养这种复合型的外语专业人才是社会主义市场经济对外语专业教育提出的要求，也是新时代的需求。因此，外语专业必须从单科的“经院式”人才培养模式转向宽口径、应用性、复合型人才的培养模式。商务英语专业正是外语教学改革的一种模式，主要培养具有扎实的英语语言基础、宽厚的人文素养、系统的国际商务知识、较强的跨文化交际能力的应用型、复合型商务英语人才。可以说，这是一种外语与国际商务知识相结合的人才培养模式，适应社会对涉外商务人才的需求。商务英语专业的就业去向基本上是公司、外企，该专业的就业竞争优势较为明显，商务英语专业学生在商务专业知识方面可以与其他英语专业学生竞争，而与经济、管理类学生相比，该专业学生的英语语言能力明显占优。

二、商务英语专业的课程特征

（1）学科性。商务英语课程的学科性是指该课程的研究对象为国际商务背景下所使用的专门用途英语、商务活动、商务语言等，重点研究由于使用领域、使用团体、使用功能等因素的不同而产生的英语变体及其规律。具体来说，商务英语课程的内容涉及国际金融、国际经济、国际贸易、国际投资、国际服务、市场营销、工商管理、知识经济、财务管理等各个领域，涉及英语的基础语言知识，还涉及商务知识、商务词汇、商务沟通、商务谈判技巧以及在商务情景下的金融、外贸、财务等相关的词汇和知识。

（2）复合性。商务英语的复合性体现为专业内容和师资的复合。商务英语学科涉及多个学科的理论知识和方法，最突出的特点是其内容的交叉性和复合性。商务英语学科的复合型特点决定了商务英语的师资也必须是复合性的。商务英语课程的复合性主要体现在，商务英语课程重视英语语言技能与其他领域知识的密切结合，融合了语言、商务、文化等多方面的内容。对于学生来说，他们不但要掌握商务知识、商务词汇，用英语进行商务交流，还要加强对商务专业知识在商务场景中的实践应用。在此基础上，学生可以运用商务英语及相关专业知识与技巧灵活自如地从事各种与商务工作有关的交际和活动。商务英语课程的复合性还体现在师资背景的复合性上。对于商务英语教师来说，他们除了要具有较高的语言教学能力，还必须广泛涉猎商务方面的知识，如经济、金融、管理、法律、新闻等，只有这样才能胜任商务英语课程的教学。

（3）应用性。商务英语教学突出的特点是理论联系实际，培养学生在具体商务环境下跨文化商务沟通的能力。教学过程中强调把语言技能的学习与商务知识的传授有机地结合起来，将案例教学、模拟教学、操作技能指导、社会实践调研、信息收集和分析这些教学方法应用到具体的课程中去，充分体现商务英语的现实感和实用性。换句话说，商务英语课程是融英语与商务知识为一体的实用型英语课程，它的教学是紧紧围绕着特定的目的和内容而进行的。商务英语课程以英语作为媒介，并为商务活动服务，其所涉及的内容涵盖与商务有关的诸多领域以及开展各商务活动的各个环节。基于此，商务英语课程常常设置各种商务交际任务所要求的模拟活动，如商务谈判、公司介绍、商务会议等。

（4）目的性。随着近些年 ESP 教学的兴起，商务英语在部分高校中已有开设。但很多教师、学生对这一课程的开设目的仍然有所误解，认为商务英语课程的目的就是让学生掌握一些专业知识，会写外贸函电。事实上，作为 ESP 的一个分支，商务英语课程本质上属于语言课程，是教授语言知识和技能的课程。它强调语言的使用，重视商务英语交际能力的培养，目的是使学生能够运用英语处理商务事务、解决商务问题、完成商务活动。因此，商务英语课程的目的应该是培养熟悉商务专业知识、社交能力强、能够利用英语开展商务活动等的综合性英语人才。

三、商务英语专业的教学模式

（一）商务英语的教学原则

1. 兼顾语言知识与国际商务知识的学习

国际商务英语是英语语言与国际商务的结合，语言是根本，国际商务是背景。因此，在设计其教学方法与教学模式时，既要注意让学习者学习掌握英语语言知识和技能，又要兼顾学生学习国际商务知识、掌握国际商务技能。这也是国际商务英语教学的特殊之处，是其区别于其他ESP教学的地方。

商务英语教学的基本宗旨应当是英语语用能力的训练。“以英语为本”这一方针应贯穿于整个教学过程。打好英语基础、培养英语交际能力既是出发点，又是落脚点。商务英语的特点之一是强调准确性。国际商贸业务的法律文书、合同、单证等的语言规范、用词精确、措辞严谨，对英语的使用提出非常高的要求，加强语言基本功的训练在商务英语教学中自然十分必要。正如“根深才能叶茂”，没有扎实的英语根基，商务的“枝叶”就难以“茂盛”。据调查，学习者英语才能的高低与投入时间的多少成正比，“外语才能的差异可用时间的差异来表示”（桂诗春，1990：231）。这对英语专业课程设置的启发意义是明显的：在课程体系中，英语专业技能课程属于主流课程，是英语专业人才培养的基础，是英语专业“立身之本”。因此，专业技能课程在学时上应得到充分保证，并贯穿于培养计划的始终。商务英语另一显著特点是语言技能和商务背景知识的密切结合。开设与国际商务相关的专业课、专业倾向课或专业知识课，加强课程的实用性和针对性，成为商务英语专业课程建设的重要内容。商务背景知识是教学的重要组成部分，内容宽泛，包括国际贸易、金融、营销、法律等诸多领域。商务背景的内容如何，决定着该情境中需要运用的语言及交际技能如何。语言技能是从事商务活动的必需技能，表现为电话交谈、业务洽谈、报告演示以及各种应用文撰写等方式。此外，一些非语言因素，如交际策略、社会文化背景、交际双方关系等，也应在商务英语教学的考量之中。

2. 遵循理论与实践相结合的原则

商务英语培养学习者以英语为工具从事商务活动的能力，学习者能够用英语解决国际商务的实际问题为终极目标，学习具有较强的实践性。因此，在保证学习者掌握语言知识和商务知识的理论基础上，应有大量的实践和训练内容。教学方法的选择应以功能为导向，以使学习者在获得英语语言交际能力的同时，获得国际商务知识与技能。把握好语言与商务的关系是国际商务英语教学设计的重点和难点。

3. 形成专业的课程体系

英语专业人才应该具备如下英语语用技能：（1）有效的普通及专业外语语音、词汇、句法、语篇表达基本手段；（2）外语口语与书面语的信息交际有效性与人际沟通得体性；（3）外语综合感知和文体修辞能力与灵敏度；（4）完善的外语与汉语口头与书面综合信息立体构建与交互处理能力；（5）丰富的外语文学、语言、文化知识。（《入世与外语专业教育》课题组，2001：13）据此，英语专业课程设置要想形成科学体系，大纲所列三类课程（英语专业技能课程、英语专业知识课程和相关专业知识课程）都须在开设时间、教学内容、教学时数等方面为上述外语人才培养目标服务。每类课程具体选开哪些科目，可考虑以下标准：各门课的个体价值（个体价值高不高主要是指它是否符合本阶段教学要求的广度和深度，是否有利于本校本专业人才培养目标的实现）；同类课程的各门课之间的相关性的高低；三类课程整体价值的最大化。

4. 突出商务英语听说技能

国际商务交际往往是一个听、说、读、写交互并用的过程。由于我国传统英语教学长期存在的一些问题，英语听说一向是学生的弱项。这在大学英语、雅思、剑桥商务英语等重量级考试中都突出地表现出来。许多学生通过了正规考试，却仍无法进行有效的口头交际。随着国际商贸的不断发展和国家对外开放的不断深入，对外商务范围日益扩大，人际交往日益频繁，口头交流成为愈加重要的交际形式。因此，英语口语训练显得空前迫切和重要。因此，在课程设置、教学内容等方面必须处理好英语专业知识与其他专业知识之间的比例关系，确保商务英语专业应有的特色和活力。

（二）教学方法与教学手段

21 世纪外语专业人才的培养目标和培养规格以及教学内容和课程建设的改革都需要通过教学方法和教学手段的改革才能得以实现。商务英语教学应该始终围绕人才培养的目标定位，并在把握好商务英语教学基本原则的基础上，根据商务英语教学的特点，坚持以学生为中心，注重英语语言教学与商务知识教学、专业知识教学与人文素质教学、课堂教学与实践教学、传统教学方法与现代化教学手段的有机结合。课堂教学仍是商务英语教学的主线，课堂教学的效果直接关系到该专业的人才培养质量，因此，教师应首先抓好课堂教学，在强化英语语言训练的同时，帮助学生熟悉和掌握现代国际商务的基础知识和基本技能，充分调动学生学习的积极性、主动性和能动性，注重学生学习能力、研究能力及创新能力的培养。根据商务英语教学的特点，在课堂教学的基础上，应强化第二课堂教学、专业课程实践、社会实践等各种形式的实践教学，比如，充分利用学校现有的实验教学资源，开展校企合作，建设实践实训基地，参加贸易投资洽谈会等，培养学生的实际操作能力及综合素养。

四、商务英语的师资队伍

专业教师在知识结构和教学方式两方面的素质对商务人才的培养举足轻重，人才培养师资先行，教师是高等学校最大的资本和资源，人才培养、知识传递、知识创造、科技创新无一不是由教师来完成的。优秀的师资队伍是实现人才培养的最强有力的保证。目前，我国高等院校的商务英语专业教学出现瓶颈，其主要原因是专业师资状况难以满足商务英语教学的需要（王军等，2009）。因此，如何建设一支素质优良、结构合理、一专多能、专兼结合的教师队伍是高等院校商务英语专业亟待解决的一个难题。

下面首先分析商务英语师资的现状，依据商务英语专业的建设要求展望未来师资培养的发展方向，同时提倡教师将教学与科研联系起来，通过行动研究不断提高自身业务能力，促进商务英语专业人才培养质量提升。

（一）商务英语师资现状

考虑到商务英语专业的学科性质以及人才培养目标定位，商务英语教师必须经过系统的英语语言知识和技能的训练，具备英语教师的基本素质，此外，还应具有一定的商务专业背景或商务实践经历，具备基本的商务知识结构。由于商务英语在国内发展时间较短，专业人才较少：从全国来看，拥有较雄厚的商务英语师资力量的财经院校和外贸院校数量少，而普通本科院校外语系（学院）从事商务英语专业教学的教师约有 800 人毕业于非商务英语专业，仅有少数是近年来经过商务英语专业培养的拥有高学历的教师（李九革，2008）。现阶段从事商务英语专业教学的教师主要有两类，这两种类型的教师都有各自的优点，但也存在明显的缺陷：（1）普通英语专业教师直接进行商务英语教学，这类教师具有扎实的语言基本功和娴熟的语言教学技巧，但大部分教师因欠缺商务背景，没有经过系统的商务专业知识培训，没有企业工作经验和行业背景知识，缺少在社会生产实践工作岗位应用外语的经验，很难胜任商务英语教学工作的需要：这是因为商务话语中存在许多的隐性知识，不懂商务（学科知识、行业管理和程序等），教师可能就会对商务话语中商务知识起作用的过程缺乏敏感，不能真正启发学生从完成商务活动的角度考虑问题（王军等，2009）；（2）从企业或行业引进的有从业经验的经济类专业人才进行商务英语教学：这些人商务实践经验丰富，专业理论基础雄厚，了解企业的运作模式，与企业关系密切，是实践教学的中坚力量，但他们教学理论和科研经验欠缺，教学方法和技巧略显单一，这些教师在教学中都难以将专业知识的讲授与学生听、说、读、写、译等语言技能的培养有机地结合起来（李蓉，2012），需要加强教育理论学习和实践。

总之，现阶段的商务英语教师由于学习或工作经历造成了专业局限，英语出色、专业知识扎实，又具有从业经历的教师极少；理论教师偏多，实践和实训指导老师不足；高学历高职称的教师偏少，缺乏理论和教学经验的青年师资数量较多，师资尚未形成良好的梯队。因此，商务英语专业发展中建设高素质师资队伍的必要性和紧迫性不言而喻。

（二）商务英语师资的复合型要求

商务英语学科的应用性、交叉性等特点，对教师的知识与能力素质以及其他素养提出了多方位的要求。商务英语的复合型特点决定了商务英语的师资也必须是复合型的，在师资培养方面各学者都不约而同地提出了“双师”型的教师培养方向，即必须具备深厚的语言修养和系统的商务知识，这一培养方向已经得到肯定。作为一名商务英语的教师，要想培养出国家经济建设所需的人才，自己首先要复合。因此，商务英语的教师不仅要精通英语听、说、读、写、译，还要具备扎实的商务知识以及跨文化交际能力、知识是教学的内容之一，直接影响教学的质量；而能力却决定教学的方法、影响教学的效果。因此，从事商务英语教学的教师应具备以下四个方面的能力和素质。

1．教学能力

教师的本职工作就是传授知识：教学能力的高低直接关系教学质量。商务英语教师应当有扎实的英语功底、商务专业理论基础和一定的行业背景知识，能运用现代教学技术进行教学，具备系统的教学设计能力、较好的教学管理能力和监控能力，善于调动学生的学习热情，善于协调师生关系（原庆荣，2009）。根据高职商务英语专业课程特点，从实用性、交际性出发，针对不同课型，采用多元与多样化的教学模式，注重启发式教学，倡导探究式学习方式，把行动导向法融入课堂教学之中，激发学生的学习兴趣和创新思维，挖掘其内在潜力，锻炼他们分析与解决问题的能力，培养他们独立思考、积极探索、善于合作的能力。

2．专业知识素养

商务英语教师的专业知识素质包括学科基础知识和学科专业知识。作为英语教师，商务英语教师的学科基础知识首先体现在其英语语言的掌握中。语言是人类交际的工具，也是人类思维的工具和人类文化的重要载体。而学科专业知识则指商务英语教师的商务知识（如贸易知识、金融知识、财务知识、会计知识、法律知识、管理知识、营销知识等）和社会实践等（江春等，2012）。

3．实践指导能力

在实践指导层面，商务英语的培养目标要求教师具有全面的综合素质，教师既能从事理论教学，又能胜任与专业相关的实习、就业的组织与指导工作，还可指导学生参加相关行业或技能的职业资格证书考试等。教师要具有丰富的行业背景知识和一定的专业实践经验，能用英语向学生介绍和讲授相关行业的产品信息、营销策略、社交礼仪、谈判技巧等商务知识，指导学生的实践活动。

4．科研和教改能力

在教改科研层面，教师要以培养学生职业技能为主线积极构建有特色的商务英语课程体系和教学内容；需主动探索教育教学规律、进行教学改革；要有较高的专业学术水平和较强的科研能力。

（三）商务英语师资队伍建设的有效途径

商务英语专业建设具有应用性和复合性的特点，这在一定程度上决定了商务英语教师专业发展的特殊性。根据商务英语教师应有的素质，高校培养复合型师资的途径有以下几种：

（1）专业知识培训。高校可以通过选派教师参加由国内外权威院校举办的商务英语教师师资培训班培养复合型教师，鼓励教师进行在职进修学习商务类课程；或者请社会上水平较高的商务从业人员和商务理论知识扎实、商务操作技能良好、工作经验丰富的教师对没有商务知识的教师进行集中培训，使之掌握商务基础知识和基本操作技能。

(2)专业资格证。鼓励教师考取商务相关证书以具备"双师型"教师的资格，如参加剑桥商务英语证书考试等。

（3）学历教育。高校还可以以一些优惠政策鼓励青年教师攻读在职或脱产的商务英语专业硕士以上学位。

（4）国外引进师资。通过聘用高素质的兼职商务专业外籍教师，充实师资队伍；引进的外籍教师可以是英语母语国家的人，也可以是在境外受过高等教育的人，但均应有商务背景经历，以建立结构合理、灵活有效的外籍商务英语教师队伍。

（5）语言培训。专业教师进行海外短期语言提高培训。

（6）中外合作办学。通过与国外大学合办国际商务英语专业，提高商务英语教学与科研水平，进一步优化课程设置、教学组织、师资结构等。上海对外经贸大学与英国中央兰开夏大学合作的商务英语本科双学位项目就是一个很好的例子。

（7）实践培训。组织专业课教师到企业进行专业实践或兼职，例如有计划分批安排教授商务英语课程的教师到具有涉外商务活动的进出口公司、外资企业、海关等单位学习和兼职，丰富教师的商务知识，提高他们的商务操作技能。

（8）带教活动。为提高青年教师的教育教学能力，新老教师可以结对，以老带新，同时也可增强商务英语教师的团队意识和合作精神。

（9）培养商务英语学科研究领军人物。培养德才兼备、学术和技能水平双优、组织管理能力强的学科带头人，此类人才应广泛参加学术交流，了解本专业发展动态，能组织、带动其他教师进行专业建设，共同提高教学水平、科研水平和实践能力。

（10）兼职教师。从涉外企事业单位或相关院校聘请既有丰富实践经验又有丰富专业知识的专家、学者等高级专门人才为兼职教师，并聘用有实践经验的外贸公司人员担任商务英语教学实践环节的教师。

建设一支能够胜任语言教学、专业理论教学和专业技能教学的高质量师资队伍，才能实现商务英语的教学目的，从而使语言类专业学生的就业能力得到显著提高。

商务英语是英语语言学与国际商务相结合而形成的一个边缘性语言学科，具有交叉性、应用性、复合性的特点。商务英语专业主要培养具有扎实的英语语言基础，宽厚的人文素养，系统的国际商务知识，较强的跨文化交际能力的应用型、复合型商务英语人才。这是一种外语与国际商务密切结合的人才培养模式。商务英语的专业属性仍是英语语言学，而非经济学、管理学等其他学科。商务英语专业的具体培养模式、课程体系、教学内容、教学手段、评价模式等必须强调商务英语的“英语本色”，商务英语教师也主要归属于英语语言学学科，这是该专业教育最为根本的原则性问题。如果片面强调经济学、管理学等其他学科的知识体系而忽视英语教学的自身特点和规律，商务英语专业就会失去应有的特色和活力，甚至蜕变为其他商科专业。

第二章 商务英语的语言特征

经济全球化的深入发展使国际商务活动日益频繁，商务英语在国际事务中的重要作用更加突出，社会对于全能型商务英语人才的需求也在不断增加。在这样的时代背景下，分析商务英语的语言特征，从而切实提高商务英语的综合运用能力，就具有很强的现实意义。下文就对商务英语的词汇、句法、语篇与修辞特征进行分析。

第一节 商务英语的词汇特征

词汇是构建当代商务英语大厦的砖石，了解商务英语的词汇特征是正确运用商务英语的前提。现代英语词汇量大、词义丰富，一词多类、一词多义、一词多用的现象比比皆是。商务英语具有普通英语的语言学特征，同时，商务英语又是英语语言、商务知识、管理技能和其他专业知识的结合，因而其本身又具有独特性。从用词上讲，商务英语词汇具有专业术语丰富、缩略语使用普遍、名词化程度高、新词汇层出不穷等特征。商务翻译过程中必须考虑商务英语词汇的特点。随着外向型经济的发展，我国在更大程度上与国际接轨，并参与国际合作与竞争。因此，商务专业英语在商务领域的实际应用也越来越广泛。商务英语是一种以职业为目的的英语，需要参与者用英语来完成所有或部分的工作职责，具有较强的实用性、知识性和专业性。作为一种社团方言的商务语言，其专业词汇数量大，应用范围广。其词语体系主要由商务专业术语、商务工作常用词语和民族共同语中的其他基本词和非基本词构成。而其中的商务术语是商务语言词汇体系中重要的组成部分。

一、多用数字、日期及意义单一的词

当代国际商务活动常常涉及价格、时间、金额、数量、规格等信息。为了表达准确、清晰，商务英语中常使用数字、日期等，以保障商务事宜的顺利进行。例如：

Within 30 days after the signing and coming into effect of this contract，the Buyer shall proceed to pay the price for the goods to the Seller by opening an irrevocable L/C for the full amount of USD 30，000 in favor of the Seller through a bank at export port.

买方须于本合同签字并生效后30天内通过出口地银行开立以卖方为收益人的不可撤销信用证支付全部货款计30000美元。

The first phase of domestic air freight village，which covers an area of about 40，000 square meters，has a yearly handing capacity of 500，000 tons.

国内航空货运站第一期占地约4万平方米，年吞吐量达50万吨。

Europe’s biggest information technology services firm Atos Origin aims to quadruple its business in China over the next two years.

欧洲最大的信息服务公司Atos Origin计划在未来两年将其在中国的业务增到四倍。

商务英语词汇应体现规范、准确、专业的特点，因此商务英语常使用意义单一的词汇，以有效避免表达上的歧义与误解。例如：

商务英语用词词义较多的词

acquaint	be familiar with
by return	soon
constitute	include
effect	make
grant	give
inform	tell
initiate	begin
tariff	tax
terminate	end
utilize	use

在表达一些统一概念意义时，商务英语词汇与普通英语词汇相比，也体现出具体、准确的特征（鲍文，2009）。

二、专业术语丰富

商务英语属于应用性语言学科。它涉及国际贸易、营销、金融、广告、物流、保险和法律等多个领域，涵盖了各领域的专业术语。专业术语是指适用于不同学科领域或专业的词，是用来正确表达科学概念的词，具有丰富的内涵和外延。专业术语要求单义性，排斥多义性和歧义性，且表达专业术语的词汇都是固定的，不得随意更改。商务英语拥有数量可观的专业术语，这些术语体现了明显的行业知识。如国际贸易方面的：free on board（离岸价）、standby letter of credit（备用信用证）、Letter of Guarantee（银行保函）；经济学方面的：Gross National Product（国民生产总值）、demand curve（需求曲线）、bond yield（债券收益）、comparative advantage（比较优势）；金融方面的：fiscal deficit（财政赤字）、contract curve（契约曲线）、to ease monetary policy（放松银根）；营销方面的：attitude tests（态度测试）、market share（市场份额）、aftersales service（售后服务）；保险方面的：Absolute Liability（绝对责任）、Force Majeure（不可抗力）、Risk of Breakage（破碎险）；广告方面的：appeal（诉求广告）、audience share（受众份额）、media mix（媒介组合）等。

随着社会的不断发展和国际交往的日益频繁，我国的金融业必将进一步健全、完善和发展。在这一过程中，不可避免地要借鉴先进国家的经验，援用其他国家金融工作使用的某些金融术语，尤其是国际交往中通用的金融术语，例如“破产”“法人”“熊市”“牛市”等。可见，在商务英语中，术语的使用十分广泛，有些术语仅仅出现在特定的商务文体中，还有很多的术语是普通词汇在商务文体中的专用，在不同的商务场合具有不同的含义。因此，在翻译时，要根据该术语出现的具体语境，在充分理解其在句子中的特定含义的基础上，结合一定的商务知识，灵活地选用恰当的汉语词汇来表达。

三、多用模糊修辞

模糊修辞并不是指词汇意义模棱两可或具有歧义，而是一种特殊的选词方法。模糊修辞的运用没有明显的目的性，有利于表达弦外之音，缓解双方的尴尬从而为商务洽谈留下可回旋的余地。例如：

What you mentioned in your letter in connection with the question of agency has had our attention and we shall give this matter careful consideration and shall revert to it later on.

本例中的 has had our attention（予以注意），shall give this matter careful consideration（将予以认真考虑）和 revert to it later on（以后再谈）均属于模糊修辞。这种表达方式既没有明确同意，也没有明确拒绝，而是巧妙地将现在难以回答的问题推脱掉，一方面利于对方接受，另一方面也为后续的合作打好了基础。

As for goods Article No. 120, we are not able to make you orders because another supplier is offering us the similar quality at a lower price.

若直接点明对方价格偏高，很可能使对方难以接受。本例婉转地使用 another supplier（另一供货商）来向对方暗示自己的态度，从而避免了尴尬局面的出现。

四、缩略语现象普遍

英语缩略（语）用简单的几个字母可以表达出复杂的含义，具有言简意赅、快速捷达的特点。国际商务活动是一种跨国活动，随着电报、电话和电传的发明，国际贸易、国际金融、国际经济合作等得到了迅速的发展，远隔重洋的双方用电话交谈、发送电文，均要求简明扼要，便于记忆和记录。尤其是在全球经济趋向一体化的今天，为了省时节费，提高办事效率，人们在交际中力求浓缩快捷、言简意赅。因此，商务语域里的人们创造并使用着大量的缩略语。如 IMF（International Monetary Fund）“国际货币基金组织”；ADB（Asia Developing Bank）“亚洲发展银行”；SHIPMT（shipment）“装运、装船”；MEMO（memorandum）“备忘录”；pro（professional）“专业人员”等。商务英语缩略语的构词方法很多，其简化方式，概括起来主要有如下几种。

（1）首写字母构成的缩略语。这种缩写法多用大写字母，字母之间可用或不用缩写号。这是一种最常见的缩写法，常常用于组织名称、票据名称、作品名称、说明书和价格术语等专有名词的缩写，一般按字母读音。例如：

NIC（National Information Centre） 国家信息中心

ISP（Internet Service Provider） 网络服务商

BE/B. E.（Bill of Exchange） 汇票、交换券、国外汇票

EMP（European Main Port） 欧洲主要港口

（2）谐音缩略法。即根据单词的发音，用一个或数个字母来代替。利用同音或近音字母组成缩写词。这种缩写法常用于单音词和少数双音节词转化为同音字母的缩写词，按拼音或字母音读音。常见的有：

BIZ（business） 商业、业务、交易、生意

R（are） 是（或助动词）

U（you） 你 UR（your） 你的

WUD（would） 会、情愿

THRU（through） 通过，经过

OZ（ounce） 盎司

（3）截词缩略法。截词缩略法是通过截略原词的一部分构成缩略语的方式，这是缩略语最常用的构词方法，截词缩略法又可细分为以下几种情况：

第一，保留字首、去掉字尾来缩写。即一个单词，只保留头几个字母，去掉后面的字母。如果是词组，则取各个单词的头一个或几个字母组成缩略语，如：

ACK（Acknowledge）　承认；告知……已收到

BAL（Balance）　余额

INV（Invoice）　发票

ASAP（as soon as possible）　尽快

AKA（as known as）　正如你所知

第二，取单词的首尾字母，去掉其中间部分组成缩略语。即去中间，留两头，如：

AMT（amount）　数量

FRT（Freight）　货运

LN（London）　伦敦

第三，取合成词的两部分中的第一部分。如：

micro（micro computer）　微型计算机

post（post code）　邮政编码

第四，取几个词的首部组合而成。如：

INCOTERMS（International Commercial Terms）国际贸易术语解释通则

Contac（continuous action）　“康泰克”感冒药

Nabisco（National Biscuit Company）　美国饼干公司

第五，以辅音为核心组成缩写词。以辅音为核心构成的缩写词（并列的两个相同的辅音字母只用一个），这类缩写法主要用于单词的缩写。它包括：利用所有的辅音字母构成缩写词；利用词首的元音字母和其后所有的辅音字母构成缩写词；利用单词的第一音节和第二音节的第一辅音字母构成缩写词；利用第一和第二音节及第三音节的第一辅音字母构成缩写词；利用第一音节和其后所有的辅音字母或部分重要的辅音子母构成缩写词；利用单词首尾两个辅音字母构成缩写词；利用每个音节的第一辅音字母及该词的最后一个辅音字母构成缩写词等。这类缩写词可用大写字母，也可用小写字母，或用大写字母带出小写字母，一般按字母读音，也可拼读。如：

MKT（market）　市场

PCS（pieces）　匹、件、块、片、张、部分

PLS（please）　请

ACDNT（accident）　　　事故、意外事故

INFM（inform）　通知、向……报告

（4）符号缩略法。符号缩略法是指用符号来代替相应单词的方式，这种方法形象简洁、一目了然，运用也十分广泛。这类缩略语通常用于表示单位，如：

货币单位 $（dollar）/ £（pound）/ ￥（RMB）

（5）代号缩略法。代号缩略语找不到原词的痕迹，它们实际上是一种代号，如：

C（medium narrow）　中号窄幅——男鞋宽度

F（with free-board）　限制吃水的——海运

Z（Greenwich Mean Time）　　格林尼治平均时

（6）利用外来语构成缩略语。外来语的缩略语在英语中也有很很广泛的应用。在英语中，借用外来语的缩略语有借自于拉丁语、西班牙语、瑞典语、挪威语、法语、德语等语种。如：

CONG（Congius）加仑［拉丁语］

LO（LandsorganisasjoneniNorge）　挪威工会联合会［挪威语］

FIL（FeiraInternacionaldeLisboa）　里斯本国际博览会［葡萄牙语］

商务英语缩略语和自然词交织在一起使用，和普通英语词汇一样，缩略语具有同等的句法功能，但习惯上不用作谓语。

五、具有商务内涵的普通词

不少普通的词语在商务英语中被赋予了专业词汇的意义。例如，proposal form，在日常英语中 proposal 意为提议、提案，在保险英语中被引申为投保单；policy 在日常英语中的中心意义是政策、方针，但作为保险专业词汇时意为保单；pool 由池塘转义为组合基金，common pool 意为共同基金。

此外，在商务合同中，一些表示通常意义的词也可能具有非常意义。例如：

	通常的意义	商务合同中的意义
action	行动	诉讼
alienation	疏远	转让
assign	分派	转让
avoidance	逃避	宣告无效
construction	建筑	解释
defense	防卫	抗辩（理由），被告方
determination	确定	终止

discovery　发现　调查证据
dishonor　耻辱　拒付
distress　危难　扣押货物
execution　执行　（合同等的）签订
limitation　限制　时效
Omission　省略　不作为，不行为
prejudice　偏见　损害
satisfaction 满意　清偿，补偿
specialty　专长　盖印合同
subject matter 主题 标的物

对于这类词语，在翻译时必须特别关注。例如：

（1）The compensation will cover the whole loss.

译文：此项赔款足以抵消全部损失。

该句的 cover 在普通英语中表示“覆盖、包括”等含义，而在商务英语中则表示“清偿、抵消”之意。

（2）When opening new accounts it is our practice to ask customers for trade references.

译文：在开立新账户时，敝公司有一例行公事，即向客户要求商业证明人。

上句中的“references”在普通英语中作“关于、参考”解释，但在商务英语中指“信用、能力等的证明人”。

（3）We have to request you to do business on the basis of confirmed，irrevocable L/C payable at sight.

译文：我方不得不要求你方在保兑的、不可撤销的即期信用证的基础上进行这笔交易。

这里的confirmed和at sight在普通英语中的意思分别为“确认”和“看见”，但在商务英语中却有着特殊的含义。在此句中，分别指“保兑的”和“即期的”。

六、新词汇层出不穷

近年来，社会的发展脚步逐渐加快，新生事物层出不穷。为了满足表达的需要，新词新语不断涌现并渗透到语言的各个领域。商务英语也必然将这些新的词汇吸收进来，以使自己的表达更加丰富、准确。例如：

B2B（business to business）　　商业机构对商业机构的电子商务

C2C（consumer to consumer） 消费者之间的网上交易

credit-crunching 紧缩信贷

deflation 通货收缩

E-business 电子商务

euro 欧元

knowledge-based economy 知识经济

pink-collar worker 粉领

rebuilding of stocks 吃进库存

soft-landing （经济的）软着陆

需要注意的是，任何一种语言中的新词汇都不是凭空而来的，很多都是以普通词汇为基础并遵循一定规律构成的。因此，在理解这些新词汇时必须考虑具体的语境因素。例如：

Our company has a clean balance sheet and is confident the bank will approve a loan.

我们公司的资产负债表上没有债务，相信能获得银行的贷款。

本例中，clean 的本义是“干净的”，但在本句中其具体含义为“没有债务”。

第二节 商务英语的句法特征

一、商务英语的表述

与日常英语相比，商务英语的表述追求精确和严密，其突出的特点是客观公正、不带主观色彩。因而句子中人称主语出现得较少，被动语态使用较多，无人称的使用突出了文本的内容而不是强调文本的产生者和接受者，可以避免给人以主观臆断的感觉，使文本表现得更为客观、正式、真实可信、语气更加委婉。

例（1）Business contracts can be classified according to their validity into several categories：valid. void. avoidable or illegal.

译文：商务合同按照其效力不同可以分为以下几种：有效的、无效的、可撤销的、违法的。

同时，在没有具体人物执行某一动作，或表达重点在于动作本身而不在动作执行者的情况下，把动词转化为抽象的名词可以体现商务合同英语庄重刻板的文体特点。名词化结构语言简练，结构严谨，表意简洁，同时也保证了文本的客观真实，因此，名词化结构的使用日益广泛，它不仅挤掉了其他一些词类，而且顶替了很多语法结构。例如，Smuggling of goods whose import or export are subject to prohibitions，which constitutes criminal offences，shall be subject to...（走私禁止进出口的货物，构成犯罪的，依照……）

汉语属于意合语言，重视内在的逻辑关系而不是形式的曲折变化，在语态上表现为受事格施事化倾向。大部分情况下，汉语靠主动句的语义逻辑来显现被动意义，按照汉族人的思维方式，即使是受事者做主语，也常用主动形式来表达被动意义。例如，“项目做好了”、“合同完成了”等。由于汉语中被动结构用得较少，商务翻译时，在遣词造句方面应注意原文的语气特点，努力保持英语中被动结构体现的礼貌、委婉和严谨，传达出被动语态的语用功能。

例（2）Your firm has been recommended to me by Mr Charles，with whom we have done business for many years.

译文：与敝公司有多年生意来往的查尔斯先生向在下推荐了贵公司。

例（3）Your early reply will be highly appreciated.

译文：如蒙早复，不胜感激。

例（4）The workers have been given a clear mandate for industrial action over the renegotiation of employment contracts.

译文：工人们得到了明确授权，准许他们围绕就业合同重开谈判采取行动。

例（5）After the said license is approved，we shall establish an L/C in your favor.

译文：许可证获准后，即开立以你方为受益人的信用证。

二、商务英语基本句型

商务英语基本句型是对英语语言中的句子，通过特定的研究方法进行概括后所得到的模式。这些模式是语言使用者普遍使用，并可以作为规则加以习得，然后通过对这些有限的基本句型直接生成或进行转换、扩展，产生各种不同结构的句子，从而达到交流的目的。商务英语句型结构是以动词为核心，通过词与词之间的关系组合来生成不同的类型。

（一）商务英语简单句

只包括一个独立分句的句子就是简单句。换句话说，简单句里只包含一个“主语”与“谓语”的组合，即一套主谓结构。根据动词与搭配关系的不同，商务英语简单句又可以被细分为五种：主谓结构、系表结构、主谓宾结构、主谓双宾结构、主谓宾宾补结构。

1. 主谓结构

主谓结构的框架是：Subject（主语）+Intransitive Verb（不及物动词）。

在主谓结构的简单句中，谓语常与一些副词、副词短语或介词短语搭配在一起且不能带宾语。例如：

In other developing regions, export volumes grew at a more moderate pace, close to that of the G-7, but gains from the terms of trade boosted the purchasing power, and consequently their imports. Overall, the share of developing countries in global trade rose from 29 percent in 1996 to 37 percent in 2006.

本例的第二个句子中，share是主语，rose是不及物动词。

2. 系表结构

系表结构的框架是：Subject（主语）+Link Verb（系动词）+Subject Complement（主语补语）。在系表结构的简单句中，主语补语又称“表语”。具体来说，介词短语、形容词、名词、动词不定式或分词等都可以充当表语。

例如：

Among the developing regions, East and South Asia were clearly the most successful in increasing exports (by volume), at rate of about 160 percent, despite a deterioration in their terms of trade.

本例中，East and South Asia是主语，were是系动词，the most successful是主语补语。

3. 主谓宾结构

主谓宾结构的框架是：Subject（主语）+Monotransitive Verb（单宾动词）+Object（宾语）。本句型的谓语动词是及物动词或动词短语，宾语是动作的承受者或结果。能做宾语的有：名词、代词、动名词、动词不定式或从句等。例如：

IT systems and administration, and the resulting synergies and economies of scale will produce cost savings; strengthen the financial position of the integrated market operator.

本例中，IT systems and administration，and the resulting synergies and economies of scale是主语，第一个单宾动词will produce后面跟cost savings做宾语，第二个单宾动词（will）strengthen后面跟position做宾语。

4. 主谓双宾结构

主谓双宾结构的框架是：Subject（主语）+Ditransitive Verb（双宾动词）+ Indirect Object（间接宾语）+Direct Object（直接宾语）。

在主谓双宾结构的简单句中，宾语有两个，一个是直接宾语，另一个是间接宾语，二者缺一不可。需要注意的是，直接宾语有时可以位于间接宾语之前，此时在间接宾语前应使用相应的介词。例如：

Under the agreement，American Express Bank will sell $630 million worth of mortgages to the HKMC Funding Corp—a special purpose company set up to buy mortgages from banks under the MBS program.

本例中，American Express Bank是主语，will sell是双宾动词，$630 million worth of mortgages是直接宾语，HKMC Funding Corp是间接宾语。

5. 主谓宾宾补结构

主谓宾宾补结构的框架是：Subject（主语）+Complex Transitive Verb（复合动词）+Object（宾语）+Object Complement（宾语补语）。

在主谓宾宾补结构的简单句中，宾语与宾语补语之间存在一种逻辑上的主谓关系。例如：

Investor Participants may still instruct HKSCC Nominees through the CCASS Phone System to vote on their behalf by inputting the voting instructions in respect of their shareholdings.

本例中，Investor Participants是主语，may instruct是复合动词，HKSCC Nominees是宾语，to vote是宾语补语。

（二）商务英语并列句

英语的并列句主要由并列连词and，but，or，than等把两个或两个以上简单句连接起来的句子，各分句之间是一种平行或并列关系。概括来说，商务英语并列句包括三个类别：表关联的并列句、表列举的并列句、表让步和结果的并列句。

（1）表示关联的并列句。表示关联的并列句通常由and，either…or…

neither…nor… 等并列连词将两个或两个以上的分句连接在一起。

例如，In 2008，China’s total export volume of juice beverage decreased to 794，000 tons and the export value reached USD 1.26 billion，dropping by 30.4% YOY and 7% YOY separately.

（2）表示列举的并列句。表示列举的并列句通常由 namely，that is，such as，for example，for instance 等词组来进行列举。例如：

Apart from the products of several enterprises such as Huiyuan，Coca-Cola and Pepsi that sell well all over China，most other enterprises can only sell their products in regional markets.

（3）表示让步和结果的并列句。表示让步和结果的并列句常使用 yet，but，hence，however，therefore，consequently 等连接词。从语义角度来分析，后面的分句是前面分句的某种结果，或者分句之间存在一定的语义冲突。例如：

It is clear that，to date，only a small number of developing countries and economies in transition are participating in the process of R&D internationalization. However，the fact that some are now perceived as attractive locations for highly complex R&D indicates that it is possible for countries to develop the capabilities that are needed to connect with the global systems of TNCs.

（三）商务英语复合句

复合句是由主句+从句构成，它是英语中比较复杂的句子结构。一般来说，英语中一个句子只能有一个主谓结构或动宾结构，如果出现两个主谓结构或动宾结构，那么其中一个主谓结构或动宾结构只能是以从句的形式或并列句或分词短语的形式出现。所谓从句是指从属于主句的句子，它是主句中一个句子成分；另外从句必须由引导词即关系代词或关系副词引导。

概括来说，商务英语复合句中的从句主要包括三种：名词性从句、定语从句和状语从句。

1. 名词性从句

宾语从句、表语从句、主语从句、同位语从句等都属于名词性从句。一般来说，名词性从句由疑问代词（如 what，that，who 等）和疑问副词（如 where，when，how，why 等）来引导。在某些情况下，if，whether 等连接词也可以用来引导名词性从句。例如：

The Committee members discussed the issue of uses of balance of payments statistics in their various countries and suggested that further work be undertaken by IMF.

本例中，“The Committee members discussed... and suggested...”是主句，“that further work be undertaken by IMF”是 suggested 的宾语从句。

2. 定语从句

当一个句子在复合句中做定语时，这个句子就是定语从句。定语从句常由 which，that，whose，who，whom，where，when，why 等来引导，其中最常用的是 which 与 that。

定语从句所修饰的词叫先行词。根据定语从句与先行词之间亲疏关系的不同，定语从句可以分为限制性定语从句和非限制性定语从句。

（1）限制性定语从句。限制性定语从句对所修饰的先行词起限制作用，与先行词的关系较为密切。换句话说，如果缺少定语从句，主句的意思就不完整或者会出现逻辑错误。因此，限制性定语从句紧跟先行词，二者之间不能使用逗号。例如：

The purpose of the Joint Venture is to adopt advanced technologies and efficient management systems to produce Licensed Product which shall be of top quality and competitive in the world markets, so as to achieve satisfactory economic returns.

（2）非限制性定语从句。非限制性定语从句对先行词不起限制作用，只是对被修饰语加以叙述、描写或解释，通常用逗号隔开。将非限制性定语从句删除后，主句的意义几乎不受影响。因此，非限制性定语从句与先行词之间常通过逗号进行分隔。例如：

A Hainan Airlines baggage attendant decided that his personal signature would be to collect all the luggage tags that fall off customers' suitcases, which in the past have been simply tossed in the garbage, and in his free time send them back with a note thanking them for flying Hainan. A senior manager with whom I worked decided that his personal signature would be attaching Kleenex to memos that he knows his employees won't like very much.

3. 状语从句

当一个句子在复合句中做状语时，这个句子就是状语从句。具体来说，商务英语中的状语从句主要包括条件状语从句、时间状语从句、原因状语从句、目的状语从句、让步状语从句、结果状语从句等。

（1）条件状语从句。条件状语从句是表示主句动词发生的前提或条件的从句。条件状语从句分为真实条件状语从句和非真实条件状语从句。引导条件状语从句的有 if（如果），unless（如果不），as（so）long as（只要），on condition that（条件是……），in ease（假使），provided/providing that（如果，只要，假如），suppose/supposing that（如果，只要，假如）等。

例如：If any change is required regarding the terms and conditions of this agreement，then both parties shall negotiate in order to find a suitable solution，provided，however，that any change of this agreement shall be subject to the approval by the government of both parties.

（2）时间状语从句。时间状语从句常由一些表示时间的连词如 when，before，after，as，while，since，until 等引导，用来对某一动作发生的时间进行描述。

例如：After we trove checked the L/C carefully，we request you to make the following amendment："Partial Shipment and Transshipment Allowed."

（3）原因状语从句。原因状语从句常由 because，since，as，for 等表示原因的连词来引导，用来说明主句表达的内容的理由与根据，或说明主句动词所表示的动作或状态的原因。

例如：Because small foreign cars could be produced at less cost than the larger cars made in the United States，they captured a significant share of the American market. To compete with foreign cars，American manufacturers began to produce compacts. When the U. S. dollar was devalued on the international market the cost of a foreign car to an American buyer rose proportionately，and the American compacts could now be sold for less than their foreign competitors.

（4）目的状语从句。目的状语从句常由 so that，in order that，to the end that 等来引导，用来说明主句状态或动作的目的。

例如：An effective management will review on a regular basis whether they should continue to hold the security or sell it. Thus，in order that management' s performance can be measured，it is appropriate to classify the security as other investment regardless of the period of holding and carry it at fair value in accordance with paragraph 24.

（5）让步状语从句。让步状语从句表示在某种相反的条件下，主句中的情况依然会出现。引导让步状语从句的有 although/though（虽然），while/as（尽管），even if/though（即使），whatever/no matter what（无论什么），whenever/no matter when（无论什么时候），however/no matter how（无论怎样），wherever/no matter where（无论在哪里），whoever/no matter who（无论是谁），whichever/no matter which（无论哪一个），whether…or（不论……还是）等。

例如：It was the biggest one—day points loss in more than two years and the second—biggest points drop ever. Although an interest rate rise in the U.S. is expected next month，analysts had not been prepared for such a dramatic fallout in Hong Kong this week. The index closed on Wednesday at 15，846.72 points and Thursday down further at 15.153.23.

（6）结果状语从句。结果状语从句常由 so that，with the result that 等引导，用来表示主句内容所产生的结果。

例如：Low audit fees have become a way of life over the past 18 months as the economy has gone off the boil. The audit has been traditionally regarded as a fairly generic service，so that as the economy has slowed，price—cutting has been regarded as the only way to compete on audit services. The tendency to cut prices when times get tough for companies has been magnified by a new development on the Hong Kong accounting scene.

三、商务英语特殊句型

商务英语中的特殊句型主要包括比较句型、被动句型和存在句型。这些特殊句型具有表达简练、适用面广、使用频率高的特点。

（一）比较句型

比较结构表示两人或两物在性质、特征、程度、数量、大小等方面相等、相近、不同等概念。在国际商务实践中，运费比较、价格比较、产品质量比较以及其他数据的比较等是司空见惯的现象，因此比较句型常出现在商务英语中。根据比较点、比较范围、比较方式等方面的差异，商务英语中的比较句型可以分为五种：等比句型、差比句型、比例句型、对立比较句型和极比句型。

1. 等比句型

等比句型常通过 as much as，no less than 等比较人或物在性质、特征等方面的某些相似之处。例如：

Meanwhile，Thai newspapers reported yesterday that HSBC will buy 75 percent of Bangkok Metropolitan Bank for as much as 40 billion baht（HK $8. 03 billion）.

GREGATE CONSIDERATION Term Fat has represented and warranted that the audited consolidated net asset value of Tem Fat Hing Fung（B. VI.）Limited as at 3lst December，1997（“December NAV”）will be no less than HK $56，000，000. In the event that the December NAV is less than HK $56，000，000，Tem Fat will refund to RNA an amount equal to the shortfall as an adjustment to the consideration.

2. 差比句型

该句型用于对两个人或事物之间的差别进行比较，其中包括两个方面：一是优等比较，即“甲胜于乙”，另一是次等比较或劣等比较，即“甲不如乙”。例如：

A broker said the counter still had strong European institutional interest. Another broker noted that in contrast to earlier in the year，HSBC was favoured more by local than European investors. Smartphone dropped 5. 99 percent to $20. 40. It has shed 17. 4 percent since Thursday，when Hutchison Telecom made sweeping cuts to its mobile.

In the coming years，Asia is going to have to use its own savings much more productively than in me past to achieve growth. That’ s because there will be much less foreign savings flowing in than prior to the crisis. That’ s not bad news.

3. 比例句型

比例句型通常用于表示前者与后者的正向或负向比例关系，即前者与后者在程度上的变化关系。比例句型常使用 the more…，the more… 的结构。其中，逗号前的部分是从句，关系副词 me 表示 by how much；逗号后的部分是主句，指示副词 the 表示 by so much。例如：

"More important, it enhances China' s international status." Party spokesman Sin Chung—kai said: "Past experience shows the more China opens up the more benefit it brings to Hong Kong." He said worries that Hong Kong would lose its intermediary role were unfounded.

4. 对立比较句型

对立比较句型常使用 by contrast, unlike, in contrast to, on the contrary on the opposite side 等来表示两个事物互相对立的状况。例如：

The company has recruited more staff since the onset of the financial crisis. We did not lay off any staff because of the economic crisis. on the contrary, our workforce has increased by 20 percent since then. The newly recruited are brokers and information technology personnel, Mr Chan said. "We will diversify the portfolios in our Greater China Region fund to include Growth Enterprise Market-related stocks, red-chips and technology-related stocks. We will not only focus on technology-related stocks as we think technology is still a high-risk area." he said.

The forecast is a substantial reversal of the IMF' s previous stance on Hong Kong in April, when its last report predicted a 1.3 percent contraction in GDP this year. It is also in contrast to the Asian Development Bank' s stance, while saw its GDP forecast for Hong Kong downgraded last week to a contraction of 0.5 percent this year.

5. 极比句型

这一句型表示某一事物在一定范围内最突出或某一动作达到最高程度，通常要带一个表示范围的词组。例如：

J. P. Morgan&Co. Inc. closed down 4- 3/8 at 109 - 1/2; American Express Corp was down 3- 1/4 at 142 and Citigroup Inc. closed off - 11/16 at 43 - 13/16. Retail clothing chain Abercrombie & Fitch Co. was the most actively traded stock on the NYSE, falling 6 - 3/8 to 26 - 3/16 after it said October sales slumped but was still comfortable with its third-quarter profits estimates. Oil stocks had a strong day, however, as oil prices rose following a bullish report late Tuesday.

（二）被动句型

被动句的结构实质是，某事或某人是受动者，即主语要承受某种动作（指谓语动词）所施加的影响。由于被动态的结构特点，因此被动句大都用于表达事物的客观状态。如果一个句子中的主语是谓语动词所表示动作的承受者，那么主语与谓语之间就是被动关系，这个句子就属于被动句型，其基本结构是“主语+be+过去分词”。

在具体的商务英语实践中，被动句型常会发生一些变形，具体包括以下七种。

（1）Subject（主语）+Verb（动词）+To be+past Participle（过去分词）+…（其他成分）。这种结构中通常有两个动词：第一个动词对句意的表达起辅助作用，并使用主动形式；第二个动词用来表达全句的主要内容，使用被动形式。例如：

There are possible differences of objective and culture. “While bankers always want to be considered as gentlemen，they consider insurance sales staff as non-gentlemen. There are operational difficulties in getting them to work together，” Mr. Westall said.

本例中，bankers 是主语，want 是动词，to be considered 是被动形式。

（2）Subject（主语）+Be+Past Participle（过去分词）+Preposition/Adverb（介词或副词）+…（其他成分）。这种结构中的介词与副词可使句意更加准确、完整。

例如：

The International Monetary Fund has suspended talks on its bailout instalments to Jakarta，and it has been announced publicly that the Asian Development Bank will hold up further loans until the Bank Bali case is cleared up.

本例的第二个分句中，it 是主语，has been 是系动词，announced 是过去分词，publicly 是副词。

（3）Subject（主语）+Be+Adjective（形容词）+To be+Past Participle（过去分词）+...（其他成分）。这种结构属于合成谓语的被动句型。其中，“Be+Adjective”起辅助说明作用，第二部分则是被动说明部分。例如：

Hong Kong dollar due to the linked exchange rate system，would lead to further improvement in the terms of trade，that is，the ratio of export prices to import prices; but export volume growth is likely to be affected by the deterioration in export price competitiveness. As a result，total export volume growth might at best average only 10, 124, 512 0n 1997. A strong dollar would also imply lower inflationary pressures in Hong Kong as import prices are likely to be…

在 but 引导的分句中，growth 是主语，is 是系动词，likely 是形容词，affected 是过去分词。

（4）It+Be+Past Participle（过去分词）+Real Subject（that，who，where，when 等真正主语）+Clause（从句）。在这一结构中，that，where，who，when 等词引导的是真正的主语，而 it 只是形式主语。当主语过长，使用主动句易使句意重心偏离或句子结构失衡时，应使用本句型。例如：

It is reported that Standard and Poor’s，an international credit rating agency，have forecast that the percentage of bad and doubtful debts against the total amount of loans（referred to as “bad/doubtful debt ratios” below）made by banks in the territory would probably increase to more than 10 this year.

本例中，it is reported 构成了句子的主干，that 引导的句子是真正的主语。

（5）Subject（主语）+Be+Past Participle（过去分词）+Object（宾语）+…（其他成分）。这一结构由“主谓双宾结构”转化而来。“主谓双宾结构”中的直接宾语与间接宾语都可以充当被动句型中的主语。当双宾之一充当主语后，另一宾语应在原来的位置上继续保留。例如：

Disciplinary procedures adopted by the Commission are designed to ensure that a person is given a proper opportunity of being heard. Once the Commission makes a tentative decision to make a disciplinary order against a person he is informed by letter of the facts and circumstances upon which it is based.

在第一个句子中由 that 引导的分句中，a person 是主语，is 是系动词，given 是过去分词，opportunity 是宾语。

（6）Subject（主语）+Be+Past Participle（过去分词）+Subject Complement（主语补足语）+…（其他成分）。这一结构由“主谓宾宾补结构”转化而来。其中，“主谓宾宾补结构”中的宾语补足语相应地变为被动句中的主语补足语。例如：

Within 7 business days after a person is appointed or ceases to be appointed as a director of a registered financier，the financier must give written notice to the commission of the appointment or cessation of appointment and the person’s name and address.

本例第一个逗号前是一个介词短语，其中包含了一个由 after 引导的时间状语从句。其中，a person 是主语，is 是系动词，appointed 是过去分词，a director

是主语补足语。

（7）Subject（主语）+Be+Past Participle（过去分词）+To Be Past Participle（被动不定式）+…（其他成分）。这种结构常由 order，expect，allow，suppose，report 等担任谓语动词。因同时包含谓语动词的被动形式与动词不定式的被动形式，这一结构又被称为“双重被动句”。例如：

“We are now forecasting a lending volume of US $1. 6 billion in the fiscal year of 2000. ” Mr. Severino said. The reduction is expected to be attacked by World Bank critics，who are likely to argue the bank cannot insist on continued reforms by Beijing while cutting off assistance vital to such efforts. In the bank’ s latest quarterly East Asia Regional Overview report，it expressed concern about Beijing’ s reform of state enterprises and its continued boosting of the economy.

本例第二个句子中，the reduction是主语，is是系动词，expected是过去分词，to be attacked是被动不定式。

（三）存在句型

存在句型是一种表示存在的特殊句型，以非重读 there 做引导词或形式主语，而把真正的主语放在动词的后面。谓语动词通常是主动词 be 或其他含有“存在”意义的动词的一定形式。其结构模式是：There+ be+ 名词词组 + 地点状语 + 时间状语，在商务英语实践中大量使用。以 There be 句型的结构与作用为标准，商务英语中的存在句型可被分为以下几类。

（1）用来表示存在。真正的主语位于 be 的后面，且句中常包含表示时间或地点的状语，这是 There be 句型最基本的用法。例如：

If they have at least that much in reserve in case the underlying market moves against them. The initial margin is $13, 000，but the contract is valued at $1, 000 per index point and there is a “maintenance margin” of $10, 400 per lot. This means if the underlying Hang Seng 100 index moves more than 2. 6 points（$2, 600 worth of index points）against the investor，they need to top up their margin so there is always $13, 000 0f coverage.

（2）用来描述事物的状况。此时，主语部分是句意的重点，动词常表示“出现”“存在”“发生”等含义。例如：

HK Dollar life insurance helps you and Hong Kong to have a better future

HK Dollar policy offers stability, better returns —Due to the peg system, there exists interest rate differences. That' s why the HK Dollar policy can generally offer a better dividend and interest rate. Also, a HK Dollar policy can reduce the risk of premium increases due to the floatation of exchange rates.

（3）用来表达某种观点。此时，句子的基本结构是“There is expected/thought/considered to...”，谓语动词的范围限于thought，expect，consider等。例如：

On the other hand, economic growth in the Mainland of China should continue to be steady. Overall, the economy there is expected to move forward in reasonable shape, with GDP rising by 8 percent this year and with the on-going process of reform and structural change adding potential for further growth.

（4）用来表示说话人的态度。其中的be常与助动词或情态动词构成复合谓语。例如：

Global Regulatory Review and the Need for Reform All things considered, there must be a global regulatory review on prudential regulation. At present, too much trust has been put in segregation, capital and other prudential measures that have been shown to be.

四、商务英语的句子基本特点

（一）多用成语介词、被动语态、祈使句、非谓语动词、情态动词及从句

商务英语用以传递重要的商务信息，要求其具有正式、严密、严肃、庄重的文体特征，行文严谨，避免歧义。为了做到语言简洁、内容表达客观公正和有关事项描述的准确无误，商务英语中常使用大量的介词或介词短语、被动语态、祈使句、非谓语动词、情态动词以及各种从句。

例（1）：Formerly, when any countries were on the gold standard and permitted the free flow of gold out of the country, the value of their currencies in terms of other currencies could fluctuate within only a very narrow range.

译文：原先，许多国家采用金本位制，允许黄金自由流出本国时，其货币与别国货币兑换的价值浮动的幅度很小。

例（2）：The international marketer must provide considerable training to the local sales force, in regard to both the product line and negotiation techniques suitable to the company’s image and financial requirements.

译文：国际营销者必须培训当地的销售人员，以使产品系列和谈判技巧与公司的形象和财务要求保持一致。

例（3）：Foreign exchange is a commodity, and its price fluctuates in accordance with supply and demand; exchange rates are published daily in the principal newspapers of the world.

译文：外汇是一种商品，它的价格根据供求关系而浮动，汇率每天都登载在世界主要报纸上。

解析：成语介词 in terms of, in regard to 和 in accordance with 在各自的上下文中分别可用简单介词 against, concerning（considering）和 with 来代替，替代后句子语义丝毫不受影响，但文体意义有所不同。在商务英语中，成语介词的频繁使用使商务文体具有正规严肃、庄重严谨的特点。

被动语态的使用具有结构紧密、语义准确、表达严密、逻辑性强等特点，在商务英语中使用被动语态，不说出施动者，能够起到突出商务信息、提高论述的客观性、少带主观色彩和增强可信度等作用。因此，被动语态的运用适宜具有严肃性和庄重性特色的商务文体的需要。

例（4）： Quotations and samples will be sent upon receipt of your specific enquiry.

译文：一收到贵方的具体询价，我方将马上寄送上报价和样品。

例（5）： Notwithstanding the provisions of this Clause or any other Clause of the Contract, no payment certificates shall be issued by the Engineer until the performance security is submitted by the Contractor under the Contract and approved by the Employer.

译文：尽管有本条款或任何其他合同条款的规定，在承包人提交履约保证并经业主批准之前，工程师不对任何支付款开具证书。

（二）句式结构复杂

商务英语的句子有的很长，句式结构比较复杂，句中常常用插入短语、从句等限定、说明成分，形成冗长而复杂的句式结构，有时一个句子就是一个段落。

例（1）：In any situation whatsoever and wheresoever occurring and whether existing or anticipated before commencement of or during the voyage, which in the judgment of the Carrier or the Master is likely to give rise to risk of capture, seizure, detention, damage, delay or disadvantage to or loss of the ship or any part of her cargo, or to make it unsafe, imprudent, or unlawful for any reason to commence or proceed on or continue the voyage or to enter or discharge the goods at the port of discharge, or to give rise to delay or difficulty in arriving, discharging at or leaving the port of discharge or the usual or agreed place of discharge in such port, the Carrier may before loading or before the commencement of the voyage, require the shipper or other person entitled thereto to take delivery of the goods at port of shipment and upon failure to do so, may warehouse the goods at the risk and expense of the goods; or the Carrier or the Master, whether or not proceeding toward or entering or attempting to enter the port of discharge or reaching or attempting to reach the usual place of discharge therein or attempting to discharge the goods there, may discharge the goods into depot, lazaretto, craft, or other place.

译文：不论任何地方任何情况，不论是在开航前或航程中存在或预料到的，只要承运人或船长认为可能有导致捕获、扣押、没收、损害、延误或对船舶或其货物不利或产生灭失，或致使启航或续航或进港或在卸货港卸货不安全、不适当或非法，或致使延误或难于抵达、卸载或离开卸货港或该港通常或约定的卸货地，承运人可在装货或开航前要求发货人或与货物权利有关的其他人在装货港口提回货物，如要求不果，可仓储货物，风险和费用算在货主头上；承运人或船长，不论是续航至或进入或企图进入卸货港，或抵达或企图抵达港口通常的卸货地，或企图在此卸货，也可将货物卸在仓库、检疫站、驳船，或其他地方。

解析：commence和start都是动词，表示“开始”，但前者比后者更为正式，因此，在法律英语中也总是被选用了在有限的条款中完整、明确地体现商贸各方的权利和义务，商贸合同中常常使用长句。

（三）句法的严谨性

商贸英语注意行文严谨。由于它的目的是规定商贸双方的权利和义务，所表达的内容必须完整、明确、肯定。从句法层面上讲，书面商贸英语以陈述句为主，几乎不用疑问句、省略句。在商贸合同中还较多地使用被动句和长句。

被动句突出动作的承受者，对有关事物做客观描述，规定。使用被动句体现了商贸英语的严谨性。在翻译时一般将英语的被动句转换成汉语的主动句。例如：

The date of the receipt issued by transportation department concerned shall be regarded as the date of delivery of the goods.

译文：由承运的运输机构所开具的收据日期即被视为交货日期。

为了在有限的条款中完整、明确地体现商贸各方的权利和义务，商贸合同中常常使用长句。长句的频繁使用无疑增加了商贸合同逻辑的严密和句子结构的严谨性，但也增加了理解和翻译的难度。翻译商贸合同中长句一般采用拆句法，然后根据中国人的思维方式调整各句之间的顺序。例如：

The prices stated are based on current freight rates，any increase or decrease in freight rates at time of shipment is to be the benefit of the buyer，with the seller assuming the payment of all transportation charges to the point or place of delivery.

译文：合同价格是以运行运费计算，装运时运费的增减均属买方。卖方则承担至交货地的全部运费。

例句从买方和卖方的利益和义务确定商品的价格计算，原文中以一个介词 with 来分界。在原文中 with 分句是一个状语，翻译时采用中国人平铺直叙的思维方式，用分述的方式把这个句子拆成两句，清楚地表达了原文的语言信息。

第三节 商务英语的语篇特征

商务英语是在商务活动这一特殊社会语境下进行交际的工具，是社会活动的产物。而语篇分析（text analysis，or discourse analysis）以在某一特定语境下使用的语言（language in use，or language as discourse）为对象，突破了传统语言学一直以“句”为最大研究单位的羁绊，焦点从形式转向意义，从微观转向宏观，从静态转向动态。自 20 世纪七 80 年代以来，语篇分析逐渐成为文体学的研究热点（程雨民，2004；McCarthy，M. and Carter，R. 2004；Martin，J. R and Rose，D. 2007），而衔接则是语篇分析中最重要的内容之一。这里运用语言学基础理论和语料库提供的语料，在语篇这一层次上，对商务英语的衔接手段进行定量研究，以明确商务英语的语篇衔接特征。

一、语篇衔接的基本手段

在商务英语中，语篇的衔接与语篇的好坏有着密切的关系，好的语篇衔接手段可以使文章的内容更加有条理地展现出来。具体而言，商务英语中语篇衔接的基本手段包括以下几种。

（一）省略

省略指的是将语篇中的某一部分省略掉。省略也可称为“零替代”（Zero Substitution）。省略可以分为动词性（Verbal）省略、名词性（Nominal）省略和小句性（Clausal）省略。

（1）名词性省略。名词性省略是将名词词组的中心词省略掉，只保留限定词或限定词加前置修饰语。例如：

Attitude surveys focus on customers’ perceptions of（...），and attitudes to，products and the companies who make them.

译文：顾客态度调查主要是调查顾客对产品及厂家的认识和看法。

上例中在 perceptions of 后面省略了 products and the companies who make them.

（2）动词性省略。动词性省略指句子中谓语部分的省略，表现在助动词、主动词及全部动词的省略。不定式中存在的动词省略现象，亦可被视为动词性省略。动词词组可以由一个实义动词构成，也可以由助动词和实义动词一起构成。因此，动词性省略之后有的有助动词，有的没有。例如：

Under this system，the value of a currency unit was not directly fixed or defined in terms of gold but rather（...）in terms of a currency which was fixed in terms of so much gold.

译文：在这种货币制度下，一货币单位值不是以黄金形式直接确定或规定的，而是以一种由含金度多少而定的货币来确定的。

上述例句中将 but rather 后面的 was fixed and defined 省略。

（3）小句性省略。小句性省略指的是将整个分句省略，小句性省略主要用于对话中，对于对话中已经提到的具体内容，在后面的对话中再提及时往往将其省略。例如：

A： Do you mean they are both named George ?

B： No. One is Samuel，the other is Albert.

例句中的 B 在回答时将 No 后面的内容省略了，但是这对于话语意思的理解没有任何影响。

（二）替代

替代指的是将语篇中的一个成分用另一个成分来代替的方法。替代属于语法衔接手段，替代主要利用词与词、词组与词组以及句子与句子之间的结构关系，而非其意义关系来实现照应。替代是一种纯粹的语篇衔接手段，其只利用段落中的两个部分实现衔接，没有其他任何功能。按照所替代成分的不同可以将替代分为动词性替代、名词性替代和小句性替代等。

（1）动词性替代。用动词性替代词，又称代动词，和（复合代动词）来替代动词词组中心词或整个动词词组的替代现象叫动词性替代。动词性替代主要借助助动词 do，does，did 来实现。例如：

A： You think Joan already knows？

B：I think everybody does.

A 句中的动词 knows 被 B 句中的 does 所替代。

A： Do they buy their drinks at the local supermarket？

B：No，but we do.

A 句中的动词 buy 被 B 句中的 do 替代。

（2）名词性替代。以名词性替代词替代一个名词词组或者它的中心词，这种替代现象叫作名词性替代，能充当名词性替代词的词项主要是 one，ones，some，the other，others，the same，the kind，the former，the latter 等。例如：

For example，technological advance has also had a strong impact on employment and productivity，benefiting some jobs，hurting others.

译文：例如，科技的进步对就业状况和生产力的提高就会产生很大的影响，对某些工作的就业会有利，但对其他的工作就业会造成不利的影响。

上述例句结尾处的 others 替代了 some other jobs。

Collection is of two kinds： collection with bill of exchange against documents and collection with a clean bill. In practice，the latter is not so widely used as the former.

译文：托收可分为两种：一种是跟单汇票的托收，另一种则是光票托收。在实际操作中，后一种没有前一种用得广泛。

此例第二句中的 the latter 和 the former 分别替代前句中的 collection with bill of exchange against documents 和 collection with a clean bill。

Among all measures to develop national industry，a key one must be investment in upgrading plant，machinery and skills.

译文：在所有发展国家工业的措施中，关键的一个就是必须在更新厂房、机器和技术方面进行投资。

此句中的 one 替代了意义上单数形式的 measure。

（3）小句性替代。小句性替代指的是用替代词指称上文出现的名词性小句表达的意义。小句性替代一般由形式词 so，this，that 来代替整个句子或句子中的部分内容。例如：

The founder-members of the EEC believed that if the economies of the member states were linked，they would grow together politically. We shall have to wait and see if this is so.

译文：欧洲经济共同体的发起国相信，各成员国如果在经济上联合起来，将在政治上也会共同发展。是否如此，我们将拭目以待。

该例句末尾最后一句的 so 替代前一句话中的 they would grow together politically。

Following the OPEC oil embargo，for example，United State automakers began to make greater numbers of small cars and fewer of the large models they had previously produced. This did not happen because government intervention had ordered this charge.

译文：欧佩克颁布石油禁运令之后，例如：美国汽车制造商开始打算生产更多的小型车而减少原有大型车的产量。这种情况之所以没有发生，是因为政府的干预控制了局面。

上述例句中，this 所替代的是分句 United State automakers began to make greater numbers of small cars and fewer of the large models they had previously produced。

（三）衔接

词汇衔接指语段中一部分词的意义存在某种联系。具体而言，衔接方式有词汇同现、词汇重复、上下义词以及相似性。

（1）词汇同现。词汇的同现（collocation）是指使用相关词语使篇章能够前后呼应，这种现象在所有语言中都可以找到。例如：

When consumers borrow money to buy a house，car or dishwasher，they are paying higher rates because of the deficits.

译文：消费者借钱买房子、汽车或洗碗机时，会因为财政赤字而支付比较高的利率。

该句中的consumer，money，buy，pay在语义上具有相关性，利用这些词使语篇更具完整性、连贯性。

（2）词汇重复。在语篇中重复出现的词一般都是一些关键词，这些词的重复出现既可以增强文章的气势，又可以使文章更加连贯。例如：

Lower tariffs will increase the imports of both agricultural and industrial products，Competition from foreign imports will force Chinese producers to lower their price and improve the quality of their products，to the benefit of Chinese consumers. Those firms that cannot compete will have to adjust，with some possibly going bankrupt. Foreign manufacturers operating in China will also provide competition. Local foreign producers have the advantages over importers of being able to use the low-cost labor in China and save the cost of transporting the final products to China. Financial and telecommunications firms in China will have to upgrade their products to service foreign competition.

本例出现了三个competition，还出现了其同根词compete。这些词的巧妙使用，使主题更加突出。

（3）上下义词。英汉上下义关系词的使用有一点十分相似：它们都经常用于某个概念或物体性质的界定。上义词可以用来界定下义词，上义词的含义比较概括，属于抽象性意义，而下义词的含义较为具体。例如：

Top students allow no interruption of their study time. Once the books are open，phone calls go unanswered，TV unwatched and newspaper unread.

译文：优秀的学生在学习时杜绝任何干扰。只要一打开书，从不接听电话，也不看电视和报纸。

该例中，interruption是phone calls，TV，newspaper的上义词，而phone calls，TV，newspaper是下义词。

（4）相似性。相似性包括两层含义，一个是“近同义性”，一个是“反义性”。这里的形似性与其具体意义没有关系。例如：

As dealers，the specialists are charged with maintaining an orderly market in the stocks in which they specialize. In carrying out this responsibility，specialists should be trading against the market that is，buying if the prices of his stocks are declining and selling if they are rising.

该例中的be charged with和responsibility为近义词，两者都可以表示某种责任。又如：

When a balance of payments deficit is caused by something considered undesirable（such as heavy dependence on Mid-east oil），it may be that the government will seek a way to decrease such imports. When the same deficit is caused by something considered desirable（such as contributions to developing countries to foster their economic development），the government may be willing to draw down its reserves for the purpose.

译文：如果国际收支逆差是由不令人称心如意的原因引起的（例如过分依赖中东的石油），结果就可能会使政府想方设法减少这类进口。但若国际收支逆差是因令人向往的原因引起的（例如帮助发展中国家发展经济），政府可能会乐意为此目的降低其官方储备。

上例中的undesirable和desirable形成一种反义衔接，表达了产生国际收支逆差两种原因的不同性质。

二、商务英语的指称衔接

商务英语的指称衔接，包括人称指称、指示指称和比较指称三种。

（一）人称指称

人称指称指的是利用话语情景中的功能以及不同人称表现的指称。我们所熟知的人称代词有第一人称（I，we）、第二人称（you）、第三人称（he，she，it，they，one）。在人称指称中的人称代词与这些代词有所不同，其范围更加广泛，包括这些人称代词的主格和宾格（me，us，you，him，her，it，them，one），还包括其各自的形容词所有格（my，our，your，his，her，its，their，one’s）以及所有格代词（mine，ours，yours，his，hers，its，theirs）。例如：

Japan has been able to export large quantities of radios and television sets because it can produce them more efficiently than other countries.

译文：日本之所以能出口大量的收音机和电视机，是因为日本的生产效率高于别国。

从上面的句子可以看出，it指称Japan，them指称radios and television sets。

（二）指示指称

用指示词或相应的限定词以及冠词等所表示的指称照应关系称为指示指称。在指示指称中，发话者通过表明事物在时间或空间上的远近来确定所指对象。指示指称通过指示指称词（this、these、that、those）和指示副词（如here，there，now，then 等）来体现。

例如：

Central banks of the member countries were required to intervene in the foreign exchange markets to keep the value of their currencies within 1 percent of the par value. This intervention was achieved by buying or selling foreign exchange or gold. A given currency could，therefore，never rise above nor fall below fixed points，which are called intervention points. These are the prices beyond which the central bank intervenes. This is called the system of fixed exchange rates.

译文：各会员国的中央银行必须干预外币市场以保持其币值于平价的 1% 之内。这种干预是通过买进或卖出外汇或黄金来实现的。这样，一种货币上升时不得高于、下降时不得低于固定点，这些固定点叫作“干预点”，超过了这些价格中央银行就要进行干预。这叫作“固定汇率制度”。

上面一段话的第 2 句中的 this intervention 指称前一句话的谓语部分 were required to intervene，第 4 句中的 these 指上句中的 intervention points，最后一句中的 this 指本段内容中前四句讲述的这种干预外币市场的现象。

Japan has been able to export large quantities of radios and television sets because it can produce them more efficiently than other countries. It is cheaper for the United States to buy these from Japan than to produce them domestically. According to economic theory，Japan should produce： and export those items from which it derives a comparative advantage. It should also buy and import what it needs from those countries that have a comparative advantage in the desired items.

译文：日本之所以能出口大量的收音机和电视机，是因为日本的生产效率高于别国。对于美国来说，进口日本货要比自己生产合算。根据经济理论，日本应该生产和出口那些因生产费用较低而获利的产品，购买和进口那些自己需要的、别国也因生产费用较低而获利的产品。

上面的一段话中，第 2 句中的 these 和第 3 句中的 those items 均指称第 1 句中的 radios and television sets，第 4 句中的 those countries 指称第 5 句中的 that have a comparative advantage in the desired items。

（三）比较指称

比较指称指的是用比较事物异同的形容词或副词及其比较级所表示的指称。比较指称语包括形容词与副词的比较级、最高级，以及同级结构如 as… as、superior to、inferior to 等。比较指称可以分为三种。

（1）表示相似、相同指称关系。例如：

The principle of similitude states that the best foreign market for a company is the country that is the most like，or the least unlike，the markets currently served by the firm.

In other words，companies should seek to identify those foreign markets whose characteristics are very similar to those of their domestic markets. Making the right product policy decision is greatly simplified when the company sells in similar markets.

（2）表示相反关系。例如：

The firm may welcome some competition. Competitors' promotional dollars combined with the firm's spending may lead to a much greater expansion of the market than would have been possible without competition. A share of a very large market may mean more sales than 100 percent of a small market.

（3）表示好坏、多少、大小等比较关系。例如：

The APEC group of economies includes all China's most important trading partners and accounts for over 54 percent of its report and export trade if Hong Kong's trade is included while that of China and trade between the two economies is excluded from their total trade.

Among them are the United States and Japan. While the relationship with the United States is not free of problems（the human rights issue，arms sales intellectual property rights，illegal textile trans-shipments，the Taiwan Issue，and market access for U.S. products in China）and the relationship with Japan carries the burden of history，China shares more interests with the Asia Pacific economies than with other trading nations.

三、商务英语的连接

在商务英语中，连接的表达形式多种多样，例如有连词、动词分词、一般副词、合成副词、介词短语等，它们在数量上可谓惊人。尽管似乎有大量的连接语可供选择，但是人们实际上很少可以随心所欲，自由取舍，而要受到语域的限制。其中的实际使用情况和特点可通过下列连接手段使用的不同方式和频率得到体现。

（一）增补连接

增补关系可以表示追加、否定、选择、比较、同位以及后续等逻辑关系，表示不同的关系需要不同的连接词。下面就对增补连接中的几种常见的增补连接词进行说明。

（1）表示意义引申。意义引申指的是一种顺接关系。在英语中表示意义引申的词主要有again，also，and，and then，and besides，besides，equally，further，furthermore，in addition，additionally，in a like manner，in the same way，likewise，moreover，similarly，what' s more等。在商务英语信函中经常会使用表示意义引申的连接词。例如：

Dear sir,

We welcome your inquiry of 14th May and thank you for your interest in our hand-made leather gloves. We are enclosing our illustrated catalogue and price-list giving the details you ask for. Also under separate cover，we are sending yon a full range of samples and，when yon have a chance to examine them，we feel confident that you will agree that the goods are both excellent in quality and very reasonable in price.

On regular purchase in quantities，of not less than five gross of individual items，we would allow you a trade discount of 30%.

We also export a wide range of hand-made leather shoes in which we think you may be interested. They are fully illustrated in the catalogue and are of the same high quality as our gloves.

We hope the samples will reach you in good time and look forward to your order !

Yours faithfully

（2）表示举例、例证。通常用基数词和序数词以及副词来表示举例。在段落中可以使用next，then等来引导，结尾项目还可以用last（ly），finally，to conclude等引导。表示例证通常用for example，for instance，incidentally，in particular，in other words，namely，particularly，specifically，such as，that is等。例如：

First，these countries were richly endowed with natural resources such as fertile arable land，forests，and mineral deposits.

Second，workers with various skills moved in great waves from overpopulated Europe to these mostly empty lands，and so did huge amounts of capital. Though data are far from precise，it seems that from 30 to 50 percent of total capital formation（i. e.，investments）in such nations as Canada，Argentina and Australia was financed through capital inflows. The huge inflows of workers made possible the construction of railroads，canals，and other facilities that allowed the opening up of new supply sources of food and raw materials.

Finally，the great improvement in sea transportation enabled these new lands to satisfy the rising demand for wheat，com，cotton，wool，leather，and a variety of other foods and raw materials more cheaply than traditional sources of supply in Europe and elsewhere.

（二）因果连接

因果连接可以表示原因、结果、目的、条件、手段等逻辑语义关系，常用来表示因果的连接词包括so，therefore，as a result，consequently，for that reason，in other words，in that case，if so，if not，that implies，then，therefore，thus等。

例如：

He says that he will love me for good. If so，1 will be the happiest girl in the world. If not, I would kill him.

To run a business is like managing a big family. In other words，the “parents”must be excellent at administration; otherwise，the “big family” would break up.

下面是商务英语中因果连接使用实例。在语篇中使用因果连接可以使内容之间结构紧凑，文章连贯。

Dear Sir or Madam，

I am writing about the heating unit you installed for us. Unfortunately，the heating system exploded, blowing a large hole in the roof.

I should like to remind you that we wrote to you on 9 December last year because it was making a strange noise, but you did not give us a reply.

We must insist, therefore, that you replace the heating system immediately and pay for our damages stock worth about US $400, 000.

Yours faithfully!

（三）时间连接

时间连接可以表示连续、同时、在前、总结等逻辑语义关系，主要利用时间词表达事件的进展等信息。

(1)表示某个时间以前的事态发展可用earlier，former，preceding，previous等。

（2）表示在某个特定时间点两个事件同时发生可用contemporary，mean time，meanwhile，presently，simultaneously，at present，at this point，in the meantime等。

（3）表示在某个特定时间以后的事态发展可用following，later，next，afterwards，immediately，since，after that，since then等。

下面是语篇时间连续使用的实例。

In 1998，Australia proposed the Asia Pacific Economic Cooperation（APEC）as an annual forum. The proposal called for ASEAN members to be joined by Australia，New Zealand，Japan，China，Hong Kong，Taiwan，South Korea，Canada，and the United States. lt was initially modeled after the Organization for Economic Cooperation and Development（OECD）. Since then，APEC' s goals have become more ambitious. At present，APEC has twenty-one members and has the third largest economy of the world. T he key objectives of APEC are to liberalize trade by 2020，to facilitate trade by harmonizing standards，and to build human capacities for realizing the region' s pool of savings，the most advanced technologies，and fastest growing markets. Therefore，companies with interests in the region are observing and supporting APEC-related development closely.

（四）转折连接

转折连接可以表达对比、修正和排除等逻辑语义关系，转折连接用于提示段落内容意义的改变，表示意义转折的语汇有 but，for all that，however，in spite of，nevertheless，notwithstanding，on the contrary，on the other hand，still，yet，whereas 等。例如：

I supposed that he would not meet the deadline. On the contrary，he over fulfilled his task.

On the questions of payment terms，however，we will make no concessions.

The workers kept working，notwithstanding the heavy ram.

（五）空间连接

空间连接主要利用的是方位词来表示空间概念，如 above，across，from，before，below，beyond，beneath，close to，down，further，in front of，next to，near to，on the left，on the right，opposite，on top of，over 等。例如：

The development in Asia has been quite different from that in Europe and in the Americas. While European and North American arrangements have been driven by political will，market forces may compel politicians in Asia to move toward formal integration. While Japan is the dominant force in the area and right seem to take leadership in such an endeavor，neither the Japanese themselves nor the other nations want Japan to do it.

四、商务英语语篇基本特点

（一）文体多元性

商务英语具有多元化特点，因为它被社会上不同的领域所使用。根据英语的功能划分，英语通常包括以下五种文体：文学英语、法律英语、新闻英语、广告英语、科技英语。从商务英语所涉及的专业范围来看，五种文体中属于商务英语的是广告英语和法律英语。

由于国际商务在各领域中的实践性较强，商务英语还具有实用性。国外有学者从国际商务用途角度出发，认为商务英语通常与一定的商务背景知识有关，以需求分析为基础，有时间上的压力，目的明确。

（二）确切性

商务篇章要具体明确、层次分明、有说服力，必要的时候，要使用具体的事实和数据。商务英语中业务数字和时间都很关键，稍有差池，可能就会导致业务失败。概念的表达，物与名所指，数码与单位等，都要求具体明确，而且全文一致。为了避免纠纷和损失，商务英语所涉及的语义信息、风格信息、文化信息等都要求使用者做到具体得当的传达。

例如：We are delighted to receive your Letter of November 18 asking whether we can supply you with Art. No. 6120.

译文：很高兴收到你方 11 月 18 日来函，询问我方可否供应 6120 货号产品。

商务英语不说“We wish to confirm our telex dispatched yesterday.”而要说“We confirm our telex of July 2nd，2000.”因为前者笼统含糊，后者清晰明了，恰如其分地表情达意。

在商务英语中，有时可采用不同的词语或短语表达同一语义或概念，这不仅可避免重复所引起的“单调乏味”，使语篇表达富有变化，生动活泼，而且更能从不同侧面加强所表达的语义，使之更明晰、明确。有时，采用省略的方式能够使表达更明确，而汉译时必须采用重复方式才能使译文语义明确，且并不因此而显得冗赘单调。

如：In such a society，we make contracts when we buy goods at the supermarket，when we get on a bus or train，and when we put money into a machine to buy chocolate or drinks.

译文：在这样一个社会里，当我们在超级市场购物的时候要订立合同，当我们乘公共汽车或火车的时候要订立合同，当我们把钱投入自动售货机购买巧克力或饮料的时候，也要订立合同。

解析：英文原文仅一处使用 make contracts，而汉译文将此重复使用三次，英汉表达方式不同，但却都达到了表达清晰明确的目的，可谓殊途同归。

（三）篇章结构规范

商务英语具有程式化的语篇特征。在篇章结构上，严格按照各种语类的纲要式结构并参照各种语类的交际目的行文。这种程式化的纲要式的结构和交际的目的是其各类语类的核心。在商务英语实践中，我们把商务文本细分为商务报告、商务广告、企业宣传材料、产品说明书、商务信函、商务合同、商标词等，每一种文本都有其“纲要式”的结构，为从事商务活动和商务交际的人们提供对各种语类在理解和写作上的参照。下面以商务报告类文本为例，分析商务英语的篇章结构的示范性。

从整体结构上讲，英语商务报告包括了下列几大部分：题目（Title）、报告传达书（Transmittals）、目录（Contents）、总结（Summary）、前言（Introduction）、正文即调查结果和研究结果（Findings）、结论（Conclusion）、建议（Recommendations）、参考资料（References）、附录（Appendices）。其中关键的部分是主体。商务报告的主体一般由前言（preface）、正文（body）和结尾（conclusion）组成。在前言部分，主要说明报告的目的（purpose）、背景（background）、范围（scope）和问题的叙述（problem statements），说明问题提出的缘由、背景和相关情况。报告的正文部分是核心内容，通常是由研究内容、研究方法、研究结果等构成，主要阐述研究结果和调查结果、项目进展情况、策划方案的步骤等。

第四节　商务英语的修辞特征

从广义的角度来讲，商务英语的修辞可包括商务英语语音、词汇、句法、语篇的组成等各层面的所有特征，涉及“遣词造句、谋篇布局”过程中的一切活动，是对语言进行选择加工，以达到传情达意的目的。而词义、句子结构以及语篇等所有的特征总汇构成商务英语的修辞特征。

一、商务英语的词义修辞特征

商务英语中的修辞为实现选词恰当、精确，语言表达礼貌的语言效果起到了至关重要的作用，其词义修辞特征主要表现在以下方面。

（一）暗喻

暗喻又称隐喻，是一种含蓄的比喻，本体和喻体同时出现，没有喻词。在商务英语中，暗喻是频繁使用的修辞手段之一。例如：

A woman express herself in many languages，Vimal is one of them.——Vimal Saree

译文：女人用多种语言表现自己，维姆就是其中之一。——维姆纱丽服

该例中，妇女服饰品牌 Vimal Saree 被比作 language，表达了这种服饰就像语言一样可以直观地传达出女性的魅力所在，潜意识下表明了该品牌的特殊之处。

（二）双关

双关的修辞效果往往使得话语更加幽默，一箭双雕。商务英语中经常利用同音词、谐音词与一词多义的词来实现双关。例如：

The Self-Made woman. She’s living better all the time.

译文：《自我》成就的女性，生活永远如此称心。

该例中，Self-Made 的使用实现了双关，因为其具有一词多义的特点。Self 即有“自我”的含义，同时还是一本妇女杂志的名称，故 Self-Made 暗示了阅读《自我》杂志的女性在生活上都是称心如意的，这就可以号召大量女性来阅读该杂志。

（三）夸张

虽然夸张手法有言过其实的修辞效果，但基本上还是符合事物本质特征的。适当的夸张是为了增强效果、抒发感情，在事实的基础上做出放大或缩小某一特征的艺术手法。因此，夸张是商务英语中经常使用的修辞手段之一。

例如：

They murdered us at the negotiating session.

译文：谈判时他们枪毙了我们的方案。

该例中，murdered us 即是夸张手法的运用，目的在于强调谈判失败的后果，使得表述更加生动有效。

（四）借代

商务英语中常常用一个表示具体形象的词来表示一个事物、一种属性或一种概念，表现为将具体词语的词义做抽象化引申，引人联想，并起到修饰语言的作用。例如：

Viewing such problems with a humorous eye and avoiding the syndrome of taking yourself too seriously can make all the difference in keeping negotiations on track.

译文：如果用幽默的眼光来看待这些问题，让自己避免过分严肃，对谈判沿着既定的轨道前行具有十分重要的作用。

该例中，利用人体器官 eyes（眼睛）这一具体器官的形象引申出其所产生的行为——眼光，使得句子在表述上形象、轻松，在很大程度上缓和了话题的过分严肃性。

二、商务英语的结构修辞特征

对商务英语结构具有重要修饰意义的手段有：倒装句、反复、排比、对比。下面就对这些修辞手段进行探讨。

（一）倒装句

倒装是一种语法手段，用于表示一定句子结构的需要和强调某一句子成分的需要。商务英语中也常常通过改变语序，倒装句子来实现有所指、有所强调的交际意图。试比较下面一组句子。

（1）A sample of a similar cloth，of exactly the same color，which we have in stock，is enclosed.

（2）Enclosed is a sample of a similar cloth，of exactly the same color，which we have in stock.

译文：附上一块目前有现货的，颜色几乎一样的相似布料。

对于同一个句子，使用的英语句型却是完全不同的。（1）句使用的是普通的、正常顺序的句子，因为主语很长且位于句首，给读者的感觉是头重脚轻。（2）句通过倒装改变了句子中词语的顺序，读起来更加合理。

（二）反复

商务英语中常用反复来强调所表达的内容，引起话语接受者的注意，其主要表现在以下三个方面。

（1）重复某个关键词。重复某个关键词（Repetition of a Key Word）能够帮助语言发出者建立主题思想，让语言接收者有意识或无意识地熟悉这个词带来的信息。例如：

She is a leader：a leader in the workplace，a leader in her church，and a leader in the commumty.

译文：她是领导：是工作上的领导，是教堂的领导，还是社区的领导。

该例中，通过对 leader 一词的重复实现了强调的目的，充分表达了其牢固的领导地位，从而将她的领导形象深深刻在人们心中。

（2）句首重复。一个单词或词组出现在连续几个句子、诗行或语段的开头，英语修辞中叫作句首重复（Anaphora）。例如：

Farewell to the mountains high covered with snow!
Farewell to the stratus and green valleys below!
Farewell to the forests and wild-hanging woods!
Farewell to the torrents and loud-pouring floods!

译文：

再见了，积雪皑皑的高山！
再见了，脚下的溪壑绿谷！
再见了，森林和原始垂悬的树木！
再见了，急流和奔腾轰鸣的洪水！

这里除了Farewell to在句首彼此重复外，每一行诗的句法结构也是对称的。不过，这种对称对于句首重复来说不是绝对需要的。

（3）结末重复。结末重复（Antistrophe）是指末尾段落连续使用重复的短语或句子。与句首重复一样，结末重复也是为了强调这些语句。

例如：

Our stockholders will win.
Our employees will win.
And，best of all，our families will win.

译文：

我们的股东将会获益；
我们的员工将会获益；
另外，最让人高兴的是，我们的家族将会获益。

该例中，对句末短语 will win 进行了重复，强调了人们获益的范围是非常广泛的，即表明了这次成功将使所有人都获得利益。

（三）排比

排比（parallelism）就是把两个或两个以上结构相同或相似、意义相关或并重、语气一致的语言单位平行排列起来，形成一个连贯的整体的修辞手法。在商务英语中，排比也是一种常用的修辞格。这种修辞结构使读者强烈感受到排比结构内部的关系，起到加强语气、强调重点的作用。例如：

If a man runs after money，he' s money-mad； if he keeps it，he' s a capitalist；if he spends it，he' s a playboy；if he doesn' t get it，he' s a never-do-well；if he doesn' t try to get it，he lacks ambition. If he gets it without working for it，he' s a parasite；and if he accumulates it after a lifetime of hard work，people call him a fool who never got anything out of life.

译文：只追求钱的人是疯子；只攒钱的人是资本家；只花钱的人是花花公子；挣不到钱的人是小混混；不愿意挣钱的人是没有包袱的人；想不劳而获的人是寄生虫；一辈子只为挣钱的人则是傻子。

该例中，整个段落列出了七项有关 money 的种种行为，并通过这种排比结构讽刺了一些人、批评了一些人，在一定程度上加强了人们对于如何花钱这方面的正确认识。

（四）对比

商务英语中经常使用对比的修辞手法使一句平衡对称的句子在意思上截然相反，形成强烈对比。例如：

There is a large group of active and innovative companies who devote themselves to increasing the productivity. While there always a large group of laggard and stereotyped companies who devote themselves to gnawing government subsidy.

译文：很多积极的、创新的企业都致力于提高生产力。然而还有很多落后的、守旧的企业致力于啃食政府补贴。

本句通过 active and innovative 和 laggard and stereotyped，increasing the productivity 和 gnawing government subsidy 两组意象的对比，表达了两个方面的意思。一是赞美了前者的创新精神。二是批评了后者不思进取、腐败落后的企业作风。

三、商务英语的语篇修辞特征

（一）圆周句

圆周句（Periodical Sentence），也称“掉尾句”，它是英语中末端中心（end focus or end weight）原则的应用。圆周句的特点是，主要信息或实质部分迟迟不出现，使之造成一种悬念，借以抓住读者的注意力，步步推进，直到句尾或接近句尾才能明了作者所要表达的真正意思，给读者以深刻的印象，从而使主要信息或实质部分得到强调。圆周句是作者有意安排的句子，句子结构比较严谨，多用于正式语体。当很多从句都把话语重点放在了句末，便形成了修辞学上所说的圆周句。圆周句在商务英语中的使用主要基于以下目的。

（1）有时是为了吸引对方注意。

（2）有时是为了加以强调。

（3）有时是为了减弱不利信息造成的影响。

下面来看一则实例。

Although profits are down，morale remains high.

译文：尽管利润下降了，但我们的道德水平依然很高。

该例中，通过使用 although 来引导让步状语从句，并以此说明后面的句子是语言表述的重点，故该句话是一个圆周句。其中 profits are down 这一不利消息以状语从句的形式被放在了前面，而话语中心则被放在了后半句上，因而整个句子就句子含义而言，在很大程度上减弱了不利消息对听话人的影响，强调了好的一面。

（二）松散句

松散句（Loose Sentence）也是复合句，即主句在前，后面通常跟有几个从句：一些语言学家定义的右分支结构（right-branching structure）。松散句是一种组织松弛的句子。在效果上这种句子比较松弛，多用于谈话。句子的组织部分连绵不断，但结构如此松散，以至于你可以在句中的任何地方加一个句号，结构都是完整的。与圆周句不同，松散句通常将句子中心放在前半部分用以提出主旨。

例如：

The Buyer may cancel its order through a telegram to the Seller，which is required to get to the latter prior to the beginning of any shipment.

译文：买方可以通过电报通知卖方取消订货，但此电报需在货物装运之前到达卖方。

该例中首先明确了话语的主题即“取消订单”，然后在后半句进行了说明：不是任何时候都可以取消订单，只有在货物装运之前将取消订货的电报传达给卖方时才可以。

第三章 英汉商务语言的比较

由于英汉语言本身存在着相同点和不同点，对英汉语言的比较研究直接关乎英语翻译的优劣、当否，英汉语言的比较应用到商务领域也是如此。对当代英汉商务语言进行比较有助于译者充分掌握英汉商务语言的基本特点，从而在商务英语翻译中将这些特点有效运用，能够不断提高商务英语翻译的质量与水平。可见，对英汉商务语言的比较是非常有必要的。这里就对当代英汉商务语言的相同点与不同点进行比较。

第一节 英汉商务语言的相同点

一般情况下，我们学习英语总会受到汉语母语的影响。事实上，英汉两种语言存在的某些相似性有助于我们学习和理解英语，这在商务语言上也不例外。而这种相似性主要体现在词类划分、句子要素、基本句型以及语言要求上。下面就从这几个方面对商务语言的相同点进行分析。

一、英汉词类划分、句子要素、基本句型的相同点

在词汇方面，英汉商务语言在词类划分上是基本相同的，一般情况下把词汇分为实词和虚词两大类。其中实词主要有名词、动词、形容词、副词、数词、代词等，虚词有介词、连词、语气词、助词等，两种语言的相似性主要体现在二者的语法功能上。

从句子构成要素上看，英汉商务语言都包含主语、谓语、宾语或者表语、定语、状语等这几大类。其中最突出的是主语和谓语的作用，从本质上来说，这两个成分构成了英汉商务语言的主要句子结构框架，如最简单的“主语 + 谓语 + 宾语”结构，以下例句足够说明这一问题。

Their cells sell well.

译文：他们的电池销量很好。

在该例子中，通过对比英语原句与汉语翻译不难发现，二者采用了主谓宾的简单结构，体现了英汉两种语言在句子要素上呈现的相同点。

从以上两个例子除了可以看出二者的句子要素存在着相似性，还可以看出二

者的基本句型也是没有太大差别的，两个句子都是按照主谓结构排列的。在众多的商务文本或者科技文章中，句子结构相互对应的情况是比较普遍的。例如：

According to the Joint Venture Law of China, a joint venture shall take the form of a limited liability company and the profits and losses of a joint venture shall be shared by the parties to the venture in proportion to their contributions to the registered capital.

译文：依据中国合资企业法之规定，合资企业应该以有限责任公司的形式出现，由合资各方按照注册资本的比例，利润共享，风险共担。

As requested in your letter of 15 July, we are enclosing our check for $500. 00.

按照你方 7 月 15 日的来信要求，我方附上 500 美元的支票。

从上面两个例子可以看出，译文的结构其实和原文相差无几，只是在个别用词上要遵从商务英语的习惯翻译方法。

二、英汉语言要求的相同点

当代英汉商务语言在语言要求上也存在着一些相同点，主要表现在其具有很强的专业性、规范的语篇结构、习惯使用套语、准确而正式的用词、简洁明快的语言以及委婉的语义表达。下面就从这几个方面对商务语言要求进行分析。

（一）专业性强，语篇结构规范

由于英汉商务语言承载的大部分是关于英汉商务理论和实践方面的信息，因此英汉商务语言在其语言形式与运用方面都有着很强的商务专业性，这也是英汉商务语言的相同点之一，这一共同点主要体现在商务词汇的专业性上。英汉商务专业词汇主要包括商业术语、专业缩略语以及一些商务专业名称，如 coverage（保险项目），irrevocable letter of credit（不可撤销信用证）等，这些商务专业词汇体现了明显的商业行业知识，具有很强的专业性。

另外，商务文本具有很强的针对性，尤其是在表达内容方面。通常而言，商务文本的内容都是以特定的事物、内容、场合为基础，在遵循一定结构规范的基础上进行拟定。因此，无论英语还是汉语商务文本，其语言都呈现出明显的规范性。例如：商务报告通常包括题目、报告传达书、目录、总结、前言、正文、结论、建议、参考资料、附录等。在撰写英汉商务报告的过程中，严格遵循这一结构规范也是英汉商务语篇的共同点之一。

（二）习惯使用套语

在长期的商务实践中，商务文本行文具有稳定的、规范化的程式结构，以便使公务有条不紊地进行。合理的程式对公文来说是必需的。

沿用规范化、标准化的公文程式可以使办事者一看就知道公文的内容，这一程式化最显著的表现就是大量使用套语。习惯使用套语是英汉商务语篇鲜明的共同点之一。例如：

商务汉语套语　　商务英语套语

兹告知……　　Please let us know

Please be informed that...

我公司专营　　We specialize in ...

We are specific in ...

We trade specially in ...

我方很高兴地邀请贵方　　I' m pleased to invite you to ...

We would like to invite you to ...

随函附寄……请查收　　We enclose...

Enclosed are...

Please find enclosed...

Enclosed please find...

……由……负担　　...be borne by...

…shall bear the costs of...

…be for （the Buyer） 's account

贵方……来函已收悉　　We have received your letter...

We are in receipt of your letter...

We have acknowledged your letter of...

Acknowledgement is made to your letter of...

……畅销……　　...are sold well...

...are well sold...

...are good sellers...

...enjoy fast sales...

...are well received by...

...enjoy a popular sell...

...are most popular with...

（三）用词准确、正式

商务交往常常涉及贸易往来、国际合同、权利、责任与义务等利益关系，商务交流信息的准确传递与否直接关系到交际活动能否顺利地展开，甚至会影响到交际双方的经济利益。因此，商务交流中应避免由于使用模棱两可的语言给商务交际带来不必要的沟通障碍，以免产生不必要的争议。为了更好地传递交际信息，以及促进双方的交际，商务活动中不能疏漏任何一个小的细节，译者运用准确的语言将原文信息完整地传递给对方，从而有效地促进交际双方的商务交流活动朝着有序的方向发展。这就需要英汉商务语言做到准确、严谨。另外，英汉商务语言在用词方面还注重使用正式用语。除了商务广告用语之外，商务语言经常会使用大量的正式性书面话语，尽可能地确保正式的语言表达。例如：

buy　　购买

tax　　税

be familiar with　　熟悉

上述词汇是普通英语中的常用表达，然而为了在商务交流过程中表达得更为正式，需要使用与之对应的正式词汇。

purchase　购买

tariff　关税

acquaint　熟悉

使用正式的词汇会令英汉商务语言的表达重新登上一个新的高度，也更适合于商务活动，这也是英汉商务语言的一个共同点。

（四）语言简洁明快

商务活动中的语言表达上，要抓住要领，力除冗词赘语，做到“要言不烦”。古语云：“言不在多，达意则灵。”语言如果不得要领，就必然难以达意。如果交际双方在商务活动中使用冗长、烦琐的语言进行交流，会使交际双方反感，不利于商务活动的顺利展开。这就要求交际者能够使用简洁明快的语言进行有效的交际，从而促进商务交际活动恰当、有序地进行。英汉商务语言主要是通过使用名词、短语等简洁明了的表达方式，将信息快速地传达给对方，从而体现英汉商务语言的简洁明快。在商务活动中，为了充分地利用有限的时间，需要使用简明的语言进行表达，而名词或名词短语本身就具有形式短、意义容量大的显著特点，名词或名词短语的使用有利于使英汉商务语篇的表达更加简洁明了，符合商务活动的要求。因此，商务英语中常常使用名词或名词短语来实现语言表达的简洁。例如：

由于资源缺乏，服务行业将更多地实施限额配给，人们将面临艰难的抉择。

译 1：That the resources are scare will lead to more rationing of services and hard choices.

译 2：Scarcity of resource will lead to more rationing of services and hard choices.

从上述译文中可看出，第二个译文中的 Scarcity of resource 简化了第一个译文中的 that the resources are scare，可见其表达形式简洁、意义丰富。再如：

It is a test for suzhou' s spring Festival transportation to take 10 million passengers home.

译 1：这是一个测试对于苏州春运把 1000 万名乘客带回家。

译 2：1000 万客流考验苏州春运。

从上述译文中可发现，第二个译文的表达形式比较简洁，通过使用简短的名词短语令语言表达内容更为丰富。

（五）语义表达委婉

委婉语义是有意用相应的词句婉转或平和动听地表达某种既定的意义。这种词语在表现形式上是委婉的，但在内在意义表达上却是直接的。作为商务活动的一种沟通工具，商务语言的主要目的是创造一种和谐的商务交流环境，以保证商务活动的顺利进行。换言之，在商务交际活动中，交际者要使用委婉的话语表达语义，增强双方的友好关系，从而促进商务活动有效地展开。

1. 客观表达

客观表达的优点在于能够减少语言的主观性，可以使语言显得更加得体，易于被人接受。因此，无论是英语还是汉语商务文本，客观表达十分常见。试比较以下几组句子。

（1） I think/in my opinion you made some mistakes. （poor）

译文：我认为你犯了一些错误。

There maybe some mistakes here. （better）

译文：这里可能有一些错误。

（2） In my opinion, your price is too high. （poor）

译文：我觉得，你们的价格太高了。

Your price appears unfavorable. （better）

译文：你们的价格看起来不是很合理。

从上述两组例句中可以看出，商务活动中，英汉两种语言常常以客观表达为主，不倾向将个人的主观观点或意见夹杂于其中，这样的表达有利于将自身的观点委婉、友好地传达给对方，从而取得良好的交际效果。

2. 委婉拒绝

在商务英语对话中，有强烈拒绝一项要求或建议的方式，但更多的是较为含蓄的婉言拒绝。针对这种情况，商务文本中经常会使用一些表示委婉拒绝的固定表达方式，在不损害对方面子的前提下以委婉的方式拒绝对方。例如：

商务汉语委婉表达	商务英语委婉表达
我们也想同意，不过……	We would like to agree,but…
我们建议一项折中方案……	We suggest a compromise…
我首先得与我的经理商量。	I have to check with my manager first.
恐怕这已是最佳方案了。	I am afraid this is the only best way.

3. 使用弱化的肯定语气

弱化肯定语气，能减少或避免产生交际双方之间的抵触情绪，维护人际关系。在商务活动中，为顺利推进言谈或达到某一交际目的，说话人需要考虑听话人的心理感受、情绪等非语言语境因素，为了使表达不那么强硬，能使对方乐于接受，英汉商务语言在表达时通常加上 I hope（我希望），I think（我认为），I regret（我很遗憾 / 抱歉）等词语。例如：

I regret that we are not in a position to accept your offer.

译文：十分抱歉，我们暂时不能接受贵方报盘。

I hope our verbal offer, if accepted by you, could be confirmed by sales confirmation or contract within three days.

译文：贵方如接受了我方的报盘，希望能够在三天之内以销售确认书或合同的形式进行确认。

第二节　英汉商务语言的不同点

英汉商务语言除了具有一定的相同点之外，还存在一定的不同点。了解这些不同点有利于在商务交流活动中深入地分析并认识不同的商务语言表达，避免由于语言表达不当导致的交际障碍。为了实现良好的商务交际，本节主要从英汉商务词汇和句法两个方面对英汉商务语言的不同点进行分析。

一、英语的词汇有形态变化，而汉语基本没有形态变化

英汉语言在词汇形态上有着明显的不同。英语中的名词（Noun），有数和格的变化，动词（Verb）有时态、语态、语气、不定式、分词等形态变化，形容词（Adjective）和副词（Adverb）有比较级和最高级的形态变化。这些词汇的形态变化可以体现出各个句子成分之间的语法和逻辑关系。而汉语词汇基本没有形态变化，它主要依靠词序或是暗含逻辑关系的词语来表达句子各成分之间的语法关系和逻辑关系。英汉语言不同的词汇形态变化也在英汉商务语言中有着明显的体现。

针对英汉商务词汇不同的形态变化，在对商务英语进行翻译时，通常采用加词或变换说法的方式对英语词汇的形态变化进行处理。例如：在汉语中加“正在”“就要”“已经”等时间副词来表示英语的时态。汉译英时，我们需要用英语词汇的形态变化来表达汉语的语气、时态、情态、语态等。例如：

We have been expecting to hear from you concerning the captioned engine, pamphlets of which we trust you have already received.

译文：我们一直盼望收到你方有关上述引擎的信函，相信你们已经收到我们的样本手册。

上述英语原句中的have been expecting是现在完成进行时，将其译为汉语时，译者为了充分地表达其在原文中的含义，在译文中添加了时间副词“一直”。可见，商务语言中，英语的词汇形态会发生一定的变化，而汉语的词汇形态则没有改变。

They told me that Mr. Liu would have been working here for twenty years by this winter.

译文：他们告诉我到今年冬天时刘先生在这里工作要满二十年了。

本例英语原句中的would have been working表示的是过去将来完成进行时，在汉译时，译者将其译为“工作要满……”，通过这一词形变化将原文所要表达的含义贴切地表现了出来。

二、英汉商务语义范围上的不同点

随着经济全球化的迅速发展，英语已经被广泛地应用到社会的各个行业领域。随着交际范围的日益扩大，为了便于各国间的商务交流与沟通，英语商务语言中有些词汇的语义范围也随之扩大，甚至很多英语词汇在既有含义的基础上具有了新的含义。与之相反，汉语商务词汇的语义范围却很稳定，不易发生变化。这主要是由于受历史传统文化的影响，汉语具有丰厚的文化内涵，加上汉语用词严谨、精确、规范，反对没有理据地自由组合文字，这样汉语不容易受外部环境的影响，具有很强的稳定性。例如：

2001 年福州港的货物吞吐量位列全国沿海港口第十一位，集装箱吞吐量位列全国沿海港口第十位。

The turnover of Fuzhou port ranked 11th among Chinese coastal ports while its container operation was listed as 10th in the year 2001.

在腹地经济持续快速发展的推动下，广州港货物吞吐量持续增长。

With the impetus from the fast growing economy in its hinterlands, the Port of Guangzhou continues with a sustainable increase in cargo volume.

上述两个例句中，汉语原句中均使用了“吞吐量”一词，但在相应的英语译句中，译者根据具体语境分别使用了 turnover 和 cargo volume，由此可以看出，英汉词汇在语义范围上的差异。

针对英汉商务语言的这种差异，在商务交流中要仔细斟酌和揣摩源语词汇的含义，力求使用地道的语言进行合理、恰当的交际。

三、英汉商务句法的不同点

英汉商务语言在句法方面也存在很大的不同，这种不同首先表现在句子重心上。英语商务语言的表达习惯先表态，后叙事，表态部分很短，叙事部分通常都比较长。也就是英语习惯先对事情做出评价或先表达发话人的感受、态度，然后再具体地叙述事情。相反，汉语商务语言的表达则习惯叙事在前，表态在后，叙事部分稍长，表态部分却很短。换言之，汉语习惯将主要信息放在句子末尾，也就是先按照先后、因果等顺序进行长篇描述，然后再简短地表达发话人的观点、立场。例如：

It is regrettable that the aggressive market strategy of Japanese colleagues and their apprentices in Korea has resulted in destructive price erosion for consumer electronics goods.

译文：我们的日本同行和他们的韩国“学徒们”以其野心勃勃的市场战略破坏性地降低了民用电子产品的价格，这是令人感到遗憾的。

从上述例句可看出，英汉商务语言在句子安排上体现着完全不同的思路。为了更好地实现商务活动的交际效果，下面就从不同的角度对英汉商务句法的不同点进行具体的阐述。

（一）间接与直接

由于东西方思维的差异，汉英两种语言信息分布及传递方式也不相同。汉语句子大多是后重心的，比如，汉语中的时间、地点、方式、原因等次要信息往往都分布在句子或篇章的前半部分，而将重要的信息置于句末或篇章最后，也就是说，一个句子或篇章不是直接进入主题。这种“后重心”信息分布特征与英语语言直接的开门见山式的“前重心”分布明显不同。在汉英翻译时，译者一定要特别注意这种差异，积极调整语义信息重心，以符合英语的表达习惯。一般而言，英语在商务表达中经常使用间接形式，如委婉语、间接肯定和否定、暗示等，而汉语商务句子的表达形式却相对较为直接。例如：

The breakage was due to the exporters’ failure to effect package according to the terms stipulated in the contract.

译文：破损是由于出口方没有按合同的规定包装所致。

According to the contract, the goods should be packed in fiber drum rather than bags.

译文：根据合同，货物应该用纤维桶而不是纤维袋包装。

The governments of UK and Sweden have decided to stay outside the euro for the time being.

译文：英国和瑞典政府决定暂时不加入欧元区。

（二）复杂与简单

在商务英语的核心结构上，往往还直接或间接地黏着许多相关成分，并通过各种关系词和连接手段，如介词、关系代词、关系副词、连接词、非限定动词等来组合成一个形态完整的句子。因此，英语的句子结构较为复杂，句子内常常层次迭出、句中有句、环环相扣。但是汉语的句子中没有太多的外显性连接标记、句式结构松散，而是注重话题的承转，注重句间的相互关联和语义的前后连贯。汉语句式比较简约，以中短句为多，无盘错镶嵌之感。

Regarding delivery of the machine offered we would say that, although the time stipulated is short, yet we can promise you to complete the engine in three months from date of order, and delive rerect, and test it ready for use, within four months as desired.

译文：关于贵公司所需的机器交货一事，交货期虽然短促，我方保证，自订货之日起，3 个月内完成生产，并按要求，4 个月内交货，并安装调试完毕。

In future, companies will have to concentrate more Oil establishing employee loyalty, which will be hard to many people preferring to improve their CVs and move on to another company rather than get stressed out in their current job.

译文：将来，公司必须更加注重树立员工对公司的忠诚，但是做到这一点并非易事，因为多数人都宁愿丰富自己的履历表而转到其他公司，也不愿意继续在现有岗位上承受过度的紧张压力。

（三）紧凑与松散

英语商务语言中句子的结构较为紧凑，一般以主语 + 谓语的基本结构形式为主。其中，谓语是整个句子的核心，主语是必不可少的成分。英语句子的其他成分都在这一主谓结构的基础上不断地进行扩展，逐步形成一个完整的句子，可见英语商务语言的句子结构具有严谨、主次分明的显著特点；与之不同的是，汉语商务语言中的句子结构以“话题—话题说明”的形式展开。在很多情况下，句子的主语可以省略，句子组织形式具有一定的弹性，形态较为松散，句子侧重通过词与词之间的语义关系来控制整个句子的结构。例如：

Downsizing and deregulation are blamed by widespread service chaos in the telecommunication industry.

译文：一面裁减员工，一面放松管理——人们认为这是导致电信业服务普遍混乱的原因。

（四）物称与人称

英语商务句法注重物称，也就是说，在英语商务句子中，往往倾向于使用无生命的词语做主语；与之相反，汉语商务语法注重人称，换言之，在汉语商务句子中，普遍使用有生命的或者主动发出动作行为的物体作为主语。下面通过几个例句对英汉商务语言中的物称与人称的差异进行分析。

While price cuts are a boon for consumers, the lack of pricing power is a key reason corporate profits remam anemic.

译文：虽说降价对消费者来说是个好事，但是企业无力自主定价，降价却是利润摊薄的一大原因。

A fair comparison of quality between our products and similar articles from other sources will convince you of the reasonableness of our quotations.

译文：贵方只要把我们的产品质量与别处的同类产品质量比一比，就会知道我们的报价是合理的。

The concept of Chinese brands has been evolving through the 1990s, but is now getting greater attention at home.

译文：20 世纪 90 年代以来中国企业的品牌意识不断发展，但是中国的企业现在才更加重视品牌的作用。

例句中，英语原文以 the concept（意识）做主语，是无灵的事物，而汉语中则以“中国企业”做主语，可见英汉商务语言对物称与人称的不同侧重。

（五）被动与主动

英语多被动，汉语则多主动。英语多用被动句式，这与其物称倾向不无关联。充当主语的词既然是大量“无灵”（inanimate）物称，其被动句式则有了繁衍的前提；反之，汉语具有人称倾向，自然更多地采用主动句式。当然，商务英语中被动结构使用的概率较高；而在用汉语进行商务交流时往往不用被动形式，常常使用主动形式，很多时候这些主动形式也可以表示被动的含义。例如：

This problem should be resolved in good time.

译文：这个问题要及时加以解决。

Claim, if any, must be made within 30 days after arrival of the goods at the destination, otherwise, none will be considered.

译文：如果发生索赔，必须于货物到目的地后 30 天内提出，否则不予考虑。

Three days are allowed to their company for making the preparations.

译文：我们给予他们公司三天的时间准备。

The goods would have been shipped but for the heavy snow.

译文：要不是下大雪，货物早该装运了。

As the date of delivery is approaching, you are requested to expedite the establishment of L/C.

译文：由于交货日期临近，谨请贵方尽快开立信用证。

（六）替换与重复

一般讲来，回避重复是商务英语的一大特色，而且回避的范围也很广，小自单词，大至句子，凡是意义相同的或只是部分相同的词语，均在回避之列。英语往往采用一些手段来回避重复，如指代法、换词法、替代法、省略法、保留介词法和紧缩法。在汉语中，说话写文章也回避重复，尽量避免冗长繁复。但是，汉语由于其固有特点和表达习惯的缘故，在很多地方非重复不可，或者重复可以起到一定修辞效果。也就是说，如果使用得当，汉语里使用重复并不会给人单调乏味之感。相反，重复反而可以起到反复强调的作用。因此，与英语相反，重复是汉语的一个明显特点。

The Japan Society' s crash course on how to bridge the chasm between Japanese and American manager forces participants to examine their own cultural assumption, as well as to learn about the other side.

译文：日本社团开设的如何沟通日美管理人员之间鸿沟的速成课程要求参加者了解美国管理人员的文化习惯，也分析自己的文化习惯。

Now some observers say that supermarket chains risk damaging their brands by moving into a sector which they have no experience of. How do you react to that ?

译文：如今有些观察家说，超市连锁店正冒着损害自己品牌的风险涉足毫无经验的领域，你是如何看待这一点的？

综上所述，在实际的商务活动中，需要了解英汉商务语言在这方面的不同，避免由于不了解英语的被动与汉语的主动而影响交际的顺利进行。

第三节 对比语言学与商务英语翻译

一、对比语言学与商务英语翻译

比较与对比是同义词，但又有所不同。就语言学而言，比较是人类认识事物、研究事物的一种基本方法，也是语言学研究的一种基本方法。而对比则是一种更侧重于不同之处的比较，所以我们有比较语言学和对比语言学之说。比较语言学（comparative philology/linguistics）和对比语言学（contrastive linguistics/contrastive analysis）有所不同。

比较语言学是从历时的角度研究语言的科学。它历时地对两种或者两种以上的语言进行比较、分析研究，目的在于通过重建原始语言，推定各种语言的亲属、源流关系，进而阐述它们的体系和特质。与此相反，对比语言学是一门共时语言学，它只是共时地对两种或两种以上语言进行考察分析，指出它们之间的语音、语法、词汇等各个部门里的同异点，并努力运用哲学、心理学、民族学等学科的知识与理论去说明这些同异点之所以产生的根源。换言之，比较语言学是语言学的一个分支，系统地比较有关语言或一种语言的不同历史阶段的语音、语法和词汇的对应关系。由此我们可以知道，比较语言学是对一种或一种以上语言在不同历史时期的有关现象进行对比。请看以下转引自胡壮麟文章中的比较语言学与对比语言学的特征对比表：

表3-1 比较语言学和对比语言学

类别	比较语言学	对比语言学
时间跨度	历时	共时
研究对象	有亲属关系的不同语言	不同语言和方言
目标	构拟共同始源语	了解不同语言的异同
方法	词汇语法层、音系层	词汇语法层、音系层+语义层
实用价值	理清谱系关系、发展词源学	发展语言类型学、推动语言学习（错误分析）、推动外语学习（中介语）、推动翻译实践
其他名称	比较语文学、比较语法	区别分析、区别语言学

从上表我们可以知道，对比语言学的方法更适合应用到商务英语研究中去。例如，从实用价值方面来看，比较语言学重点在于理清语言的谱系关系，研究商务英语一般不需要将商务英语的谱系逐年整理；对比语言学的实用价值方面侧重于发展语言类型学，从而推动语言学习和外语学习。类型语言学（typological linguistics）又被称为语言类型学（linguistic typology），它是研究各种语言的特征并进行分类的学科。其方法是比较这些语言，找出其相同和相异之处。通过对比商务英语和商务汉语两种不同语言的异同有助于商务英语研究及其教学。对比语言学的历史不是很长，只有几十年的时间。20 世纪 50 年代诞生的对比语言学是布龙菲尔德创立的结构主义语言理论与迅猛发展的外语教育的联合产物。自诞生起到 60 年代中期，对比语言学在美国得到了迅速发展。20 世纪六 70 年代对比语言学在欧洲得到了很大的发展。与比较语言学不同的是，对比语言学涉及不同语系的语言之间的甚至各方言之间的共时性研究。

有人认为，当前对比语言学的发展呈现出如下四个新趋势：①理论对比语言学研究增多；②应用对比研究更注重与其他应用语言学研究相结合；③对比领域从传统的语音、语法对比向篇章、语用对比扩展；④对对比语言学本身的一些理论、方法问题的探讨不断深入。对比语言学相比之下有很大的实用性，所以，我们更应该进一步加强对对比语言学的研究，并需要研究其与其他相关学科的关系。

正如吕叔湘先生为《英汉对比研究论文集》的题词中所说："指明事物的异同所在不难，追究它们何以有此异同就不那么容易了。而这恰恰是对比研究的最终目的。"对比语言学的理论意义在于通过对比，使我们加深对所对比语言的认识。对比语言学的应用意义在于对教学和翻译有着重要的作用。如前所述，翻译的过程是一个不断对比的过程。对比语言学的重点是就语言之间的异同进行对比。对比语言学分理论和应用两大部分。理论部分与音系学、语义学、句法学、语篇学、语用学、文体学、修辞学等有联系，这是因为对比语言学的理论研究是以这些学科为基础的；对比语言学的应用部分主要和翻译学、对比文化学、双语教学等关系密切。在对比语言学方面颇有研究的有刘宓庆。早在 1991 年他就出版了专著《汉英对比研究与翻译》。此外，他还发表了不少有关文章，对英汉对比进行了比较系统和深入的研究，并有自己独特的见解。他特别重视应用研究。他认为"对比语言学的任务就是在语言共性的总体观照下，探索研究和阐明对比中的双语特征或特点，以此作为参照性依据，提高语言接触的深度、广度以及语际转换的效率和质量"。从他对对比语言学所确定的任务中可以看出，对比语言学对翻译质量和翻译效率的提高有非常大的促进作用。他的书涉及的是英汉互译，所以，对比语言学在此主要涉及英汉语之间的对比。涉及英汉对比语言学。

杨自俭教授认为，英汉对比语言学是语言学的一个分支学科，兼有理论语言学和应用语言学的性质。其任务主要是对英汉两种语言进行共时和历时的对比研究，描述并解释英汉语之间的异同，并将研究成果应用于语言和其他相关的研究领域。杨自俭对英汉对比语言学所下的定义包括了共时和历时两个内容。但我们认为，就对比语言学而言，主要是共时的研究。

许余龙在我国的对比语言学方面有突出的贡献，他的《对比语言学概论》是国内第一部论述对比语言学的专著。许先生在该书中给对比语言学所下的定义是："对比语言学是语言学的一个分支，其任务是对两种或两种以上的语言进行共时的对比研究，描述它们之间的异同，特别是其中的不同之处，并将这类研究应用于其他有关领域。"许先生强调的是共时的研究并将该研究应用于其他有关领域。笔者讨论对比语言学的目的正是如许先生所说的那样，将对比语言学应用于商务英语学科领域。许余龙先生将对比语言学分为理论对比语言学和应用对比语言学。他说："应用对比语言学的主要应用领域是外语教学。"许先生的应用对比语言学的原理对商务英语有非常大的指导意义。结合对比分析与外语习得理论，就商务英语教学中的第一语言（母语）对第二语言（外语）的干扰现象进行对比。例如：汉语中的"信用证"和"信用卡"由于两者皆有"信用"二字，导致学生对它们相对应的英语"letter of credit"和"credit card"的理解错误。"外语习得过程是一个从母语习惯向外语习惯转移的过程。"在这个转移过程中，受母语习惯的影响，在第二语言的形式、结构、语义、语用等方面，学生的语言习得受到干扰和影响。商务英语研究需要借用对比语言学的对比分析方法和错误分析方法，对商务英语和商务汉语进行认真的比较，对学生的错误进行分析、对比，从而找到问题的解决办法。此外，翻译批评需要对不同译本进行对比，需要对原作与译作进行对比，需要将原语与译语进行对比。诸如此类的对比，对比语言学都有一定的指导意义。

翻译是个将一种语言所包含的信息用另一种语言表现出来的过程。为了能最大限度地将原语的信息在译语中传达出来，就必须对比分析，找出两种语言的等值关系和等值成分。在翻译的对比分析过程中，译者需要区分两种语言表达信息的异同。

二、英汉语对比——抽象与具体

英语和汉语是属于两种语系的语言。英语属于日耳曼语系西方日耳曼语支，而汉语则属于汉藏语系。英语是拼音文字，汉语是象形文字、表意文字。英语是从综合型向分析型发展的语言，汉语是以分析型为主的语言。综合型语言的特点是该语言主要通过词语本身的形态变化来表达其语法意义，如语言的格、数、时态等；分析型语言的特点是该语言的语法关系不像综合型语言那样通过语言本身的形态变化来表达，而是通过虚词、词序等手段来表示。英汉语言的这种差异也体现在英汉商务语言中。因此，在进行商务交流的过程中，需要了解商务英语惯用抽象词汇的特点，以及在用汉语进行表达时注意将抽象的词汇具体化为汉语中与之对应的词语；反之亦然。例如汉语的“报盘”“谈判”“管理”等，在没有上下文的语言环境中，很难看出它们的词性，但是在以下的例句中就一目了然：

本报盘以我方最后确认为准。（“报盘”是名词）

请在本月底前向我方报盘。（“报盘”是动词）

此次与琼嵩公司的谈判很成功。（“谈判”是名词）

总裁正在与琼嵩公司的代表谈判。（“谈判”是动词）

他管理一家大型企业。（“管理”是动词）

他出色的管理救活了这家公司。（“管理”是名词）

将以上几句话翻译成英语分别是：

This offer is subject to our final confirmation.

Please offer by the end of this month.

The negotiation with Joansung Company was a great success.

Our Managing Director is negotiating with the reps of Joansung Company.

He manages a large enterprise.

He has saved the company from going bankrupt through his excellent managerial talent.

第三句的英译中动词用过去时态，因为“谈判”已经是过去的事，汉语没有反映出这种过去的时间，而英语译文必须反映出。又如，第五句中的动词 manages 反映出第三人称单数的变化，即在行为动词后加“s”，汉语“管理”没有这种变化。另外，第六句用了完成时态，因为根据原句子我们理解为：由于“他”的出色管理，“他”已经使一个濒临破产的公司起死回生。所以，尽管中文原句没有像英语那样通过助动词表示完成时态，但是，在英语译文中必须将这种完成时态反映出来。

上述例子可以告诉我们，在进行商务英汉翻译时，了解英汉语两种语言的差别是非常有必要的。我们说汉语是分析型语言为主，这是因为汉语也有某些词尾的变化，有表示复数的词“们”，如员工们，经理们；表示指称人或物的“……子”，如瞎子、胖子、孩子等，箱子、刷子、台子等。尽管如此，汉语的词型变化比起英语来少多了。所以我们说汉语是以分析型为主的语言。商务翻译者必须清醒地认识到这一点，以便在从事国际商务英汉互译时可以灵活掌握翻译规律。由于英汉语本质上的差异，反映在词汇上还表现在英语词义趋向于抽象，而汉语趋向于具体。英语的词汇通常比汉语虚，汉语往往将具体的或抽象的事物度量化、单位化。在进行国际商务翻译时，我们知道了这种情况就可以灵活处理。如前所述，汉语缺少词形和词缀的变化手段，所以，往往以实的形式表达虚的概念，以具体的形象表达抽象的内容。上例中的“报盘”“谈判”“管理”，看不出是名词还是动词。名词的“具体”与“抽象”在汉语中常常难以辨别。了解了英语的抽象和汉语的具体的特征，我们在进行国际商务英汉互译时就可以对抽象与具体的转换采取灵活的方法。换言之，我们翻译时能大胆地使用翻译技巧。根据连淑能的归纳，可以采用以下几种方式来解决英语的抽象和汉语的具体之间的互相转换，我们认为这样做对国际商务英汉互译具有指导意义。

（1）用动词取代抽象名词。英语中大量的表示行为或动作的抽象名词如果照直翻译成汉语，可能会使译文晦涩、不顺。我们可以将这些名词转换成汉语中的其他词类。例如：

The CEO，who is going to resign，surfaces with less *visibility* in the company strategies decisions.

译文：公司总裁由于准备辞职，在公司的决策过程中不怎么抛头露面了。

A firm’s involvement in exporting products can range from a minimal commitment all the way to considering exports as necessary for the firm’s survival and growth.

译文：公司在产品出口中参与情况的程度不一，从最低程度的参与一直到将出口视为公司生存和发展必要条件的参与都会存在。

第一句中的抽象名词 visibility 在汉语译文中转换成“抛头露面”，因为根据实际情况，总裁经常要为公司的事与人接触，但是由于他准备不干了，所以“不那么见得到”。如果将 less visibility 翻译成“更少见到”似乎不很通顺，而“抛头露面”更符合这句话的背景。第二句中，involvement 在英语原文中是一个抽象名词。然而在汉语译文中则具体化为“参与情况”，这样就便于汉语读者理解和接受，并且使下面的行文合乎逻辑地表达出来。

（2）用范畴词使抽象概念具体化。在汉语中，常常用范畴词（category words）表示行为、现象、属性等概念所属的范畴。翻译时可以将抽象的英语用这些范畴词转换成具体化的汉语，因为如果我们不将英语抽象的概念用具体化的汉语表现出来，译文势必不通顺，或者不能完全表达原文的意思。例如：

The new manager’ *flexibility* has left us a very good impression.

译文：新经理的灵活工作方法给我们留下很好的印象。

该例句中的英语 flexibility 是个抽象名词，如果将其翻译成“灵活”也未尝不可，但是根据上下文，应该将它具体化，翻译成了“灵活工作方法”，将该词所蕴含的深层意思在译入语汉语中表达出来。又例如：

The Chairman said with *firmness* that if any one should break the rules ofthe company，he would certainly be severely punished.

译文：董事长态度坚定地说，违反公司规章的人必受到严惩。

该句 firmness 的汉语译文中加了“态度”一词，使 firmness 所蕴含的抽象意义具体化了。

（3）用具体的词语阐释抽象的词义。英语中有些抽象名词的含义比较笼统和虚幻，翻译成汉语需要进一步加以解释，用汉语词汇来将抽象概念具体化，通常可以采取增词的翻译手法。例如：

Our company’s computers have become a *fixture* in many offices in that country.

译文：我公司生产的电脑已成为那个国家许多公司办公室的必备之物。

以上例句中斜体相应的汉译都增加了词，若不增加词语，原文的抽象概念就不能让读者真正领略到。

（4）用形象性词语使抽象意义具体化（figuration）。英语中的抽象概念尽管在汉语中不容易找到对应的抽象词语来传达，但是汉语中有许多形象性词语，翻译时可以用这些具有丰富形象性的汉语词语来传译英语的抽象概念。例如：

The billionaire left his hometown when he was 19. He arrived in Shanghai in a state of almost utter destitution.

译文：那位亿万富翁十九岁告别家乡，到上海时几乎身无分文。

I talked to him with brutal frankness.

译文：我对他说的话，虽然逆耳，却是忠言。

综合上述英语抽象概念与汉语具体化表现我们知道，在翻译中不能死抠原文词语和语言结构，了解了英语的抽象概念可以用汉语具体表现出来，知道了英汉语抽象与具体的差异，我们就敢大胆地通过使用汉语不同的词语将英语的抽象转变为汉语的具体。反之亦然。从上面的例子可以看出，为了将英语的抽象在汉语译文中具体化，往往是通过增词的手段。这些所增的词是以原文为基础的。换言之，翻译者需要理解原文的上下文来揣测英语抽象意义所蕴含的意思。因此，对比英汉语之间的差异对国际商务英汉互译大为有用。

三、英汉语对比——形合与意合

英汉商务语言都采用衔接手段来实现句子表达的连贯。在衔接手段方面，英语商务语言中多采用词汇和句法手段连接句子，这就是所谓的“形合法”。这一方法的主要特点是借助连接词来衔接句子的各个部分，表明句子之间的关系。而汉语商务语言中经常采用语义手段连接句子，这就是所谓的“意合法”。这一方法的主要特点是没有借助显性的连接词，而从各个成分隐含的内部意义实现句子的衔接。

所谓形合指的是语言篇章结构主要靠外在的（或曰语言的表层结构）连接手段，这些手段涉及语言的基本形式，主要是指那些连接词、纽带词汇。“据此我们可以把形合手段分为两种：一是形态，包括构词与构形；二是形式词，包括连接词、关系词、介词、助词、代词、语气词等。这样我们可以把形合定义为：借助形态和形式词来表示词间、小句间和句子间的关系为形合。”（周志培，2004：34）。英语属于印欧语系，是拼音文字，印欧语系的语言具有曲折式形态变化。作为拼音文字，英语具有拼音文字的形态变化功能。但是我们并不是说英语只有形合的特点。一般来说，英汉语都具有形合和意合的特点，只不过是英语更重形合。英语句子结构的黏着性较强，句子的主谓分明，主从关系清晰、能见之于形式，由形式决定语义关系。相比之下，汉语更重意合。什么是“意合”呢？“意合”定义为：不借助形态和形式词，靠词语与句子本身意义上的连贯与逻辑顺序而实现的连接为意合”（周志培，2004：34）意合就是靠语言材料本身所蕴含的意思以及按照普通逻辑推理所获得的语言传递的信息，而不是通过使用有关的形合词语。例如：

If winter comes，can spring be far behind？

在这句英语中，“if”作为从属连词表示条件是必不可少的，而将这句子翻译成汉语，就没有必要将“if”译出：“冬天来了。春天还会远么？”我们说汉语是意合性语言，这就是一个很好的例子。当然，如果我们将“If”翻译出来也未尝不可：“如果冬天来了，春天还会远么？”不过仔细揣摩一下，作为母语是汉语的人，我们感觉“冬天来了，春天还会远么？”更自然。更合乎汉语的习惯。中国人说话讲究含蓄，这与汉语的意合密切相关。所谓含蓄，就是话中有话，有些东西不必要说出。即使不是含蓄，由于汉语更重意合，在说话、写作时，汉语中的形合词语较为少用，更何况汉语中连接词语、句子、段落篇章的手段不像英语那样丰富。任何一种语言中，句子的连接主要有句法手段、词汇手段和语义手段三种方法。英语句子的连接主要靠句法手段和词汇手段，即英语是以形合为特点的语言。而汉语是以语义手段进行句子的连接，是以意合为特点的语言。如表3-2所示英汉语对比关系的表格，便可知英语和汉语之间的差异。这所有的差异都与英语重形合，汉语重意合密切相关。

表3-2 英语与汉语的对比

英语	汉语
法治	人治
刚性	柔性
显性	隐性
形摄	神摄
语法型	语用型
树形	竹形
形合	意合
空间架	时间架
科学性	人文性
焦点视	散点视
主语突出	主题突出
立体性	平面性
聚焦型	流散型
动词优势	名词优势
名词优势	动词优势

（来源：周志培，2004：32）

任何语言都存在形合与意合两种特征。由于英语是综合型语言向分析型过渡，所以，英语主要以形合为主。汉语是分析型语言，同时也具有一些综合型语言的特点。这样看来，英汉语还是有一些相似点的。清朝末年的《马氏文通》按照拉丁语法建立起汉语语法，多少证明英汉语尽管差异不小，但还是有一些共性，否则汉语语法怎么能和拉丁语法有某种融合呢？此外，任何语言之间都有共性，因为人类的思维、人类对客观世界的认识大同小异。语言是思维的物质外壳，两者紧密结合。思维是内容，语言是形式，也是工具。一般认为，思维决定语言形式。由于人类的思维方式有其共性，英汉语因而也存在相同的方面。英语形合为主，意合为辅，汉语意合为主，形合为辅。

（一）英语形合的表现手段

英语被认为是树形语言，因为在句子的主干上可以添加许多“枝叶”：修饰、限定成分。根据周志培，英语的形合手段主要有以下一些：

1. 形态变化

（1）内部形态。英语的内部形态主要涉及其构词成分，如前缀与后缀。

（2）附加形态。附加形态主要指英语词的语法变化，如名词复数加 s（es）。动词加 ing，形容词、副词比较级加 er 等。

（3）外部形态。外部形态主要指构成英语语法的语言附加形态，如英语的所有时态的构成、语态的构成、虚拟语气的构成都必须附加一些词，或使某些词发生变化。如表示与过去相反的虚拟语气，从句动词用过去完成时，主句用 would/should+have+ 动词过去分词。

2. 形式词

形式词主要指“虚词”，即介词、连接词（并列连接词、从属连接词）、关系代词、关系副词、冠词、连接副词（如 secondly，moreover。worse，still 等）。

3. 句法结构的形合

英语属于形合语言，“英语的遣词造句侧重形式的接应，要求句子以形寓意，因而句式的结构完整、严密并规范”。也正由于这一特点，英语商务语言的形式和连接手段非常丰富。另外，形合的特征也使得商务英语句子结构犹如大树一般，主干分明、枝繁叶茂，句子也呈现出以形驭意、以形统神的特点。具体而言，英语商务语言中的形合主要是通过显性的连接手段将主句与各个从句连接起来，其中各个主句、从句以及各个句子成分都有着明显的逻辑关系。换言之，句子的语法意义和逻辑关系通过各种显性的连接标记来实现。例如：

A market analyst is a person with specialist knowledge of a specific market who often predicts what will happen and tries to explain what has happen.

译文：市场分析员是拥有某个特定市场专业知识，往往能预测市场并试图对市场现象做出解释的人。

上述例句中使用了很多显性标记词，如介词 with，of; 关系代词 who，what; 连接词 and; 词的时态变化 predicts，tries to explain，has happen 等。通过这些显性的连接手段，可明显地发现该句子中各个成分之间所体现的语法意义以及逻辑关系。

英语形合的特点使得英语中惯用长句，长句主要是指在短语的基础上套短语，在从句的基础上套从句，句子层次多样，逻辑关系较为复杂。例如：

The United States pays for Brazilian coffee with dollars, which Brazil can then use to purchase wool from Australia, which can likewise buy textiles from Great Britain, which can import tobacco from the United States in the same way.

译文：美国用美元支付从巴西进口的咖啡，巴西用所得的美元去购买澳大利亚的羊毛，澳大利亚再用收取的外汇进口英国的纺织品，而英国再以同样的方式从美国进口烟草。

上述例句中的英语原句包括三个由 which 引导的定语从句，每一个 which 用来指代前面分句的最后一个单词，并且引出后面的从句，构成一个衔接紧密的长句，可谓环环相扣。因此，在商务交流中，如果遇到这种商务文本译者需要按照英语原句的逻辑关系将其分成四句来理解并用汉语进行准确的表达，这样的表达才能表意明确、层次清晰。

以上英语的形合手段，汉语比较缺乏。例如表示过去的概念，动词本身没有什么变化，可以通过增加词来表达。例如：

He used to be a big boss.

他做过大老板。

原文 used 是过去时态，汉语译文通过“过”来表示过去的概念。还可以再增加词：他过去曾做过大老板。

（二）英语的意合

多数情况下，英语非使用形合句不足以表达其内在的逻辑关系。但实际上，英语也不乏意合手段，主要有以下几种情况：

（1）某些固定的成语、习语、哲理性语言。例如：

Man proposes，God disposes.

No pains，no gains.

First come，first served.

（2）以时间顺序和逻辑顺序意合成的句子。例如：

Work harder，you will meet the deadline.

Let the situation be ever gloomy，we should finish shipping the cargoes today.

（3）形式词简约后构成的意合句。例如：

How many workers（whom）do you think will join the strike？

以上例句属于英语中少数的意合句子，没有使用表示形合的词汇。如果将意合的句子变成形合的句子，就必须加形合词汇。例如，When you first come，you will be first served. 句子中加入了 when 等形合词汇。

总的说来，英语的意合只是少数情况，而形合是英语的最大特征。换言之，英语的篇章、句子要求完整，必须使用那些构成形合手段的词从而使句子、篇章合乎语法、习惯。知道了这一点，我们在翻译时就可以根据汉语意合的特点，不必将英语的形合手段的词总是翻译出来，例如，After the contract was signed。the two parties went to dinner.（合同签好，双方赴宴。）当然，如果将这句英语翻译成“签好合同之后，双方去赴宴”也对，但是，译文若能简洁又不影响原文的意思，何乐而不为呢？

（三）汉语的意合

汉语造句少用甚至不用形式连接手段，注重隐性连贯（covert coherence），注重逻辑事理顺序，注重功能、意义，注重以神统形。汉语的形合手段比英语少得多，没有英语所常用的关系代词、关系副词、连接代词和连接副词，另外，汉语中有的词英语中也缺乏，如汉语中有方位词、语音重叠（如说说笑笑）、语气助词（如啊、嘛、吧、罢了）。汉语虽然有一些形合手段，但并不经常使用。如“他来了的话，请他立刻到总裁办公室去一趟”。这句话完全可以加上“如果”，“如果他来了的话……”但是，我们说话尽量避免啰嗦，往往不需要说出“如果”。不过，这句话翻译成英语时，形合的标记 when 必须使用，如 when he arrives，please tell him to go to the MD’s office. 如果去掉 When，就不成为一个合乎语法的英语句子。汉语中也有一些形合手段，但形合词远少于英语。英语中的词缀大约有 110 个，而汉语中只有大约 20 个。英语的介词有大约 286 个，而汉语中大约 35 个。英语中连接词、关系代词、关系副词大约共有 100 个，而汉语中并列连词、从属连词与关联副词配合使用的连接词语总共有 50 个左右（周志培，2004：56）。所以，汉语更加趋向于通过“意会”来传达意思。即意合。所谓意合，其实就是句子不在乎语言外部形式的链接手段，而主要通过语言形式以外的东西，靠句子内部的逻辑联系，给读者更多的想象空间。所以，意合更多地将读者卷入其中。汉语的意合之所以能让汉语读者通过意会达到理解汉语，主要是因为汉语的约定俗成。例如：汉语“我走了”，句中“我”说话时还没有真正离开。所以将这句话译成英语就必须考虑到汉语的意合在英语中要通过形合表现出来：I am leaving。英语通过现在进行时表示“马上离开”。而“他走了”就完全不同，汉语读者对此不会误解。“他”在说话的时候已经离开了。重形合的英语译文必须体现出这层意思：He has left/gone。通过现在完成时表示“他”已经“离开”。

汉语的意合主要由以下一些因素所致：①汉语词缀有限；②汉语句子不随意

改变顺序；③汉语短语与词的界限不十分清楚，因为汉语是表意文字且汉语的语素大多是单音节的，组合起来较容易；④汉语不像英语那样有七种基本句型，汉语呈散状；⑤汉语的简单句可以没有主语，也可以没有谓语；⑥汉语的谓语可以没有动词或有几个动词；⑦汉语有形合的复合句，但是汉语形合复合句的语序相对固定，汉语还有意合复合句（英语中没有意合复合句）；⑧汉语有公因话题句。关于公因话题句，请看周志培先生的阐述："我们这里讲公因话题中的音义语块就是这种语音和语义都相对独立的短语。相当于古人所说的音句或句读。这些音义语块，在它们进入句子后，都与公因话题发生关系而构成一个完整的义句——公因话题句"（周志培，2004：116）。汉语多流水句，流水句是公因话题句的一种。吕叔湘《汉语语法分析问题》指出"汉语口语里特多流水句。一个小句接一个小句，很多地方可断可连"。总之，汉语的意合主要靠意义来组合，而不像英语那样主要靠形合手段来组合。汉语的四字结构充分体现了汉语的意合组合。汉语句子和篇章结构的各个层面以意合为主，没有核心，不像英语那样，有句子核心：主谓基本结构，然后在此结构上可以发展出其他从属句子。汉语靠意念去组合，去理解，有"形散而神不散"之特点。换句话说，汉语的意合与英语的形合的不同就是形态的变化与否。人们通常将英语比喻成树，在树干的基础上发展枝叶；汉语被比喻成竹子，枝叶稀疏，但一节一节直拔而上。语言的正确与否，一般来说从三个方面判断：语法、逻辑和习惯。语法正确的语言如果不符合逻辑，也被认为是错误的语言，语法和逻辑都正确的语言如果不符合习惯，也被认为是错误的。任何语言一般都存在不符合逻辑的情况，由于约定俗成的习惯，也被认为是正确的。汉语由于是意合为主的语言，比起英语就多一些不符合逻辑但符合习惯的情况。例如，"晒太阳"不可能将"太阳"拿来"晒"，逻辑上有问题，但习惯上是对的。"晒衣服"语法上对，逻辑上也对，因为"衣服"是可以拿来晒的。又例如"吃食堂"，中国人自然能理解其真正的含义，但是，初学汉语的英语国家的人可能就不理解，"食堂"怎能拿来吃呢？正是由于汉语是意合为主的语言，在从事国际商务英汉互译时，若能了解造成英汉语差异的原因，在翻译"晒太阳"和"吃食堂"时就能将原文所蕴含的意思翻译到英语中去：enjoy warmth under the sunshine；have meals at canteen；而不会翻译成：shine the sun；eat the canteen.

汉语的意合有其内在的规律。根据周志培（2004：141），汉语的意合规律有以下几点：

第一，逻辑律。任何语言的构词、组词和造句，依靠的大体上总是三个手段：一个是形态变化，第二是虚词（各种形式词），第三是语序。汉语是意合的语言，主要靠语序的排列变化。而排列词语、句子首先靠语义，然后靠逻辑。虽然语言现象中有不符合逻辑的情况，那只是一些例外。意合通常应该合乎逻辑规律。汉语意合符合的逻辑规律有：

(1)时序律：按照事情发生的先后排列出现。例如，收支、浮动、春夏秋冬、前呼后拥。他打开办公室门，马上打开电脑，查阅电子邮件，开始了一天紧张的公司文秘工作。

(2)时空大小律：按照空间的从大到小的逻辑顺序排列。例如，远近、快慢、大大小小、分秒必争。

(3)因果律：语言按照先原因后结果的顺序排列。例如，收紧、松散、积劳成疾。机器再贵也得买。

第二，心理上的重轻律。心理上的重轻律是汉民族的文化心理，是长期以来汉民族形成的语言心理习惯。例如，君臣、男女、高低、东西、新旧、进出口、钢铁、国内外、城乡差别。（英语中有时也有轻重律。）

第三，音韵律。所谓音韵律，“笼统地说，韵律是指说话中为适应协和原则而出现的任何和谐悦耳的语音效果，包括音节、重音、节奏、音步、押韵、声调序等诸因素”。（周志培，2004：152）如汉语中充分体现意合特征的四字结构一般按照语序组合，注意平仄关系交替。如自作聪明、通情达理。

第四，排偶律，也就是排比与对偶律。汉语讲究对仗排比。排偶律是汉语的特色。是汉语言文化已形成的习惯的心理定式。

与英语商务语言结构不同，汉语商务语言的句法结构主要通过无显性标记的动词或者凭借语义上的关联来实现衔接，很少使用形式上的连接手段。具体而言，汉语的意合法是通过语序、词语本身、词汇接应、排比、结构平行、反复、对照、对偶、推理、成语以及约定俗成的紧缩句等形式来实现的。句中各成分间的语法意义和逻辑关系往往隐含在句子之中。因此，在商务交流中需要按照目的语交际者的语言表达习惯，综合运用语法和词汇手段将信息准确、恰当地传达给对方。例如：

通常会为游客安排一些时间参观商场，客人们往往会买几样使他们回家后不枉此行的纪念品。

Guests are normally given some time to visit shops where they often buy souvenirs to remind them their holiday when they return home.

市场疲软，股票价格看跌，这种股市被称为熊市。

If the market is thought to be poor and prices on the Stock Exchange are thought to be likely to fall, the market is called a bear market.

通过分析上述两个例句可发现，汉语原文中并没有使用显性的标记连接词，各个成分之间的语义关系是隐含在句子中的；而英语译文中则出现了where，when，if这样显性的连接标记连接整个句子框架，可以明显地体现出各个句子成分之间的语义关系。

（四）汉语的形合

汉语和英语的句子既有规定性，又有灵活性，汉语句子除逻辑事理组织方式外，还运用汉语独有的音韵手段；英语句子除形态特征外，也顺从语序要求。此外，我们认为汉语的骈偶具有形合结构的特征，形合就是通过语言的表面形式来链接语句，反映出语言的曲折变化。

汉语的形合手段类似英语的形合手段。

（1）词缀。汉语只有二十几个词缀。如老、阿、子、儿、头、性、切、可、化等。例如，老王、老李；阿凤、阿男；迫切、贴切；可行性、必要性；经济全球化、现代化；可燃、可溶、可转让。此外，还有大家十分熟悉的形容词后缀“的”和副词后缀“地”。如总经理漂亮的女秘书漂亮地完成了总经理交给她的任务。汉语中有几个和动词连用的词表示动词的状态：“着”表示进行状态。如工作着。“了”表示完成的概念，如完成了任务；“过”一般表示完成或过去概念，如我去过英国。“得”表示动作的程度与结果。如生活得很好。以上几个字也和形容词连用。如这个年轻的企业家正红着呢。

（2）语音重叠。英语没有语音重叠的现象。语音重叠是汉语的特色，主要是动词和形容词的重叠。如又说又笑．说说笑笑；干干净净，清清楚楚。

（3）形式词。汉语有一些形式词，有介词、连接词、代词、语气词。汉语有方位词，英语没有。

英语的形合与汉语的意合有其文化渊源。语言和文化血肉相连而文化又与哲学密切相关。语言是文化的载体也是人类思维的载体。一个民族的思维与它的哲学观有关。西方的哲学崇尚“人物分立”，倾向于个体思维，着重形式论证。西方的哲学特征是其科学性，而中国的哲学观主张“天人合一”“物我交融”。所以，中国的哲学特征是艺术性的。艺术靠悟性。科学靠论证。就语言而言，西方语言重形合，讲究语言构件的完整和形式上的链接；汉语则重意合，中国人历来重视人的悟性，所以汉语看似形散。英语看似形整，英语的句子、篇章结构似一串葡萄。而汉语的句子、篇章结构好像一盘珍珠。汉语多无主句、主动语态使用较多，连接词使用少，词句讲究平衡、匀称、对仗；而英语结构紧密，主语一般不能省略，非人称主语使用较多，连接词、介词等串联语句的词汇使用较多。这种根深蒂固的语言、文化、哲学影响语言使用者的思维习惯。中西医的差异可以证明这一点：西医重科学论证、实验；中医重感觉、经验和悟性。所以。可以看出，中国的思维模式是综合型的，而西方的思维模式是分析型的。由此，英语重形合、汉语重意合就不为怪了。

第四章 商务英语教学研究

第一节 商务英语教学的产生

语言学认为，语言是随着社会的发展而发展的。在20世纪，特别是第二次世界大战结束后，人类社会开始进入了一个前所未有的、大规模的科技和经济高速发展的时代。由于战后的美国在科技和经济方面发展最快，成了举世瞩目的科技和经济强国，美国的官方语言——英语便成了国际上科技和经济活动中最通用的语言交际工具。直到今天，英语的使用人口从400年前的500万左右，发展至今已数以十亿计。

近年来，从人才市场反馈回来的信息表明，随着我国改革开放的不断深入发展，市场经济体系的逐步完善，交流领域的进一步扩大，人们对英语的需求越来越高。现在英语教育以普通用途英语教育为主，这在市场经济环境下表现出了它的不适应性。于是，高校教育提出了教育要适应社会需求的要求。全社会对高素质的外经贸人才的需求急剧增加，其中各类院校商务英语专业的毕业生备受外经贸企业的欢迎，许多院校加大英语教学改革的力度，在继续办好原有的英语语言文学专业的同时，纷纷开设不同层次的商务英语专业，以满足社会对复合型英语人才的需求。

一、商务英语教学的起源

高级商业干部学校于20世纪50年代初在北京设立，是对外经济贸易大学的前身，也是商务英语教学的发祥地。学校最初开设外语翻译专业，为对外贸易培养翻译人才。该校的继任者，即北京对外贸易学院和随后的对外经济贸易大学，也继承了这一传统，招收面向广义或狭义的国际商务的英语专业学生。商务英语作为专门用途英语在20世纪60年代随着美国等西方国家经济、商业的发展而受到人们的关注，到了20世纪80年代商务英语在世界各国成为热门。现在，每年世界各地都有大量的考生参加英国剑桥商务英语（BEC）考试和美国教育考试服务中心的托业（TOEIC）考试。

二、“本色”与“特色”“正统”与“异化”的争论

关于“本色”与“特色”“正统”与“异化”的争论，彭青龙（2005）认为：中国高等教育进入大众化阶段以后，英语专业人才的培养模式面临着前所未有的挑战。招生规模的扩大，就业压力的增加，使得人们对外语语言文学专业的培养模式产生了怀疑。于是，在英语界出现了“本色”与“特色”“正统”与“异化”的争论，即外语专业人才的培养是坚持“语言文学的本色”，还是强调“与其他专业结合的特色”。在国内，经院派的教授们主张英语专业发展必须回归“本色”。而另一些年轻的学者，强调语言是一种交际工具，必须与某一专业或某门学科相结合，同时为了缓解学校与学生之间、学校与用人单位之间、任课教师与学生之间的矛盾，一些高校开始开设商务英语专业。

三、中国商务英语教学发展的历程

商务英语教学的发展历程最早可以追溯到16世纪中叶。在我国，商务英语起步于20世纪50年代初，其教学内容为外贸英语函电、西方报刊文章选读、外贸英语口语三门主干课程，俗称“老三门”。从20世纪70年代末开始，中国实行对外开放政策，发展社会主义市场经济，英语专业的学生除了需要学习英语语言外，还需要学习商务知识，学校开设了相关的商科课程，比如，国际营销、企业管理、国际贸易、国际经济合作等课程，学习这些课程就是为了把商科知识和语言知识融合在一起，即在学习语言的同时学习商务知识，在学习商务知识的同时提升语言的能力。到20世纪80年代，“外贸英语”转为经贸英语，课程范围扩大，除语言类基础课程之外，还增设了经贸业务知识类课程。“当国家由单一的货物贸易发展为外贸、外资、外经、外技、外服五外合一的大经贸时，我国才出现了‘商务英语’这一概念，‘外贸英语函电’一门课程‘独统天下’的局面才得以打破，一些新的课程才得以开设。”[1]自20世纪80年代中后期以来，我国已有300余所大专院校开设了国际商务英语课程或设立了国际商务英语学科，我国商务英语教学起步较晚，针对这方面的教学与研究是从20世纪90年代兴起的并很快形成热潮。20世纪90年代是商务英语在中国快速发展的时期。商务英语培养复合型人才得到国家认可，商务英语作为中国大学培养复合型英语人才的一种途径开始受到广泛重视。目前我国一些实力较强的经贸类院校和外语院

[1] 中国国际贸易学会国际商务英语研究会编.第五届全国国际商务英语研讨会论文集[M].北京：高等教育出版社，2004.

校不但招收了商务英语专业的本科生和专科生，还招收以商务英语为研究方向的硕士研究生；中国国际贸易学会还成立了国际商务英语专业委员会。2007 年是中国商务英语教学里程碑式的一年。在这一年，教育部批准了商务英语成为独立的本科专业。

刘法公（2009）在《中国从无到有的商务英语学科》一文中写道：“中国商务英语学科的创立与发展与国外 ESP 理论的确定和发展有关，也与其他各学科的融合相连，但是促使商务英语学科在中国兴起与繁荣的主要动力却是中国的外向型经济与世界经济全球化的大环境。英语人才的需求变化促发了我国英语教育培养目标的改革。”

随着教育部于 2007 年 3 月正式批准开设商务英语本科专业，围绕商务英语作为一个专业的争论逐渐降温。目前，人们热切关注的焦点转移到商务英语专业的建设上。然而，商务英语作为独立的学科被承认则仅仅是在 2007 年，即教育部 2007 年首次批准在对外经济贸易大学设立我国第一个商务英语本科专业。这标志着商务英语经过 50 多年的发展，第一次在我国高等教育本科专业序列中取得了应有的学科地位。继对外经济贸易大学设立商务英语本科专业之后，2008 年教育部又批准广东外语外贸大学和上海对外贸易学院开办商务英语本科专业。在此之前的 10 多年中，尽管不少高校的英语专业转往商务英语方向发展，教师的商务英语研究成果辉煌，学生热衷于报考商务方向的英语专业，全国范围的商务英语研讨会越开越大，但商务英语不被承认为学科，这却是事实。

到目前为止，我国对商务英语的指导思想还未形成统一认识。目前我国高校的商务英语专业教学在认识上还存在不同程度的偏颇。专家认为现行的商务英语课程体系，从教材选择、教学环节到教学方法基本上沿袭了普通高校大学英语的教学模式，未形成具有职业特色的课程体系。此外学术界对商务英语专业学科定位也存在争议：商务英语专业培养的是懂英语的商务人才还是懂商务的英语人才？我们需要的是具有深厚英语功底的商科教师还是具有商科背景的英语教师？在教学中是以英语教商务还是以商务为内容教英语？正因如此，目前国内对商务英语教学还没有统一的教学大纲，没有统一的课程标准。教育部最新制定的《高等学校商务英语专业本科教学质量国家标准》将解决目前商务英语专业建设中的上述分歧。

在这里，笔者认为商务英语是英语语言和商科知识的完全融合，在语言的学习使用过程中学习商科知识，在商科知识的学习过程中提升语言的应用能力，二者相辅相成，不应该单独强调哪一个方面，二者的地位应该是相等的。

四、商务英语在贸易领域中的重要作用

英语在货物进出口贸易的程序中，在交易磋商与签约环节上至关重要。拟定书面合同时，应使用规范的商业英语，遵循比较固定的条款模式，尽可能采用习惯用语，力求措辞准确、严谨、行文简洁，不留漏洞，避免解释上的分歧。在此过程中，对进出口商品专业术语的正确理解和应用将直接关系到商品交易中的经济效益甚至交易的成败。

随着世界经济一体化步伐的加快，国际商务合作日益加强。在当今世界贸易蓬勃发展之际，商务函电是国际商业交往中必不可少的手段，对外贸易的各个环节大多通过函电进行。从建立业务关系到达成交易、执行合同，以及执行合同过程中的纠纷等，大都需要通过函电解决。商务函电是商务活动的一个重要组成部分，是通过邮寄或其他电讯设施（电话、电报、电传、互联网等）而进行的商务对话，并常常被用作一种商务行为或合同的证据。商务函电通常是为达到某种特定目的如销售商品、定价、咨询信息、索赔、商务问候等。在21世纪信息时代，要充分利用函电简便、快捷的优势，提高业务量和效率。商务英语用于翻译服务要求必须忠实于原文，不得肆意发挥，也不得压缩削减（这里不是指节译、摘译之类），亦即必须一比一地再现原作的风姿。因此，译文的语言应规范化。正如鲁迅所说的，“凡是翻译，必须兼顾着两面，一当然力求其易解，一则保存原作的风姿”。这作为翻译标准无疑是适用的。

五、商务英语教学的机遇与挑战

随着教育服务业的开放，商务英语教学也将受到全球化的洗礼。用一句时髦的话说：入世后，商务英语教学同样是机遇与挑战并存。经济一体化特征越来越明显，国际商务活动越来越频繁。商务英语的应用越来越广泛，作用越来越突出，具有较强商务英语能力的高素质人才越来越成为经济和社会发展的迫切需求。

（一）商务英语教学的机遇

目前在世界许多国家，商务英语都呈现蓬勃发展的势头。发达国家非常重视商务英语教育，许多院校都开设了商务英语课程。在以英语为母语的国家，它们的外语教学界把商务英语教学视定为专门用途英语教学（ESP）的一个领域。在英国，各大经贸类院校都开设了商务英语课程，如牛津大学、剑桥大学向全世界

推出了国际性商务英语考试，伦敦商会设立了商务英语证书的培训和考试机构；美国的哈佛大学、斯坦福大学、加州伯克利大学等著名院校都开设了商务英语课程，普林斯顿大学还成立了以商务英语为核心的国际交易英语考试中心。同时，我国商务英语教学也以惊人的速度发展：中国国际贸易学会成立了国际商务英语专业委员会，这是我国商务英语学科建设发展的重要标志，更是我国商务英语教育面临新挑战的时代产物。

（二）商务英语教学的挑战

传统英语专业注重的是语言能力的培养，而商务英语则是一门集语言与专业知识于一体的学科，重视实际的应用，重视实践能力。其一，商务英语在国外是一门课程，而我国的商务英语是一个新发展的学科和专业。其二，国外的商务英语学习者主体部分来自社会各界，教学主要针对社会上的各类从业人员，而我国目前商务英语专业学生主要是在校大学生。其三，国外的商务英语学习者学习商务英语的目的是提高英语水平，以便能够自如使用英语进行国际商务活动，而我国的商务英语的教学以学校的各层次的学历教育为主。在中国，针对社会、企业员工所进行的国际商务英语培训虽然在一些大中城市出现过，但尚未形成规模。其四，国外的商务英语学习者，一般具有商务背景知识，学习目的主要是商务英语语言本身，而我国的大专院校里绝大多数学习者来自普通高中，他们是通过高考进入大学的大学生。

现阶段我国各商务英语专业虽然都开设有口语课，并且通常是外教任教，但题材常常局限于一些生活用语，与商务联系不大，不能体现专业的特点，对于学生实际专业知识的运作能力培养几乎没有。不能把英语学习放在真实的商务场景中，在一定程度上直接导致了商务英语专业毕业的学生达不到预期的教学目标，教学效果比较差，不能突出专业性和职业性。另外，目前我国商务英语教学，在一定程度上仍然是质量低、无特色。应试教育仍然停留在许多老师和学生身上。普遍存在的现象是学生为挣学分而学习，为考试而看书，教师仍然使用传统的教学方法，教学方法滞后。这种模式无法培养出适合 WTO 和全球经济一体化的竞争人才。在 WTO 和全球经济一体化的时代，仅仅掌握书本知识是远远不够的，更需要的是应用型、创造型人才的培养。

总之，商务英语在全球经济、文化、教育等领域发挥着越来越重要的作用。商务英语教学必须与时俱进，充分发挥自身优势。只有这样才能培养出合格的，适应 21 世纪社会需求的，创新型、国际型、复合型的商务英语应用型人才，才能在 WTO 里乘风破浪，勇往直前。

第二节 教学语言研究

一、全英教学和双语教学

全英语教学是指所有的教学环节全部使用英语进行，包括讲授、板书、教学软件、实验报告、讨论、作业、案例分析、考试、答疑等，但对于教学过程中出现的疑难问题、重点术语、重要理论概念等，可以辅之以汉语翻译或解释。全英教学应有别于双语教学，但全英教学可以视为双语教学的高级形式。在我国，双语教学是指同时使用汉语和外语进行课堂教学的一种教学方式。这种教学一般要求板书用外语，课堂教授部分使用外语，部分使用汉语。全英教学和双语教学两种教学模式的共同点是，所使用的教材均必须是外国优秀教材或自编英语教材。根据生源素质和师资情况，广东外语外贸大学国际商务英语学院在商务方向课程中大胆地进行了全英教学的探索和实践。

全英商务教学能否实施，能否借鉴广东外语外贸大学的成功经验，主要看以下几个问题能否得以解决：一是人的问题，也就是生源和师资的问题；二是课程设置问题；三是教材选择问题。

优中选优的生源。全英商务课程教学对学生的英语语言能力提出了极大的挑战。在学习期间学生要以英语为工具学习商务理论，并用英语实践商务操作技能。因此，他们必须有良好的英语基础，才能完成全部课程的学习，学校必须对学生进行遴选。

“双师型”的师资队伍。全英商务教学模式要求教师具备较高的英语水平及商务专业水平，既有英语教师资格又有其他专业职称（如国际商务师、经济师、会计师）或职业资格证书（如翻译导游员、报关员、单证员）。“双师型”教师是全英商务课程教学的重要保证。

全英授课的课程。全英商务课程教学是指除国家规定的公共基础课（如语文、数学、政治、计算机）以外的课程全部用英语授课，包括所有的英语课和所有的商务理论及操作科目。英语应始终作为工具贯穿于商务英语专业各个模块的学习过程中，并且在商务课程中侧重学生的英语应用能力。因此，用英语授课的商务课程和商务实训是全英商务教学模式的核心，在后期学习中得以体现。只要教材得当，通过这些全英商务课程的学习，学生的英语和商务能力应该能同时提高。

合适的教材。教材是涉及授课内容的各种材料，在教学活动中占有重要地位。教材必然反映一定的教学理论，是课程设计和教学大纲的具体体现，为课堂教学和测试评估提供了依据。选择适当的教材对于教学的成功具有重要意义。选择合适的教材是为了帮助学生在学习商务课程的同时提高英语水平。商务英语专业所用的教材有三种：大学教材、引进版教材、自编教材。有人怀疑采用大学教材或引进版教材学生能否接受。其实，这种怀疑是完全没有必要的。因为，一方面商务专业的学生都是优中选优的学生，有相当好的英语基础；另一方面不管是大学教材还是引进版教材，都有一个循序渐进的过程，第一，二册或初、中级教材一般注重基础，比较易懂。在大学教材或引进版教材不能满足要求的情况下，可由教师自编教材来弥补。例如：广东外语外贸大学（原为广东外贸学校）的英语教师编写的《模拟实习指导》符合该校的情况，满足了学生了解整套商务单证的学习要求。不管使用何种教材，只要切合学生实际，有利于提高他们的英语和商务能力，并能保证全英教学的顺利进行，都是可取的。

总而言之，只要在生源、师资、课程和教材等环节上进行合理的选择和配置，全英商务教学就可以顺利地实施。如果这些条件缺失，那就要开展双语教学。双语教学使汉英语言一体化，实现了汉英两种语言信息的转移。需要注意的是，在双语教学过程中，教师需要恰当地处理商务英语的翻译问题。

二、教学中的翻译

目前全球翻译市场的年产值超 130 亿美元，中国目前的翻译市场规模为 150 亿元左右，发展空间巨大。随着互联网应用范围的扩大和国际电子商务市场的日渐成熟，将网页上的外国语言翻译成本国语言的翻译业务将达到 17 亿美元的市场规模。调查数据显示，历年来全国各大院校商务英语专业毕业生中，从事和翻译相关工作的人比例呈明显上升趋势。从企业调查中发现，90％的涉外企业都有自己的专职翻译，包括笔译和口译人员。尤其是口译人员，市场需求量很大，不仅是涉外企业，而且政府部门处理对外关系时，也不能缺少翻译人员，如外事陪同口译、商务会议同声传译等。

商务英语课堂是以交际教学为主，是实践性较强的教学，在观察时要注重观察学生互动交流的多元性、丰富性和时效性如何，还要观察学生与教学媒体之间的交往。商务英语的课堂教学翻译不仅是教师表词达意的手段，也是教师教授学生商务翻译和商务沟通的过程。商务英语符合普通英语的基本语法、句法结构和词汇用法，但又具有独特的语言现象和表现内容。商务英语文体复杂，所涉及的专业范围很广，包括广告英语、法律英语、应用文英语、服装英语、包装英语等功能变体英语。因此，商务英语教师在教学过程中的翻译不仅要处理好语言知识，更要传递商务英语的文体特点和风格信息。

（一）翻译标准探讨

在我国，文字翻译最早开始于春秋时期的《越人歌》，迄今大约有 2500 年的历史，对翻译标准的争论也有 1000 多年，但有关翻译标准在翻译界迄今还没有达成“共识”，即还没有一个大家都认同的翻译标准，对翻译标准的论战一直在进行。三国时期，支谦在《法句经序》中就提出翻译应该“因循本旨，不加文饰”。东晋道安提出“案本而传，不令有损言游字”。六朝的鸠摩罗什主张只要能存本旨，就不妨“依实出华”。唐朝佛经大翻译家玄奘主张“既须求真，又须喻俗”，他亦主张“五种不翻”。“不翻”就是用音译。我国第一个比较全面地提出翻译标准的当属清末新兴资产阶级的启蒙思想家严复，他的“信、达、雅”之说一直被翻译界视为翻译标准的圭臬。而著名翻译家傅雷提出的“神似”之说和钱锺书提出的“化境”之说，都是针对文学翻译而言的。

在西方，第一个比较全面地提出翻译标准的是 18 世纪英国学者 Tytler，他认为翻译应保留原作的思想、风格和手法以及原作的通顺。现代的翻译标准主要有 Eugene Nida 的动态对等和后来的功能对等，前者强调的是信息对等，后者则“不但是信息内容的对等，而且尽可能地要求形式对等”。

（二）商贸翻译标准探讨

古今中外，翻译的定义已有很多。翻译的标准国内译界争论已久，不乏共识，但商贸汉英翻译的标准至今未有深入研究。大多数商贸译者对商贸翻译的原则了解甚少，在未经过商贸汉英翻译的专门训练的情况下，便仓促从事商贸翻译，结果，由于把握不住商贸翻译的尺度，不断造成误译。在商贸翻译缺少理论标准的情况下，美国翻译理论家尤金·奈达（Eugene Nida）的翻译概念值得我们借鉴：Translating consists in reproducing in the receptor language the closest natural equivalent of the source language message，first in terms of meaning，and second in terms of style（Nida and Taber，1982）.（翻译就在于用接受者的语言再造出原文语言信息的最接近的自然对应语，这首先表现在语义方面，其次才是风格问题。）

当今世界的商务交流中，要了解对方的文化、商务规则和国际惯例时，必须阅读相关原文和译文。从事商务的人并不都精通外语，即使精通外语，若不经过一定的训练和实践，也难以胜任真正意义上的双语转换工作。商贸翻译涉及交易双方的直接经济利益，翻译质量利益攸关。商贸翻译的译者除了要有语言、专业、文化的知识外，还要遵循一定的翻译理论。商贸翻译与一般文学翻译相比，有特殊的知识和技能要求，需要遵循不同的原则。

必须承认，商贸领域的思想交流和信息传递具有特殊性，商贸活动的功能和目的有别于文学活动。翻译行为服务于目的，目的不仅确立翻译的标准，也成为翻译行为的动力。通常情况下，译者除精通商务双方语言外，还需要有相当的国际商务知识，并掌握商贸翻译的原则和技巧。

探寻统一的翻译标准外，也有学者在思考是否有统一翻译标准的必要。正如吕俊（2001）指出的那样：“翻译的标准不能只有一个，而且也不能亘古不变。翻译涉及面如此之广，无论是文艺体的、科技体的还是应用体的，我们都可能接触。而这些文体的不同、用途的不同、接受者的不同，都会给翻译统一标准的制定带来困难，而且也没有必要去制定一个固定的标准去制约和评价衡量它们，因为从语言学的角度来说，它们使用的语言功能也不完全一致。”北大著名学者辜正坤教授（1989）曾明确指出：“没有，也不可能有一个绝对的标准。历代译家认识上的根本局限性在于他们老是下意识地追求唯一的，万能的，可以判断一切译作价值并指导翻译实践的终极性标准，须知这种标准是根本不存在的东西。”穆诗雄（2001）也认为：“对于不同的目的、对象、语篇类型，必须运用不同的翻译标准，才能做到客观。”李长栓（2004）在谈到非文学翻译与实践时也曾提出：“既然翻译的需求是多种多样的，就不能拘泥于一种翻译方法和翻译标准，而要在翻译之前，向委托人了解译文的用途、对翻译有无特殊要求，然后选择翻译策略和翻译标准。”纽马克（1982）按照语言的功能划分文本类型，并进一步指出译者应针对不同的文本类型采用不同的语义翻译方法和交际翻译方法，也从本质上阐明了翻译文本的多样性和翻译策略的多样性。

商务英语的翻译标准到底是“一元”还是“多元”？通过对各种观点和商务英语发展趋势的分析，应当认为“多元”标准是当前商务英语翻译的主流。这是由翻译者本身的局限性所导致的，而这种局限性的产生又主要是由各国之间的文化差异造成的。从对文化差异的分析来看，短期内无法消除国际的文化差异，那么翻译者必定会受到其固有文化的影响，因而翻译标准无法达成一致。但是从长期来看，翻译的标准必定会取得一致。这是由全球化的发展趋势所决定的。全球化的发展趋势会不断消除各国间的文化差异，也会让国际的交流变得更频繁。全球化为翻译标准的统一提供了一个平台和机遇，而且其本身也是翻译标准趋于一致的外在动力。

第三节 思维导向研究

思维惯性是由思维的稳固性和顽固性带来的强大的惯性所造成的，它使思维禁锢，所以必须要破除。例如：流传着的一个“笑话”，美国科普作家艾萨克·阿西莫夫（Isaac Asimov）自幼聪明，在多次“智商测试”中均获160分左右高分，属于“天赋极高者”，为此他一直扬扬得意。有一次，他遇到一位汽车修理工，修理工对阿西莫夫说：“嘿，博士！我来出一道思考题，看你能不能回答正确。”阿西莫夫点头同意。修理工开始说题：“有一位聋哑人，想买几根钉子，来到五金商店，对售货员做了这样一个手势：左手两个指头立在柜台上，右手拳头做出敲击状。售货员见状，先给他拿来一把锤子；聋哑人摇摇头，指了指立着的那两根指头。于是售货员就明白了，聋哑人想买的是钉子。聋哑人买好钉子，刚走出商店，接着进来一位盲人。这位盲人想买一把剪刀，请问：盲人将会怎样做？”阿西莫夫顺口答道：“盲人肯定会这样。”说着，伸出食指和中指，做出剪刀的形状。汽车修理工一听笑了：“哈哈，盲人想买剪刀。只需要开口说‘我买剪刀’就行了，他干吗要做手势呀？”那位汽车修理工用教训的口吻对智商160的阿西莫夫说：“在考你之前，我就料定你肯定要答错，因为你所受的教育太多了，不可能很聪明。”

头脑简单者在让智者为难的问题前坦然自若，偶然中有必然性。实际上，修理工所说的受教育多与不可能聪明的关系，并不是因为学的知识多了人反而变笨，而是因为随着人的知识和经验的增多，就会在头脑中形成思维定式（thinking set）。思维定势是由先前的活动而造成的一种对活动的特殊心理准备状态，或活动的倾向性。在环境不变的条件下，思维定势能够使人应用已掌握的方法迅速解决问题；而在情境发生变化时，它则会妨碍人采用新的方法，成为束缚创造性思维的枷锁——思维总是摆脱不了已有“框框”的束缚，表现出消极的思维定势。

所谓定势思维效应，是指人们因为局限于既有的信息或认识的现象。人们在一定的环境中工作和生活，久而久之就会形成一种固定的思维模式，使人们习惯于从固定的角度来观察、思考事物，以固定的方式来接受事物。举个简单的例子：如果给出两个单词，一个单词通俗、简单（如balance），另一个单词复杂，较为少见（如 equilibrium），然后要求学生指出哪一个是商务英语术语，多数学习者会选择复杂的那个。这反映出在多数学习者的理解中，商务英语比普通英语复杂，似乎越是复杂罕见，越是专业。这种认识有时确实能够帮助你做出正确选择。当你需要表示“经济平衡”（市场供求平衡）、“市场平衡”（买方价格与卖方价格一致）时，商务英语的表达是“economic equilibrium”、“market equilibrium”。balance 用作“平衡”的意思，早已在普通英语学习阶段深入人心，比如 keep balance。但 balance 也是商务英语词汇。当你需要表示“余额”时，只能选择 balance，比如 bank balance（银行结存）。这两个单词都是商务英语中的术语表达，只是用于不同的情境搭配，表达不同的含义，我们不能简单划一地凭借自身的思维定式来做判断、下结论。

对于大多数商务英语学生来说，从初中甚至小学开始接触普通英语到接触商务英语，大致有十年的英语学习时间，而且其中不少人在普通英语阶段的学习表现优异。这些学习者的英语学习在普通英语学习环境下已经形成巨大的惯性，这种惯性有时候是应用型、复合型商务英语学科学习的障碍，会给学习者带来困惑和失落。

认识的固定倾向是一种习惯，而习惯却是一种因循式的思维形式。习惯——我们已经熟练掌握的不假思索的反应行为和适应行为，经常使我们不饥而食，不困而眠，不愠而吼，压倒合理的思想而不给它以自由发挥的机会。若我们想要提高我们的能力，就必须从冲破思维定式开始。世界观、生活环境和知识背景都会影响到人们对事对物的态度和思维方式，不过最重要的影响因素是过去的经验。生活中很多经验会时刻影响人们的思维。强大的惯性或顽固性，不仅逐渐成为思维习惯，甚至深入潜意识，成为不自觉、类似本能的反应。要改变一种思维定式有一定难度，首先需要有明确的认识，其次要有勇气和决心。

一、商务英语教育目标分析

美国教育学家布鲁姆等人提出认知领域教育目标的分类方法，在教育和教育规划方面被广泛运用。布鲁姆将认知领域教育目标划分为从知识（主要是事实再现）到评价（代表更高级的思维）六个层次。如表 4-1 所示：

表4-1 布鲁姆认知领域教育目标六层次

knowledge（知识）	remembering，memorizing，recognizing，recalling 记忆，牢记，识别，回想
comprehension （理解）	interpreting，translating from one medium to another，describing in one's own words 解释，使用不同手段说明，用自己的话进行描述
application（应用）	problem-solving，applying information to produce some results 解决问题，对信息进行利用以取得某种效果
analysis（分析）	subdividing something to show how it is put together，finding the underlying structure of a communication，identifying motives 对事物进行剖析以揭示它的构成，揭示信息的基本结构，确定动机
synthesis（综合）	creating a unique，original product that may be in the verbal form or may be a physical object 进行特有的创造性的发明,可以是文字形式也可以是实物
evaluation（评价）	making value decisions about issues，resolving controversies or differences of opinions 对问题做出价值评定，解决争议或意见的分歧

以对交通事故的询问为例，上述六个层次的提问与思考分别是：

1. 这次交通事故中谁受伤了？（对具体事实的记忆。）

2. 你能描述发生了什么事情吗？（把握知识材料的意义，对事实进行组织。）

3. 这是一起重大交通事故吗？（应用信息和规则去解决问题，理解事物的本质，利用交通法规来解释这次事故的性质。）

4. 为什么会发生这起交通事故？（把复杂的知识整体分解，并理解各部分之间的联系，解释因果关系，理解事物的本质。）

5. 怎样才能避免这起交通事故？（发现事物之间的相互关系和联系，从而创建新的思想，预测可能的结果。）

6. 交通法规能帮助我们预防这样的交通事故吗？（根据标准判断或选择其他办法。）

Anderson 和 Krathwohl 等人将布鲁姆原有分类中“知识”类别的具体指标单列为一个维度，同时依据教育心理学研究的新进展，增加了元认知知识。他们将教育目标分为两个维度，即知识维度和认知历程维度。

知识维度旨在区分教师教什么和学生知什么，包括四个主类别。

其一，事实性知识：事实性知识（factual knowledge）是学习者在掌握某一学科或解决问题时必须知道的基本要素。具体包括：（1）术语知识。术语知识（knowledge of terminology）是指具体的言语和非言语知识与符号（如语词、数字、信号与图片等），也是人们在沟通交流时必须用到的知识。（2）具体细节和要素的知识。具体细节和要素的知识（knowledge of specific details and elements）是指事件、地点、人物、日期、信息源等知识。这些信息往往可以从一个更大的情境中分离出来。

其二，概念性知识：概念性知识（conceptual knowledge）是指一个整体结构中基本要素之间的关系，表明某一个学科领域的知识是如何加以组织的，如何发生内在联系的，如何体现出系统一致的方式，等等。

其三，程序性知识：如何做事的知识。“做事”可以是形成一个简单易行的常规联系，也可以是解答一个新颖别致的问题。程序性知识通常采用一组有序的步骤。它包括技能、算法、技巧和方法的知识，统称为“程序”。程序性知识还包括运用标准确定何时何地运用程序的知识。具体包括具体学科技能和算法的知识、具体学科技巧和方法的知识以及确定何时运用适当程序的知识。

其四，元认知知识：元认知知识是关于一般认知的知识以及关于自我认知的意识和知识。虽然不同的研究者观点各异，术语有别（如元认知意识、自我意识、自我反思、自我调节等），但是都强调元认知知识在学习者成长以及发挥主动性中的地位。具体包括策略知识、关于认知任务的知识（包括适当的情境性和条件性知识以及自我知识）。

认知历程维度包含六个主类别，旨在引导教师怎样教和促进学生怎样保留并转移所习得的知识。认知历程维度包括记忆、领会、应用、分析、评价和创造。

教育的两个最重要目的是促进学习的保持和学习的迁移（迁移的出现是有意义学习的标志）。学习的保持是指在学习后的某一时间内以教学中呈现的大致方式回忆出教材的能力；学习的迁移则是指运用已学知识去解决新问题、回答新提问或学习新内容的能力。简言之，保持要求学生回忆所学的知识，而迁移不仅要求学生回忆，而且要求学生理解并运用所学的知识。因此，保持着眼于过去，而迁移则注重未来。

不能加以运用的机械学习在强调实践性的商务英语教学中完全没有意义。商务英语格外重视有意义的学习，重视从课堂到实务的学习迁移。

有意义学习是指一种涉及完整的人的学习，是一种使学习者的行为、态度、个性以及在未来选择行动方针时发生重大变化的学习。这种学习不仅仅是一种增长知识的学习，而且是一种与每个人各部分经验都融合在一起的学习。例如：一个刚学会走路的小孩，当他的手碰到火炉的时候，他就学会“烫”这个词的意义，同时他也学会以后对所有的火炉当心。这种学习就是有意义的学习。

有意义的学习过程中，学习者被认为是学习的主动参与者、认知者和建构者。他们自己选择需要的信息，并从中建构意义。学习者既不是被动的接受者，也不是信息的简单记录者。在主动参与有意义学习时，学习的认知观和建构主义观强调学习者知道什么（知识）以及他们是如何思考（认知过程）这些知识的，而不是简单呈现事实性知识。

在教学情境中，学习者被认为是基于自己已有的知识和教学环境提供的各种机会和约束（包括学习者能够获得的信息），通过各种认知活动和元认知活动自主建构意义。进入任何教学情境时，学习者都已经具备各种各样的知识，有自己的学习目的以及在该教学环境中的先前经历。他们利用所有过去这一切去“理解”获得的信息。这一建构式“理解”过程涉及先前的知识激活，以及对这些知识进行加工的各种认知过程。学生能够而且确实经常使用他们获得的信息去建构意义，把输入的信息与自己已有的知识融为一体，主动参与认知加工过程。

2011 年大学生全英商务实践大赛全国邀请赛在广东外语外贸大学举行。来自对外经济贸易大学、西南财经大学、上海对外贸易学院、广东外语外贸大学的四支雄辩队伍齐聚一堂，进行了一场精妙绝伦的商务盛典。本次大赛以“企业绿色管理的机遇与挑战”为主题。担任评委的不仅有各位商务英语专家，还有诸多企业代表，如高露洁高级品牌经理、摩森康胜啤酒酿造公司中国市场部经理、奥美公关经理等。评委对参赛队伍的点评不局限于英语口语、专业的商务知识，更看重的是参赛者提供的解决方案的可行性和前瞻性，以及 PPT 版面风格、时间安排等。

被认定为世界 500 强企业重要敲门砖的 BEC 证书，已成为许多商务英语学习者的选择。BEC 原来分为一、二、三共三个等级，2002 年后改为初级、中级和高级，其考试的难度也比相对应的一、二、三级有所提高。BEC 高级现已被英国许多大学和中国的一些大学定为 MBA 的必修课之一。BEC 证书正被许多国家的大公司用作商务英语测试标准，以便公平地评估在真实商务环境下雇员的英语水平。BEC 证书还是目前唯一与世界接轨并跻身金领行业的通行证。但 BEC 成绩报告显示，中国考区的总通过率比除中国在外的其他国家通过率低近 20%。这个结果表明，国际考试的考试思路与中国考生及教师的备考思路及教学思路有区别。中国考生惯于应考的途径是真题的反复操练以及教师猜题，学生注重的是分数而非能力，这也是长期英语应试教育带来的不良后果。这种思路对从理论到理论的考试非常适用。但商务英语类考试通常是应用性考试，围绕真实的语境展开，考查的是英语环境下考生实际商务工作的能力，而非理论的简单记忆或者语言的单纯复述，旨在培养学生独立的思考判断能力。商务英语测评方式的改变体现出商务英语的复合型、实践性才是其学习意义所在，这要求商务英语的教学双方都要以变应变。

商务英语是一门学科，是一个社会单元的大营销。英语只是载体，背后是政治、经济、科技、文化、信心的整合和营销。商务英语教师面对的是变化了的学习者、教学环境和教学目标等，其教学要克服普通英语教学带来的惯性，又要适度引导，将学习者的知识迁移到新情境和新问题中去。

二、商务英语教学思维突破

作为 ESP 的一个分支，商务英语同样具备 ESP 课程的教学特点。对于 ESP 课程的教学，Carter（1983）归纳三个共同特点：真实语料、以目的为导向、自我学习者为中心。可是教师和学习者在现实的商务英语教学中，都易受到长期普通英语教学所带来的定势思维的影响。

真实语料时效性强，信息含量高，有助于学习者掌握所学领域的最新情况，但当前高校商务英语类课程较少采用原版教材或真实语料。一是费用高昂，二是教学难度大，既要克服语言障碍，又要克服专业障碍。取而代之的是更为贴合学习者水平的自编教材，牛津教育词典对自编教材的定义是“教师为了满足其所教群体学生的要求自己编写的教材”。这些教材的编排模式一般为“精读文章 + 词汇表 + 配套练习”，有些还附有相关背景知识介绍等。应该说这种“注入式”的模式，学习者是熟悉且易于接受的。但这种设计不利于思维的拓展性，甚至会“僵化”学习者，使其沿用普通英语的惯用方式，而对商务英语的特异性缺乏认识，学习缺乏针对性。因此，教师对教材的拿捏和引导与学习效果有直接的关系。

多年的普通英语学习经历使学习者具备一定的语言和学习能力，但当他们进行商务英语学习时，就像是只涨停股，英语水平的提高遇到一个拐点，似乎难以超越。在校期间“单词—词组—句型—段落—文章”的学习步骤和以试卷、证书来评定学习效果的模式让学习者的思维固化——照着书本学就可以。所以当他们面对与普通英语差异甚大的商务英语时，难免有些手足无措。商务类课程均具有一定的“专业技术含量”，当这些自认为“我的英语不错”的学习者读不懂产品说明书，看不明合同协议的条款，讲不清贸易流程时，他们的挫败感带来了诸多疑问和反思——我学的英语有用吗？就业有竞争力吗？商务英语该怎么学呢？

在这些学习者对自己的英语水平产生怀疑的同时，他们的学习目的常常是不明确的。为什么而学？怎么学？他们没有深入思考，而是将这些问题全部抛给教师，只想跟着老师学。学生对“自主学习”的理解只是自觉完成教师布置的任务，而非真正意义上的“乐学、善学、适学”。

要克服学习者的思维定势，商务英语教师的自身素质及思维认识起着至关重要的作用。国家商务发展状况、教学设施等客观条件难以控制，可是对商务英语教学本原思维的认识是我们可以引导的，这也是正确开展商务英语教学的起点。

在商务英语的课堂上，我们常见的教学方法有两种：一是教条的理论机制教学；二是貌似生动的案例教学。在第一种教学方法下，学生被明确告知概念、历史、特点、类别等信息。课堂气氛严肃，课后练习是重复性的，相关内容考核是记忆性的，“告之，则恐遗忘”是该类教学面对的问题。第二种案例教学中，教师引导学生分析诸多典型案例，共同归结出要点，课堂气氛活跃，学生联想丰富，课后练习是拓展性的，考核是归纳性的，教学能够做到“师之，铭记于心”。这两类教学各有利弊，但教学内容局限于书本，教学效果几乎止于课堂。当学生处于真实但陌生的商务环境中，能否学以致用、举一反三，他们的综合素质经得起实践的考验吗？他们的知识与水平能一致吗？所以，商务英语教师要在课堂教学中打破教师满堂灌、学生被动听的旧有局面，代之以师生间、学生间的动态信息交流。这种动态信息包括知识、情感、态度、需要、兴趣、价值观等方面以及生活经验、行为规范等。通过这种广泛的信息交流实现师生的真正互动，即真正的相互沟通、相互影响和相互补充。互动的内涵就是要变“统一认识”为“各抒己见”，激发课堂教学思维，突破常规思维，主张求异思维。

（一）突破一：符号教学

这里的符号指的是易被忽视的非语言符号。作为信息的外在形式或物质载体。非语言符号更能直观、形象地表达和传播信息。它们可以是图形图像、声音信号、建筑造型，也可以是一种思想文化、一个时事人物。将非语言符号与语言符号结合在一起，能更好发挥其指代功能和交流功能，促进联想，加深理解。教师对非语言符号的创造及选择要突破思维的壁垒，并要注意艺术性和接受度。

除了表示英文字母，“ABCD”、“Abcd”、“abcd”还能表示什么？大小写有特别的含义吗？大写的字母可以成为寡头的代号，小写的字母则相应可以被理解为垄断性竞争机制下市场上众多的小企业。大写字母也能被理解为市场开拓者，而小写字母则是市场跟进者。在讲这样抽象的概念时，教师若将枯燥的平面文字意象化，以已知的、简单的符号形式，将未知的化为已知的、复杂的化为简单的、抽象的化为具体的、非基本的化为基本的，激活学习者的图式认知，问题可以得到更好解决。

（二）突破二：过程教学

纷繁的社会文明提供了丰富的信息，但残酷的竞争使得教学“速食”化。学生从信息输入到输出，中间的转换基本由教师代劳，做出绝对判断的标准模式，学习者的相对判断和刺激过程被忽略，想象空间被吞噬，这种“学习”容易让人产生负担与厌倦。没有强制性的考试压力是商务英语教学的一大特点，商务英语教师不妨与学生一起感觉和体验、思考和认知，让他们在独创过程中有所收获，赋予静态对象以动态的内涵。过程教学法不再把重点放在语法、篇章结构等语言知识上，而是放在制订计划、寻找素材、撰写草稿、修改编辑等写作过程和技能上。

（三）突破三：链接教学

商务英语的学科交叉性要求教师在教学中引导学习者进行思维的整合。教师要启发学习者发现交叉点，不同学科、不同研究对象之间，在一定条件下的相互联系，相互关系和相互渗透，并且把在交叉点上的发现转变为创新突破，常于、勇于、乐于将不同信息和概念进行不同组合，将跨领域的知识与经验创造性地应用于自己当前所面对的问题，启发学习者将感性经历归于理性认知，并指导实践。

可口可乐的“红”和百事可乐的“蓝”随处可见，大多学习者对它们的口味、价格、包装等已经习以为常。隐藏在被认为理所当然的品牌背后的信息，如名称的由来、商标和色彩的运用、瓶罐文化、宣称文字、视频广告的设计、产品开发等，都是引起学习者深层思考的感性而直观的“导火索”。通过内涵丰富的日常实例，教师在教学过程中将品牌、包装、广告、企业文化、竞争机制等多个知识点进行链接，帮助学习者理解完整的营销概念，走出误区、盲区，摆脱“有知识，没文化”的状况。

（四）突破四：“新鲜”教学

就像许多人一讲到“中国”就会联系到长城、天安门一样，许多教师及学习者的头脑中总是对既定话题有思维定式。当教学主题为“品牌翻译”时，很多老师都会举“White Elephant”、“Fangfang”等“地球人都知道”的例子。这些例子虽然典型，但年代久远，不是当今学习者印象深刻的品牌。其实生活中随处可见品牌翻译，就地取材更能调动学习者的积极性和参与度，有助于培养他们的商务敏感度和分析表达能力，将学习者带入“引之，学以致用”的阶段。

人的思维空间是无限的。也许我们正被困在看似迷茫的境地，也许我们正处于两难选择，这时一定要明白，这种境遇只是由我们的定式思维所致，只要勇于重新考虑，一定能够找到很多摆脱困境的出路。

在商务英语教学中，专业知识不足可能还是个小问题。要想达到商务英语实战的目的，更需要加强商务思维能力，做到语言与思维并重。商务英语的学习更是一种商务思维的培养，教师在教学过程中进行思维的突破和整合，引导学习者实现“感性探索—恰当表达—深度理解—理性思维—实际应用”的分级跳。

第四节 教学模式研究

教学模式研究是一种综合性的研究方法。在教学领域有一个大家都十分熟悉的提法：“教学有法，但无定法，贵在得法。”时至今日，全国多所高校开设了商务英语专业，形成了三大比较成熟的教学模式，即广东外语外贸大学的“全英”教学模式、对外经济贸易大学的“商务英语”模式和北京外国语大学的“商学院”模式。

高等学校外语专业教学指导委员会英语组在2000年推出的《高等学校英语专业英语教学大纲》是一项纲领性的文件，和以往的大纲相比具有明显的指导性和开放性。新大纲明确以培养高素质、宽口径的复合型人才为宗旨。全国各高校在这个大纲的指导下，结合自身的资源特点．进行具体的课程设置和专业教学实践，最终的考核指挥棒仍然是专业四级（TEM 4）和专业八级（TEM 8）考试。同时由于各个地区、各所高校对商务英语的定位不同，对商务英语教学理念也不同，因此不同的教学模式应运而生。这些模式下的课程设置和教学实施各有不同。

（1）“英语+商务”模式。虽然论证并重新设置了商务专业课程，但英语和商务知识与能力仍未得到很好的相互融合，从课程设置内容来说，仍然是简单的“英语+商务”模式，强调以英语专业知识教学为主，因此基本上所开设的课程都是围绕普通英语专业的教学目标而开展，再加上一些普通的商科课程。

(2)所谓的“商务英语”课程，主要是为了加大商务英语类课程的开展力度，实现教学“面”的扩张。但是对于“点”，就是教学的深度来说，还是存在较大的不足，很难满足学习需要。这种教学模式依旧是以普通英语教学为核心。所开设的课程也是围绕普通英语教学的课程设置体系。

（3）“英语＋汉语商科课程”这一教学模式，基本上是将英语和汉语商科两门专业并列，分别进行专业性的授课。这种模式下，商务英语学生无法将英语和汉语商科两门专业的知识进行“融会贯通”，自然也就无法掌握真正意义上的“商务英语”。本质上，这种模式通过双专业的开展，让学生学习更多没有“直接关联”的学科的知识，从而也就无法开设真正意义上的商务英语课程。

（4）“英语＋商科专业方向（英语）”教学模式。其最大的特点就是在普通英语专业的教学基础上，最大限度地与“商科专业方向（英语）”的知识结合起来，以一种“英语”（更多的是一种西方）思维方式，让学生掌握专业的商科知识，可以将商科知识和英语在普通英语的平台上进行结合，促进学生学习商务英语知识。给英语专业学生设置一个专业方向，以专门的主干课程为导向，如工商管理、国际贸易或国际金融，而不是笼统的商务。用英语开出两个专业规定的主干课程，成本高，学生负担重，商科专业方向课程难以深化。但是这种模式若要达到预期的教学效果，一定要全面深入地学习商科专业知识（英语），即要掌握商务英语的整体性和系统性、商务英语的运行逻辑和整体框架，才能在更高层次上理解并运用商务英语。这种教学模式对教师和学生都是一种挑战。特别是对教授商科专业的教师要求非常高，本身就必须是通晓商务英语的专家、学者，同时也能将商科知识（英语）在合理的知识体系下传授给学生。同样，对于学生来说，需要具备一定的英语基础知识。这样教师才能在最短时间内，以最大效率将商务英语知识传授给学生，让学生具有较强的商务英语能力。而且，这种教学模式下开设的课程与另三种教学模式下开设的课程存在很大不同，即不再以普通英语知识为核心，而是以普通英语知识为基础，以商科专业知识（英语）为核心，将商务英语的教学理念贯彻到位。

通过论述上述四种商务英语教学模式，可以发现对商务英语的定位不同，尤其是对商务英语以“英语”“商务”或“商务英语”为主的判断不同，就会导致商务英语教学理念的不同（如何教授和学习商务英语）。这种教学理念的不同又会使得教学模式不同（正如前文所述的四种教学模式），从而会决定课程体系的不同，最终会影响到教学效果和目标（是否能培养出国际化高端人才）。

商务英语教学需要转变的思想观念主要包括以下几个方面：（1）商务英语教育要主动适应社会主义市场经济体制发展和经济全球化的需求。（2）为了适应21世纪对英语专业人才的挑战和信息时代、知识经济时代对学科发展的挑战，英语专业教育应主动适应市场经济发展的需求，增强服务意识，淡化专业意识。要妥善处理传授知识、培养能力和提高素质的关系，把学生综合素质的提高放在首位。（3）要处理好教学、科研和社会服务三者之间的关系。（4）要处理好本科教育与终身学习的关系，商务英语专业的本科教育只是商务英语学习的一个起始阶段。

教育家陶行知说过：“先生的责任不在教，而在教学生学。教的法子必须根据学的法子。”我们教师以前在讲课时，对学生的能力往往是信任不够，总怕学生听不懂。在讲到某些重点、难点时，由于对学生潜力估计不足，所以教师讲道理多，而学生说得不多，更不要说自学和后续学习了。有些学生在长期的“填鸭”式教学方式下，自主学习能力已经被埋没。

教有法，无定法。教育者如果没有工作的个性，只能是一个机械的“技匠”。教育，尤其是教学，正如夸美纽斯所说“是艺术中的艺术”，教学对人的主体性要求很高。具体而言，教育教学需要教育者自觉性、能动性和创造性的良好发挥。只有这样，教育才可能充满生命的活力。为此，我们应该关注教育者教育思维的个性色彩，并探索其中的奥妙。

第五章 商务英语教学的理论基础

学术界认为商务英语学科理论的建立是商务英语教学的理论基础。任何成熟的学科都有其赖以生存和发展的支撑理论。《高等学校商务英语专业本科教学要求（试行）》认为商务英语教学的理论体系包括ESP、CBI、需求分析、建构主义等。

第一节 ESP 理论

一、ESP概念

20 世纪 60 年代，西方开始兴起专门用途英语（English for Specific Purpose，ESP）的教学。目前，国内专业英语课程及其大学英语课程的教学正向着 ESP 的方向发展。ESP 被认为是应用语言学的一个分支，近几十年来一直受到广泛关注。作为一个新的学科领域，它产生于 20 世纪 60 年代后期。ESP 的出现是社会历史发展的必然，是多种原因促成的。其中，经济领域、语言学领域和教育心理学领域的发展是其主要动因。第二次世界大战结束后，西方国家的科学技术、经济活动迅猛增长。世界经济空前繁荣，国际交往日益频繁。美国和英国作为全球经济大国和科技大国，其深远影响促使英语成为国际交流语言。人们出于各种实用目的的需要而学习英语，例如商业交往、技术交流、学术研究等。他们学习英语具有很强的目的性和功用性。学习者希望得到适销对路的产品，满足他们自身的愿望及需求。这便向英语教学提出了挑战。专门用途英语教学也就应运而生。

同前，ESP 种类、课程内容和教学形式都呈多样化，并且出版了专门用途英语（ESP）的专业期刊和书籍，如 ESP Journal，ESP World 以及 ESP—A Learning-Centered Approach （Hutchinson and Waters，1987），ESP Today：a Practitioner' s Guide （Robinson，1991）和 Developments in ESP（Dudley and St. John，1998）等。伦敦城市大学设立的 ESP 专业硕士学位还体现了对 ESP 学习者的不同培养目标，我国自 20 世纪 80 年代起，各地非文科类高校在本科专业开始 ESP 教学，即设置专业英语课程。目前，国内大学英语课程及其专业英语课程的教学正向着 ESP 的方向发展。

专门用途英语具有多元性的特点，即其包含的形式是多种多样的。专门用途英语教学中涉及的语言和语言学知识必须围绕学生所学专业，为学生更深入地研习专业领域的英语知识服务。专门用途英语中的“专门”两字显示了其教学目的，其教学内容也将涉及特定职业领域相关的专业知识。ESP 教学是我国大学英语教学改革的发展方向，英语教学将越来越多地与某一个方面的专业知识或某一个学科结合起来。从 20 世纪 80 年代开始，已有学者开始将国外 ESP 教学的理论和实践情况介绍到国内；20 世纪 90 年代以来，我国外语教育界出现了对 ESP 教学理论较系统的研究。同时，有的学者开始了 ESP 教学的实践性研究。随着专业课程和双语教学的逐步展开，势必进一步促进对 ESP 教学的理解和认识。然而，近年来，研究 ESP 的文章中却少有关于 ESP 课程设计的研究文章。

Hutchinson 和 Watexs（2002：65）对课程设计的定义是：“设计一门课程从根本上来说是提出一系列的问题，以便为以后的大纲设计、教材编写、课堂教学与评估提供一个理论基础。” Nunan 和 Robinson 也谈到了课程设计包括需求分析、教学大纲、教学方法及教材等若干因素。

Hutchinson 和 Waters（2002：22）总结了课程设计的全过程，首次提到 ESP 课程设计的步骤。根据 Hutchinson、Waters 以及 Jordon 的理论，专用英语课程设计的步骤归纳为：需求分析、教学目标、教学手段、教学大纲、教学方法和教学评估。他们认为：课程设计是一个过程，人们研究收集有关学习需求的一些原始资料，是为了设计综合性的教学方案，其最终目的是引导学生获得某些特定的语言知识。通过这一过程，原始的关于学习需要的数据被解释从而创造出一系列完整的教学体验，其最终目的是要引导学习者达到一定的知识水平。随着心理学、语言学、逻辑学及其他课程的进一步发展，专门用途英语的课程设计应该在已有的课程设计概念基础上，建立以学习者需求为基础的课程设计，充分考虑学习者自身的愿望、需求和不足。

二、ESP课程设计的原则

根据 Strevenis（1985）在 ESP 国际会议上发言，ESP 教学前景和教学课程设计的变化有密切联系：包括大纲设计原则的变化以及根据此原则而采用的最合适的教学法的变化。秦秀白将 ESP 的性质定义为“一个多元的（pluralistic）且以不同形式出现的（protean）的教学理念”。根据国内外的教学实践，ESP 的基本教学原则概括为：

（1）真实性原则。Coffey 提出“真实的语篇”（authentic texts）加上“真实的学习任务”（authentic tasks）才能体现 ESP 教学的特色。真实性（authenticity）

是 ESP 教学的灵魂。秦秀白认为教材内容要来自与专业相关的真实语料，练习设计和课内外教学活动都应体现专用英语的社会文化背景（sociocultural context）。

（2）需求分析原则。Johnson 认为，相对而言，学习者的语言需要在 ESP 中较容易确认，这是 ESP 引人注目的特色之一。根据这一需要，秦秀白认为需求分析（needs analysis）是制定 ESP 教学大纲、编写 ESP 教材的基础。在 ESP 教学领域，需求分析包括两方面的内容：一是目标需求的分析，即分析学习者将来必须遇到的交际情景：二是分析学习者的学习需求，包括缺乏哪些技能和知识以及学习方法。

（3）以学生为中心的原则。课件的制作应考虑学生的兴趣，应以学习者为中心，并给学习者“留有余地”，即不是一味地详尽陈述某一章节的全部内容，而是结合每一课的不同特点，给学生留出提问、思考、讨论和查找更多更详细相关资料的时间和机会，将课堂教学变为以多媒体教学设备为辅助手段的师生间互动、学生间互动的动态过程。另外，老师可将学生的作业发布到网上，大家可相互交流、切磋，并发表自己的建议、感受等。可让学生在网上联机展开讨论、相互评价。这样一来就大大缩短了传统课堂讨论的等待时间，同时也能使学生发现相互之间理解问题、思考问题的独特之处，从而汲取他人之长。

三、ESP课程设计的理论依据

不同的学者从不同的需要出发，根据各自的课程设计理论，进行 ESP 课程设计的研究。外语课程设计所需要的学科理论指导包括：语言学、教育学、二语习得理论、系统论、管理学、交际学和心理学理论等。Strevens 曾指出 ESP 教无定法，可采取任何一种适用的教学方法，教师均可采用情景教学法、交际教学法、案例教学法、任务型教学法和建构主义指导下的自主学习等教学法。刘法公指出国外 ESP 教学的主要方法有：语域分析教学法（弄清语域并对其加以分析）及语篇分析教学法（不断使学生脱离句子的层面把语言分析的目光扩大到语篇，实现更多的学生在课堂上的交流和探讨）。同时，他指出，适合中国学生的教学法应是比较教学法。比较教学法是充分运用教材相似相对的方面进行分析比较，提高教学效率的一种教学方法。在教学设计时，经常重新组合，使之互为映衬，使认识更深化。它通过同中之异或异中之同的比较更深刻地理解教材，即通过比较、辨析，教师引导学生找 ESP 词汇、语义、句法、问题等方向的特殊性。

周梅提出，建构主义理论为 ESP 课程的指导理论，建构主义理论认为学习是学习者在新旧知识之间主动构建意义的过程。它强调以学生为中心，进行自主和互动式学习。谷志忠以《涉外文秘》课程为例，在建构主义理论的科学指导下，详细探讨了建构主义教学理念（主要包括建构主义的知识观、学习观和师生观），ESP建构主义教学设计（主要包括ESP学习环境设计、ESP学习资源设计和ESP协作学习）以及《涉外文秘》课程教学设计案例，并得出结论认为，建构主义理论指导下的教学设计——抛锚式教学法可以让学生更积极主动地参与到学习过程当中，提高他们解决现实问题的实际能力，能更好地让他们为未来的工作做好准备。

四、ESP课程设计的发展阶段

ESP没有确切的开始年月，但国外语言学家普遍认为ESP在20世纪60年代兴起。ESP代表人物之一的John Swales在综述ESP发展史时是这样概括的：彼得·斯特雷文斯发现400年前就有了供外国旅游者用的短语手册；库尔特·奥皮茨发现200多年前船员们已在使用高度专门化的双语海事词典，但我个人认为ESP的历史比以上提到的都要短，把ESP的起点定为1962年。ESP发展至今已有近50多年的历史，学界一般都认可Hutchinson和Waters将专门用途英语划分为五个发展阶段，即语域分析（register analysis）、修辞或语篇分析（rhetorical or discourse analysis）、目标情境分析（skills and strategies analysis）和以学习为中心（learning-centered approach）。那么，与此相对应的是ESP教学方法和课程设计的更新和进步。

在国外，ESP课程设计具体模式著述颇丰。Peter Strevens（1986）提出了ESP课课程设计的雏形，他认为ESP教学是以学生为中心的教育。教育以学生为中心的趋势带来了一个新的观念，即“需求分析”；ESP教学课程设计必须和教学趋势密切相关，包括大纲的设计和教学法的变化，同时提出ESP教材编写和教法问题。Mary也提出了ESP课程设计具体模式，她认为ESP课程的发展建立在分析学生的需要之上，即他们需要用英语做什么，他们需要英语的背景以及他们目前的英语水平。然后，教师选择教材和活动，从课文转向任务，并且在这些课文和任务的背景下教英语。她以旅馆服务员的课程为教材和活动设计的例子，介绍了ESP教师应根据多样性情景，分析学生的需要、评价熟练水平、规定目标和目的、选择和改写教材、设计课堂教学、创造一个适应成人的学习环境、评定学生的学习进展情况。

在国内，ESP课程设计具体模式的研究领域被学者进一步扩大和细分，研究方法更为多样，包括对国内外ESP课程需求分析的研究；对ESP教学方法的专门研究；对 ESP 教学手段等问题的研究；对 ESP 教学大纲设计的研究；还有学者进行课堂教学实证性的研究。这些研究扩展到了 ESP 教学设计的各个层面，改善了 ESP 教学设计的质量，促进了 ESP 教学实践的发展。

（一）以教师为中心的教学模式

以教师为中心的教学模式最早可以追溯至400年前。早在17世纪30年代，捷克的资产阶级民主主义教育家夸美纽斯就出版了《大教学论》一书，提出班级授课制度，以实现“教一切人”的理想，开创了以教师为中心的教学模式。以教师为中心，顾名思义，就是在整个教学过程当中，虽然教学的四个要素，即教师、学生、教学内容和教学媒体各有分工，互有侧重，但始终围绕教师这个教学要素中心。教师安排组织教学内容，利用各种教学媒体，以讲解、板书、多媒体课件等教学手段向学生传授知识。以教师为中心的教学模式中，教师经常采用语法翻译法。在这种模式当中，教师始终是课堂教学的中心，是知识的传授者、灌输者，他控制课堂教学的内容和节奏，决定使用的教学方法和教学媒体，对学生、教学内容和教学媒体三个教学要素的影响一直都是单向的，而且有着绝对的权威。因此，刘法公认为，语法翻译教学法使课堂缺少双向交流机会，老师独立地讲，学生被动地听，无法达到交际的目的。陈坚林曾对教师、学生、教学内容和教学媒体四个要素的关系做过评论，这种模式下，学生是教师灌输知识的对象，教材是教师向学生灌输的内容；教学媒体则是教师向学生灌输的方法、手段。很显然，这种只有教师的单向知识灌输、没有学生积极参与的空洞说教，根本无法激发学生的学生兴趣，培养学生在目标情境当中的应用能力更是无从谈起。一般情况下，ESP 课程并不适合采用以教师为中心的教学模式。

（二）以学生为中心的模式

根据 Peter Strevens，以学生为中心，顾名思义，就是在整个教学过程当中，学生成为四个教学要素的中心，教师、教学内容和教学媒体部是为学生服务的。

以学生为中心，在整个教学过程中由教师起组织者、指导者、帮助者和促进者的作用，利用情境、协作、会话等学习环境要素充分发挥学生的主动性、积极性和首创精神，最终达到使学生有效地实现对当前所学知识的意义建构的目的。在这种模式中，学生是知识意义的主动建构者。教师是教学过程的组织者、指导者、意义建构的帮助者、促进者。教材所提供的知识不再是教师传授的内容，而是学生主动建构意义的对象，媒体也不再是帮助教师传授知识的手段、方法，而是用来创设情境、进行协作学习和会话交流，即作为学生主动学习、协作式探索的认知工具。

教学内容不再局限于原本为教师独有的教材了，资源更为丰富，范围更为宽泛，学生可以自行对教师提供的，或者国际互联网上提供的各种相关学习资源进行重组加工，教材甚至也可以成为学生主动建构意义的对象；媒体也不再是专属教师的教学工具了，而是被教师用来创设情境，进行协作学习和会话交流，成为学生自主学习、协作探索的认知工具。很显然，这种模式与以教师为中心的教学模式相比，教师、学生、教学内容和教学媒体四要素所起的作用又不尽相同，侧重点也完全不一样。以学生为中心的教学模式强调学生是学习过程的主体，是知识的主动建构者，可以充分激发学生积极探索、主动发现的学习兴趣和热情，有利于学生创新思维和应用能力的培养。

但是，何克抗认为，以学生为中心的教学模式设计忽视对教学目标分析，忽视教师指导的作用和教学模式设计，不能让学生放任自流。鉴于上述两种模式的各自特点及长处与短处，在具体的教学模式设计过程当中，教师最好能综合运用这两种模式，注意优势互补、扬长避短，充分发挥各自的长处。因此，在计算机多媒体和信息网络技术的支持下，教师主导、学生主体的教学设计模式也就应运而生了。

（三）教师主导学生主体的模式

教师主导、学生主体的教学设计模式，有时也被称为双主模式，是以教为主和学为主两种教学系统设计相结合的产物。双主教学模式既能发挥教师的主导作用，又能充分体现学生的主体作用，在基本保留“传递—接受”的条件下，让学生更多地去主动思考、主动探索、主动发现。双主教学模式是当今教学的主流模式，它吸收了两者的优势和长处，摒弃了它们的缺点和不足。陈坚林认为，计算机网络与外语课程整合不仅可以创设理想的教学环境，更重要的是使教学结构体系发生了根本变化。传统以“教”为中心的教学结构转变为了“学教”并重的教学结构，即教师主导——学生主体的教学结构，教学过程中的四个教学要素之间的关系也生了相应的变化。

Dudley Evans 和 St. John（1998）就认为，合格的 ESP 教师应充当五种角色：①他首先是个合格的英语教师；②他必须是个合格的课程设计者，并能为学生提供实用可行的教学资料；③他既是专业教师的合作伙伴，也是学生的合作伙伴；④他必须是个合格的教学研究人员；⑤他还应该精通 ESP 的测试与评估，能根据教学需要对学生的学习情况进行适时的分析和总结。可见，以学习为中心的 ESP 教学对老师提出了更高的要求。谷志忠认为，在教师主导、学生主体的教学设计模式当中，教师的角色和定位都发生了重大变化，具体包括：①设计者的角色，即教师利用计算机网络的优势，结合学生的学习风格、初始能力和学习特点设计并创造适合他们的学习环境和学习资源；②协助者的角色，教师指导学生进入一个精心设计、资源丰富的学习环境，让学生自己通过彼此的合作协商进行学习或解决问题，并在学生寻求帮助时及时介入，给学生提供必要的建议、帮助，简单示范解决问题的步骤；③管理者的角色，教师还需要就学生在学习过程中遇到的各种问题或突发事件进行协调和处理，充当一个管理者。该模式下的 ESP 教师和国外的 ESP 教师标准比较接近。

程世禄认为，以“学生为中心”的 ESP 发展阶段既强调学生是学习的主体，同时又注意创造良好的学习环境，使内因和外因相结合。学生主体则意味着教师认可并尊重学生的认知主体地位，给予他们足够的学习自由度。更重要的是，学生自身发生了根本性的变化。首先，被动角色的转变。实现了从“被动学习”向“主动学习”的转变。其次，自主意识的提高。学生强化了自己对学习负责的主体意识，学习积极性普遍高涨。他们学会了基于自己以往的经验，依靠自身的认知能力，形成对问题的看法、理解和判断，并最终提出自己的解决方案。最后，应用能力的培养。学生在 ESP 课程学习过程中面临更多的真实性任务，可以在模拟情境中亲身体验，并和伙伴合作协商来解决问题，从而获得解决实际问题更为直观的经验和感受。教师把更多的时间花在设计学习资源、学习环境和真实任务等上面，并通过适当的介入引导学生通过自己的摸索、实践，来分析、解决问题，或通过合作协商最终完成任务。这样的教学模式是当前比较提倡也是比较好的模式，因为这样一是有利于发挥学生的积极性和主动性，二是有利于实现师生互动，有利于教师及时把握教学环节，达到既定教学目标。

以一门具体的 ESP 课程旅游英语为实例，该如何进行课程设计，体现出以上模式的进步呢？不少学者进行了旅游英语课程设计大量的实践研究和探索。曾利红和蒋艳（2010）提出了旅游英语项目教学法的课程设计原理：让学生通过自己扮演旅行社经营与决策者的角色，以英语为工作语言，在课程内外模拟的涉外旅行环境中进行国际游客接待和中国公民出国旅游的经营和管理，以完成虚拟旅行社涉外项目活动的方式，修习旅游英语课程任务。其中，包含的设计要素及变量，从目标设定到需求分析—教材选择—教学法选择—活动开展与监控—语料—测评等所有步骤，体现了 ESP 课程的独特设计特色。其他 ESP 课程同样也体现了类似的以学习者为主体和以教师为主导的ESP课程设计的模式，如商务英语课程设计、国际营销课的课程设计、航空英语在课堂教学设计、研究生ESP课程设计等。

五、ESP课程设计的问题和不足

国内的ESP课程设计研究经历了几十年之后，无论是从理论上还是教学实践上都取得了很大的成绩。从国内现有的研究成果可以看出，现阶段国内对于ESP课堂设计的研究主要还存在一些不足之处和进一步发展的空间：（1）ESP课堂设计的教学研究还缺乏专业的研究团队、专业的教学研究资料以及专业的ESP刊物。（2）对于ESP教学中课堂设计各环节存在问题的对策研究不足。许多研究都指出了现阶段ESP课堂设计中的需求分析、教材选用、教学设计、教学方法、教学评估等各个环节上存在的问题，但是要真正解决ESP教学中存在的问题，就必须要做深入细致的研究，提出具体而切实可行的对策。（3）有待进一步扩大研究方法的种类和研究对象的范围，根据国内ESP研究论文的统计，研究ESP教学设计的实证性论文则少之又少。目前ESP课堂设计的研究，对象多为本科学生；对专科生、独立院校学生和研究生的研究比较少，而对工作后学习者的研究目前尚为空白。

关于ESP课程设计的研究，无论是从语言本体的角度出发还是从某一学科教学的角度出发，都在探讨着如何能够更好地培养出ESP的专业人才。国内外学者关于ESP课程设计的界定及研究原则、具体ESP课程设计模式等问题，一直进行着持续的探讨；并不断向前发展。这里仅是借助对国内ESP课程设计研究的回顾与整理，对国内ESP教学设计的问题进行梳理和综述，并提出建议，以期促进我国高校ESP教学的进步和发展。

第二节 CBI理论

CBI教学法最早从加拿大沉浸式教学法的成功获得启示。加拿大推行的中、小学双语教学形式多样，其中一个方法，就是通过使用目标语来进行诸如自然科学和历史学科的教学，甚至大学的某门学科的教学，他们称之为“依托课程内容的语言教学法”。“将目标内容领域的知识或技巧与语言技能的提高这两者的教学结合起来，在一门课中完成”，“这样语言教学不再孤立”（Graham &

Beardsley，1986）。结果证明当语言教学与学科教学相结合时，当语言作为学习学科知识的媒介或工具时，便产生了最理想的外语或二语教学效果，学生目标语的语言能力得到最迅速的发展。这种现象得到许多国家的语言学家和外语教育专家的关注，他们也相继开展了实践和实验。

一、CBI理论简介

20世纪和21世纪之交，国际上流行CBI教学法，也被称为“内容本位教学”或“依托式外语教学”，即把内容与语言结合起来进行教学。CBI教学法最早是从加拿大沉浸式教学法的成功中获得的启示。通过使用目标来进行某门学科知识的教学。他们称之为“依托课程内容的语言教学法”。结果证明用这种方法学习某门课程时，外语能力提高最快。这种现象得到许多国家的语言学家和外语教育专家的关注，他们也相继开展了实践和实验，结果也出现了很多成功的范例。如Kasper为英语为非本族语的学生开设了一门“多重内容课程”，其中包括二语习得、计算机科学、人类学、生物、心理学这些对专业背景要求不很高的课程。通过对比研究，研究者发现上这些课程的英语班学生在英语水平测试中的成绩远远超过了单纯学习英语的英语班的学生，而且在以后的学科学习上也超过了后者。

二、CBI理论的内涵

CBI理论的核心是：如果语言教学能基于某个学科知识来进行，将外语学习同内容有机地结合起来，教学效率往往会大大提高。Stryker & Leaver（1997）认为当语言教学与学科教学相结合时，当语言作为学习学科知识的媒介时，便产生了最理想的外语或二语学习条件。这是因为，当学生的注意力集中在内容上，把目标语作为工具来探索知识，这时的学习状态最接近于母语学习，因此效率也就越高。即①关注内容可以把形式学习的焦虑感降到最低程度；②内容学习大大增加了可理解的输入量；③它极大地调动了学生学习的兴趣和积极性，学生就学科内容或是感兴趣的话题进行真实且广泛的交流最能促进二语习得；④高层次的认知活动有利于语言水平的进一步提高。

三、CBI的教学模式

根据教学目标的差异，基于 CBI 教学理念的教学模式有多种，常见的有以下四种：

（一）主题模式（theme-based model）

所谓主题教学模式就是将课内课外有机结合起来，将教与学有机结合起来，不分你我，课内课外连成一片。课内从不同侧面围绕一个学生感兴趣的、引人思考的共同主题，把听、说、读、写、译等语言活动有机地结合起来，教学活动包括主题预演、以听和阅读为中心结合辩论、演讲、小短剧、写作文等，旨在激发学生的学习兴趣，培养听、说、读、写、译语言综合应用能力。课外教师指导学生主动阅读、练习听力，主要是教师指导下的学生自动阅读和视听活动，阅读材料和视听材料的教学量是课内的 3 倍以上。

（二）课程模式（sheltered model）

课程模式教学以目标语编写的各类专业课程为教材，学生主要是学习学科知识，同时习得语言能力。教学对象为有学术和科研要求的群体，学生语言能力要求在中等或中等以上，课程由专业教师来担任。

（三）专题模式（special model）

专题模式授课内容与某一行业或专业有密切关系。教学材料来自实际工作岗位或有关学科领域，常用于各种职业或团体的培训，为特殊岗位培养特殊人才。专题模式的教学可以由专业教师主持教学，也可以由语言教师负责。学生通过学习大量的学科内容提高语言运用技能，并学会利用该语言解决专业问题。

（四）辅助模式（adjunct model）

辅助模式又称附加模式，这是一种相对复杂的教学模式，同时开设专业课和语言课。语言为专业课服务，由专业课和语言课教师共同承担该课程，专门为那些主修专业课但在语言方面又跟不上教师讲课的学生开设（这里的语言对于学生来说是外语或二语）。辅助模式的教学评估分为专业和语言两部分。

第三节 需求分析理论

一、需求理论

需求理论是由英国经济学家阿弗里德·马歇尔提出的。所谓需求，是人体对内外环境客观要求的反映，属人体的一种缺欠状态，表现为个体的主观状态和个性倾向性。英语的“需求”，来自古英语 need 的定义，其含义是不佳或贫困的需求。相应的拉丁词是 egestas，但也指的是穷困、贫穷、不佳和缺乏……“需求”一词意味着有三种解释方案：第一是破旧、贫穷、匮乏和有需要的；第二是需求、不足或没有；第三是要求和期望。需求的对象和内容可能是人体生理所需的某种基本物质（如食物），亦可是一些复杂的社会和个体因素（如知识、技能、成就、声望等）。

需求的定义大致可以归纳为以下几类：（1）考夫曼（Rkaufman）认为需求体现出了当前的结果与所期望的结果之间的差距，或者称作距离，或者体现为事物的当前状态和期望达到的状态之间的距离；此外，还有一种观点，认为需求并非是用来测定当前状态与所期望状态之间的差距，而是测定被选择的单体的一种感知的理解。（2）考菲（RT．Coffing）认为需求可以理解成一种个性化的心理体验，是要求测定被选择的个体对“应该是什么”概念化的心理体验。不同的人存在于不同的背景当中，因而会产生差异化的需求。（3）哈莱斯（J．H．Harless）认为需求是一种新的问题的出现，体现为实际情况偏离正常轨道时所引起的某种新的问题。（4）需求是原动力。它代表了体现个体生存和发展要求的一种不平衡反映，以鼓励人们自我发展，消除这种不平衡或紧张。

在教育学的相关文献中，学者们从主体角度出发，将需求从形式上分为社会需求以及个人需求。社会需求，意思是在一定生产力水平的限制之下，在一个特定的历史时期，社会发展对人力资源、物资资源、教育发展速度等需求的总体呈现；而个人需求，意思是指“在一定社会关系的限制之下，个人根据自身所处的政治地位、经济条件、生存环境、社会对人才的需求状况，并配合个人的理想信念，不断完善自我，以期得到一个成功的职业生涯和教育的需求。近年来，“以学生为中心”的教学理念得到了越来越多人的认同。按照笔者的理解，“以学生为中心”的实质是考虑到学生的真实需求，尊重学生的学习个性和特点，培养学生自主学习的能力，而不能庸俗地理解为在课堂上让学生“说了算”，让学生自己去“表演”或“表现自己”。中国传统教育中的所谓“因材施教”，也就是说要根据学习者的实际情况来调整教学目标、设计教学方法等。现在，国外有些外语教学理论提倡“协商式大纲”（negotiated syllabus），就是教师和学生根据外语学习者的客观情况和实际需求双方共同制定学习目标、学习方案、评估方式等。

心理学从人的个体角度出发，将需求认定为人作为个体生存在社会的一种必需。哲学中需求是指生物体、个人、社会团体和整个社会对其存在和发展的客观条件的依赖和需要。马克思主义哲学强调人的需求和动物需求在本质上的不同。认为人的需求建立在劳动的基础上，必须通过劳动创造出物品来满足需求。我们的需求和享受具有社会性质，是以社会的尺度去衡量的。历史唯物主义还认为，有目的性是人活动的基本特征而目的不是主观意志的产物，它根源于客观世界，以客观世界为前提，目的是需求的主观形态，目的就是意识到的需求。所以，需求是驱使人积极行动的最终动因，而唯心主义则否认需求的客观实在性，夸大情欲、愿望、喜好等需求的主观形式，似乎人需求的产生和满足是随心所欲的。旧唯物主义则把人的需求归结为自然需求，并以此去解释社会历史的发展。对于社会学而言，需求是一个人通过一系列的行为所要达到的目标或目的，它对一个人的生存和发展，具有十分重要的意义。人与人是不同的，所以需求也是因人而异的，但是在社会生活中的人们是紧密联系的，个人的需求在一定程度上都会对别人产生影响。另外，人和社会都是不断发展变化的，因而人的需求亦是如此。需求不仅仅是一种目标，更代表着一种行为能力。

从以上几个方面可以看出，哲学和社会学所关注和研究的重点与心理学不同。它们侧重的重点，不仅仅是心理学所关注的人类需求的本质和独特性，而是把他们放在一个不断发展变化、复杂的社会大环境下，一系列个人需求的行为对整个社会发展所产生的影响。

二、学习需求

学生、教师、学者对需要的定义和理解各不相同，并且每个学生对需求的理解程度也不尽一致。那什么是学生的学习需要呢？学习需要分析是指通过系统化的调查研究过程，发现教学中存在的问题，通过分析问题产生的原因确定问题的性质，论证解决该问题的必要性和可行性，以确定优先解决的教学设计课题，分以下四方面：①学生的学习需求和将来对工作的需求；②公众认为的学生在面临未来社会选择和需求时应学的知识；③学生为了一定利益目的，在学习中必须做的工作；④学习者在学的过程中，主观想要得到的东西，从理论上来看，“需求”

的概念，其内涵以及外延的深度和广度可见一斑。将“需求”的研究领域主要放在“学习者在学习过程中，主观想要得到的东西”这一范围，也契合教育要“以学生为本”的根本宗旨。

学习需求作为现实社会和教育体系的客观需要，在学生的观念和头脑中自然地形成了对学习的主观需要。为协调教育过程中的种种矛盾和失衡，满足学生对英语学习的需求，教育者应采取积极手段以推动学生自主学习兴趣，即学习的动机。兴趣，其作为学习动机的先决条件，是渴望获得真理和认识大千世界的丰富心理活动。可见，培养学生学习兴趣，满足学习需求，是促使其学习活动产生动力的根本原因。

三、学习需求分析

在经济界，需求分析被广泛应用，常见在市场分析和消费者的需求分析中，并形成较为成熟的运行模式。在教育领域，虽不乏评估考察，但正规意义上的教育需求分析产生于20世纪中期。需求分析是采集数据进行分类整理的过程，且多数与群体及机构利益相关。另一种说法是，需求分析是在找寻现实与期望之间差距的过程；而哈莱斯的观点则是，需求分析是寻找解决问题的具体方法。总而言之，需求分析涉及材料信息的汇集与分析，是实证调查与诊断的过程，是从过程中寻找差距而解决实际问题的措施。

由上可知，学习需求分析是在教学过程中，通过大量实证分析后，发现问题，从而论证解决问题的调查和研究过程。学习需求分析涉及四个方面的内容：①物质条件，如学习场所、材料、时间等；②心理条件，如教育心理学需求、学习兴趣、动机等；③知识技能条件，如现有知识、学习策略和方法等；④支持条件，如教师、学校等。该项分析的最终目的是找出现实同期望之间的差距，以设计和规划解决方案，实现最终目标。这要求教育工作者，以学生为研究对象，采用正确、科学的方式采集信息，了解学生的学习需求和缺失，以明确教育现状和达成目标间的差距，制定对策，弥补差距，这就是学习需求分析。

在具体施教过程中，教师讲授的内容与学习者需求和兴趣保持一致非常关键，外语学习者最了解自身的需求，知道将来能用所学的外语做什么、什么语言技能最重要。针对学习者需求开设的外语课程更能激励他们学好外语，开发他们自觉学习和使用外语的能力，此外，外语需求分析还可以帮助外语教师了解学习者外语学习中的要求和不足，在教学过程中开展一些有意义的教学活动，让学习者掌握真实生活中所需的语言技能，使整个外语教学活动更具有针对性，更贴近学习者实际需求。

需求分析在外语教学中处于“核心”地位，外语教学过程的每一个环节均离不开外语需求分析的指导。目前，在设置一门外语课程时，需求分析已成为不可缺少的启动步骤。通过需求分析，课程设置者除了能了解外语学习者的学习背景和现有外语水平与希望之间的差距外，还可了解学习者希望通过这门课程学到的内容，掌握的外语技能，从而为外语课程设置的必要性论证提供可靠信息。在论证之后，外语需求分析亦能让课程设置有的放矢地制定教学目标、教学大纲和适时安排教学。

第四节 建构主义理论

建构主义语言学认为，语言存在言语之中，言语就是在特定的语境中为完成交际任务对语言的使用，包括言语活动过程及其产生的话语。实践教学中通过各环节的教学设计，创设生动、仿真、接近实际的商务活动情景，可以有效地激发联想，使学习者能利用自己原有认知结构中的有关知识与经验去同化当前学习到的新知识，赋予新知识以某种意义，为提取长时记忆中的知识、经验与表象创造有利条件。建构主义理论的内容很丰富，但其核心只用一句话就可以概括：以学生为中心，强调学生对知识的主动探索、主动发现和对所学知识意义的主动建构。

根据建构主义理论，学习者不可能独立于客观条件的限制进行学习，学习者的学习建立在自身的经验背景基础之上，并且经历自主选择信息、加工信息和构建信息的过程。因此，教师成为学习者提供便利的认知工具，努力创建真实或逼真的学习情景，建立以学习者为中心的学习环境，从而激励学生自我探寻未知世界。从另一角度讲，教学过程即是在特定的情景下，教师支持学习者获得解决问题的能力发展，创立学习者获取该能力的情境，鼓励学习者对知识体系进行探索，自我建构并且完成实践的过程。

认知主体的认知既是个体内部的建构，同时也是社会建构。知识是具有社会属性的，必然会受到一定社会文化环境的制约。因此，学习是在一定的情境脉络下，知识的社会协商、交互和实践的产物。学习过程的发生、发展是一定意义的社会建构，这些特性必然决定了教学要有助于学习者交流，提倡在真实的情境中通过建立实践共同体达到个人与团队之间观点、经验的交互，进而提升个人的知识理解：重视学习者的社会参与，强调真实的学习活动和情境化的教学内容。

在建构学习理论影响下形成了认知学徒教学模式。认知学徒制是让学生以社会互动的方式参与真实的实践活动，这与已证明比较成功的手艺学徒制有些相似。学徒制是一种“做中学”的最早的形式，这种置于真实情景中的任务提供了学习有组织的和统一的作用和目的。

强调大学生实践教学情境的真实性，让学生介入现实或和接近现实的情形中进修，对培育学生的职业素质，增强学生对职业岗位的熟悉和理解产生很重要的浸染，同时对学生个体职业能力的终身成长也有十分重要的意义。学生在真实的职业情境中，建构常识、能力，易于形成在工作中不懈进修的能力和习惯。

高等教育的性质决定了在现实教学中，教师不单要注重基础知识和专业的传授，更要注重培育学生的工作技能和职业道德素养，因此建构主义理论对高等教育具有重要的指导意义。

第六章 商务英语教学的指导思想

第一节 商务英语的教学目的

商务英语是一种英语与商务学科相符合的专门用途英语。本门课程和国际贸易实务、综合英语、外贸单证、外贸函电、商务英语口语、商务现场口译、电子商务、市场营销等课程紧密相连。商务英语教学打破了以传统学科知识传授为主要特征的课程模式，转变为以工作项目为中心组织课程内容，并让学生在完成具体任务的过程中构建相关理论知识，发展职业能力。因此，商务英语的专业总体培养目标为：为外经贸和涉外企事业单位培养具有开阔的国际视野、扎实的语言基本功、系统的国际商务知识、较强的跨文化交际能力和较高人文素质的应用型商务英语专门人才。在知识结构方面，要求学生掌握英语语言学、文学、文化等人文知识，熟悉经济学、管理学、金融学和国际贸易方面等基础商务理论。在能力方面，注重培养学生的语言应用能力、商务实践能力和跨文化沟通能力。同时通过人文素质教育，提高学生的社会责任感、团队协作精神和道德情操。

一、商务语言基础知识教学

语言基础知识指语音、语法、词汇，包括规则和材料。它们是语言的三个要素，这方面的教学要注意形成一定的知识系统和熟练技巧。

二、英语语言知识与英语运用能力之间的关系

（一）英语与英语国家的文化浅释

文化是一个民族的整体生活方式，是一个民族区别于另一个民族的综合特征，是人类历史发展过程中所创造的物质财富和精神财富的总和。语言是思维范畴诸经验的表现，是从劳动中并和劳动一起产生出来的。由文化和语言的定义不难看出语言和文化的关系：正是由于语言随着人类的发展而发展，与人类的社会实践活动息息相关，语言的产生和发展成了文化产生和发展的关键。语言与文化之间的关系如此密切，外语学习者面临双重学习任务：学习外语和了解相关外国文化。学习外语是首要任务，但不了解相关外国文化则学不好外语。外语又是了

解相关外国文化的手段，不通过外语这一手段，文化教学又无所依附。语言与文化密不可分，外语教学与相关外国文化教学也同样密不可分。美国语言学家Edward Sapir（1884—1939）在《语言论》中指出："语言不能脱离文化而存在，就是说不能脱离社会流传下来的，决定我们生活风貌和信仰的总体。"语言和文化是互相渗透紧密相连的。如果想要学好一种语言，就必定要对使用这种语言国家的文化有一定程度的了解。

（二）商务活动中的中西方文化差异

1. 价值观念的差异

欧洲国家经过14—17世纪的文艺复兴（Renaissance）以及18世纪下半叶的启蒙运动使自由、平等、民主的观念根深蒂固。美国宪法规定：人生来平等，追求个人幸福是天赋权利。个人构成民主社会的基础，社会为个人而存在。而中国几千年的封建社会，使人们形成了社会向来高于个人的价值观念。社会是第一位的，个人的价值体现在对社会的贡献上，"先天下之忧而忧，后天下之乐而乐"正反映出这一价值观念。英美以人为本，中国以社会为本，正因为这一观念上的根本差异，英美人强调个人的独立性，中国人表现出一种趋同性。

2. 习惯礼仪的差异

不同的国家，有着不同的习俗。我们应该学会用英语去谈论一些国家的风俗习惯、礼仪差异、时间观念和饮食文化，学会表达对不同生活习惯的看法。"Thank you"（谢谢你）是一句常用的文明用语，但在中西方不同民族之间存在差异。中国人一般比较含蓄委婉，比如在家庭生活中，很少听到夫妻间直接说"我爱你"或者是"Thank you"（谢谢你），而是用一顿丰盛的饭菜来表示，对那些最亲近的人，不必说"谢谢""别客气"等客套话；而英美家庭却相反，"谢谢""好棒呀""你真细心"等友善词句被不厌其多地使用。在中国对于人们来说，认为应该诚心诚意感谢别人为自己付出劳动和努力时才说"Thank you"，而西方则超出这一范畴。仅举几例，如别人借东西使用，当他还回来的时候说句"Thank you"，这是在中国人认为是理所当然；在西方别人借东西说"Thank you"，因为借东西的人很讲信誉，同时东西又完好无损，主人对此也表示感谢。又如教师讲课，批改作业，学生听课、交作业应说"老师辛苦了"，"Thank you"；而在西方教师对学生说"Thank you"，他们认为学生给老师捧场，耐心听讲是支持老师工作。再如商店售货员给顾客找错了钱、顾客回来找，顾客应该说"Thank you”，尽管不是顾客的错误，他（她）认为给售货员带来了麻烦，而中国则不尽然了。“please”看起来意义单纯，但在不同的场合，有着不同的含义和功能。在中国“请”一是求，二是延聘、邀、约人来等；而在西方“please”通常用来表示客气的提问或请求，但有时也表示客气的命令。此外，英美人对年龄、工资、婚姻等个人隐私问题比较敏感，询问他们这些问题被认为是不礼貌的；而在中国，这些却经常成为百姓日常聊天的主题。

3．审美情趣的差异

由于不同民族审美情趣的差异，因而表达审美功能的语言形式也不同。曾剑平（2002）认为，汉、英语言结构差异表明，在语码转换过程中要做到逐词逐句对应是不可能的，对原语结构进行变通和补偿就成为翻译的必然手段。从语言美学的角度出发，译者必须在原文的框架范围内重新构思，进行再创作。中西方不同的历史传统形成了各具特色的审美习惯。最典型的例子是色彩的象征意义。在英国，紫色象征尊贵，白色象征纯洁，新娘的婚纱是白色，而红色则与风尘女子有关；在中国，黄色是帝王之色，老百姓喜欢大红大绿，新娘子要穿大红的衣服，以示日子红火吉利。如果我们能够了解中国与英语国家之间存在的种种差异，就能在文化交流和日常交往中避免误解，增进相互了解。

4．英语中姓名、数字、颜色同汉语的差异

在英语教学中，教师不但要教授学生语言知识，还要让学生了解文化背景。由于文化背景不同，英美人的衣、食、住、行与我们有很大的差异。熟悉英美文化背景知识，使我们可以从各个侧面了解英美人的生活习惯和风俗习惯，以充实语言文化背景知识，提高英语教学的成效。

学英语要过五关，即听、说、读、写、译。听和读是语言接受技能；说和写是语言生成技能；译则是语言的应用技能。只有达到足够的语言输入量，才能有效地组织学生围绕理解和吸收的信息，开展听说活动。英语教材内容丰富、体裁各异，涉及英美国家生活方式、风俗习惯、文化教育等，为培养学生用英语表达提供了充分的素材。要正确理解和使用英语，必须注意培养学生运用英语思维的习惯，掌握相应的文化认识系统。因此，教师在教学中要引导学生留心积累有关文化背景、社会习俗、生活方式等方面的知识，从而培养学生学会从英语本族人的角度思考、体会，依据不同场景做出正确的反应，提高自身的语用能力，将言语教学和非言语教学结合起来，实现交际目的。由于中西方文化的差异，我们可以很明显地分辨出英语中的姓名、数字、颜色等各方面的含义用法与汉语的区别。

（1）姓名的差异。姓名在人类历史发展的长河中经历了漫长的变迁，也蕴含着丰富的文化意义。探寻中英姓名的差异可以帮助我们了解更多中英两方文化差异。中国人名主要表达精神、意念、道德、情怀、意向、追求等抽象事物；而西方人名的内容更为广泛，侧重于客观、实在、具体的外在事物，多以身份职业相貌气质、以物喻人，从道德情操、性格情怀、生长环境来取名。这是由双方的文化心理和审美观点不同所决定的。他们之间最大取名差异是：英美人先说名，后说姓，姓氏是世代相传的。我国则先说姓后说名。英美人的姓名多由两个部分组成，第一部分在英国叫作 Christian name（教名或洗礼名），在美国叫 first name（第一名或授予名）。英美人的姓名也有由三部分组成的，在姓名中间有一部分叫 middle name，教名或第一名是受法律承认的正式姓名，中间名是非常爱孩子的父母或亲属把自己的名字直接取给孩子的。女子结婚后要随夫姓。例如，Alace Brown 和男子 Tohnson 结婚，那么这个女子的姓名叫 Mrs Alace Tohnson。在中国儿子从不沿用长辈的名字，按照氏族家谱中的“字”来排辈分，如果用了长辈的名或字则是不尊敬，甚至犯忌，而在美国人们不认为是犯忌，却引以为豪。石油大王洛克菲勒，总统富兰克林、罗斯福他们的儿子都取了与自己相同的名字，为了区别常冠以“小”字（Jr），如 Roosevelt Jr.

（2）数字的差异。英美国家在数字上有许多禁忌（taboo）。一般英美国家都极端厌恶“13”这个数字，在任何场合都会极力避开它。这源于《最后的晚餐》，耶稣和弟子们一起吃晚饭，第 13 个人是弟子犹大（Judas），他为贪图三十块银币，将耶稣（Jesus Christ）出卖了，耶稣被钉在了十字架上。这个故事流传很广，影响极深，西方人憎恶犹大，把“13”这个数字当作“不幸的象征”。亚当（Adam）和夏娃（Eve）偷吃禁果也是在 13 号那天。西方人也忌讳星期五，耶稣被钉死在十字架上是星期五，亚当夏娃偷吃禁果也在星期五。在中国“三”和“七”，具有浓厚的神秘色彩。这两个数字在中国哲学、政治、军事、宗教以及世俗生活中有多种含义。民俗文化中对“三与七”既崇拜又禁忌。“三”在《史记·律书》中云：“数始于一，终于十，成于三。”《老子》名言：“一生二，二生三，三生万物。”它们是构成道家哲学思想体系的重要范畴，并非是一般数字。《春秋·繁露·官制象天》记载：“王者制官，三公，九卿，二十七大夫，八十一元士，凡百二十人，而列臣备矣。”人们把三称为“魔术数字”“公式数字”“模式数字”。“七”，人们对它既崇拜又禁忌。“七”在甲骨文金文中作“十”用，即二维空间表示三维空间，它就成了宇宙数，表示无限大。所以都很崇拜“七”。古希腊神话中说上帝用七天时间创造自然界和人类，按 1、2、3、4、5、6、7 这一自然顺序（natural order）分别创造了鸡、狗、羊、猪、牛、马、人。神圣的第七位数的安息日这一天创造了万物之灵长——人。中国古代官方施行一周休息制度，现在七天一周制度是从西方引进的。人生于七日、死以七祭是佛教传入中国后形成的习俗（custom），道教有所谓“七报、七伤、七魄”，炼丹术中有“七返灵砂”，汉族地区佛塔多为七级。“三”和“七”有着深沉的文化蕴含（deep cultural connotation）。近几年在商业界中用一些与汉语谐音的数字，如“888”（发发发）、“777”（起起起）等表示吉利（good luck），表现出了人们的文化心态。

（3）颜色的差异。英美国家的人们在结婚时喜欢穿白色（white），认为纯洁（purity）、洁白如玉；绿色（green）与草地树木相联系，具有不成熟的含义；红色（red）表示精力充沛（vigorous），但如果说“I see red in one’s eyes”，那就是发脾气（lose one’s temper），火暴如牛；黄色（yellow）给人以乐观（optimistic）向上的含义；蓝色（blue）与英国皇家相联系，具有庄严（solemn）肃穆之义。在漫长的中国封建社会里，颜色迷信始终是一种非常突出的文化现象。其表现主要在两方面：一是在五行学说的影响下，五色（青、赤、白、黑、黄）成为天意或天德的象征，因而也成为国祚或国运的象征；二是从维持封建等级制度的需要出发，把颜色作为区分社会等级的手段，从而使颜色逐步具有尊卑高下的文化特征。在中国的传统文化中，颜色的生成具有神秘主义的意味和丰富的文化内涵，又表现出沉重、严肃、等级分明，但在民俗民情中成为一种永久性（persistent）的文化现象，表现为一种心理功能。红色（red）是民俗文化中的基本崇尚色，象征着富贵、吉祥、喜庆。在结婚时多穿红色，象征着火红和热烈。白色（white）是民俗文化的基本禁忌色，与死亡联系在一起，认为是不吉利。黄色（yellow）为封建帝王所专用，它在民俗活动中极少表现，它具有温暖、成熟、华贵之义。黄色在中国文化中不用来象征色情，现在通行的“黄色”观念，实际上是从美国引入的。黑色（black）的象征意义较为复杂，一方面它由古代吉色转化为象征严肃、忠厚、正直，一方面用来表示令人不愉快和做不正大光明的事情。

在中国传统文化中，封建制度中的颜色迷信已随封建制度本身一起消亡。而民俗中的颜色迷信却在继续发展和丰富，成为一种久远性文化现象。

从以上的差异中，可以看到语言是由各民族文化决定的。文化传统是某个民族独有的约定俗成的风俗习惯，不能用一种文化的风俗习惯去套用另一种文化，应尊重不同民族的文化。掌握或加以区别文化差异，才能提高民族语言的文明程度，培养每个人的语言修养。文化是物质文化和精神文化的结合，英国学者培根说：知识就是力量。读史使人明智，哲学使人思考，文学使人想象，数学使人周密，科学使人深刻，伦理使人庄重，逻辑与修辞使人善辩。培根的这一名言，对文化有所裨益。课堂教学中学习中西方文化的差异将有利于扩大学生的知识面与文化视野，有利于提高学生的文化素质与思想素质，使学生的思维能力得到多方面的锻炼。同时可以丰富人们的精神世界，对了解中华民族传统文化与吸收外来文化是有益的。

（三）语言运用与文化取向的关联

1．跨文化商务交际能力的培养与商务英语教学的融合

在非英语语境中，选用英语原版教材，使语言、文化、商务规则相互融洽。学生在学习商务英语这门课程时不仅要掌握孤立的语法规律、词汇或句型的使用，而且要求获取更具时效性的跨文化商务交际的工具。因此采取将学生跨文化商务交际能力的培养融入每一节商务英语教学中是十分有必要的，当然遵循行之有效的教学原则是成功融合的必经之路。

（1）实战性原则。众所周知，商务英语是一门集语言与专业知识于一体的学科，非常重视实际的应用。现阶段我国各英语专业虽然都开设有口语课，并且通常是外教任教，但题材也常常局限于一些生活用语，与商务联系不大，对学生实际运作能力的培养更是几乎没有，不能将英语学习置于真实的商务场景中，在一定程度上直接导致了商务英语专业毕业的学生很难达到预期的教学目标。实战性原则要求导入的文化内容与学生所学的语言内容密切相关。那些课堂上教授的商务文化知识，在学生同以英语为母语的使用者进行商务交往时，应起到其交际辅助桥梁作用，而不是孤立的、枯燥的教说。

（2）特色性原则。当前我国商务英语教学，在一定程度上仍普遍存在着质量低、无特色的缺点。国内对学生、教师的评价体系还处于“应试”教育阶段，缺乏对学生个人及学习效果全面、科学、客观、公正的评价标准，结果造成了大学英语教学以研究考题为教学主体，以考试为教学目的，从而直接生成了为考而教、为考而学的应试教育，这必将会在一定程度上阻碍循证教学法的实施，从而阻碍了学生英语实践运用能力的提高。学生为挣学分而学习，为考试而看书的现象还很普遍。这种模式是无法培养出适应国际竞争的人才的。在全球经济一体化时代，仅仅掌握书本知识是远远不够的，我们更需要的是应用，是创造。

2．形成商务语用能力是商务英语知识学习的终极目的

学习英语知识是为培养学生的语言运用能力服务的，提高学生的综合英语运用能力，使他们将来能够在工作、生活中利用英语获取信息、进行交流、陶冶性情，掌握英语这一交际工具是他们学习英语的最终目标，也是学习英语知识的终

极目的。

因此，商务英语的教与学应该在这四个方面全面发展和提高学生的素养，而不能局限于我们传统的教学重点，即语言知识和语言技能。语言知识和语言技能是综合运用语言能力的基础，且一直被广大师生所重视。重视语言知识和语言技能无疑是正确的，但不够全面。基础教育的任务是为学生全面发展和终身发展奠定基础，因此，仅有语言知识和语言技能不能满足学生全面发展和终身发展所需的外语素质需求，我们还需要在情感态度、学习策略和文化意识等方面对学生进行教育和培养。

学习策略是提高学习效率、发展自主学习能力的先决条件。帮助学生学会制定适合自己的学习策略，不但能帮助他们提高学习效率，而且能帮助他们树立自主学习的意识，养成自主学习的习惯，从而发展他们的自主学习能力。同时，在制定、调整自己的学习策略和规划学习的过程中，他们逐步学会规划自己的生活与人生。

第二节 商务英语教学中的语言观

英语教学的内容是一种语言，如何教语言必然涉及人们对人类语言和语言活动本质的认识，即人们的语言观，它直接影响到具体教学原则的制定、教学方法的设计等。英语语言运用能力涵盖多方面。综合语言运用能力的形成建立在语言技能、语言知识、情感态度、学习策略和文化意识等素养综合发展的基础上。

一、商务英语语体分析

商务英语是在国际商务活动中使用的语言。所用词语要保证其国际通用性，为双方所接受，词语选择要规范和正式，不能过于口语化，过于非正式。因此，应使用正式规范的表达方式，如 on the grounds that，with reference to，in the event / case of，in the nature of，for the purpose of 等，而不用过于简单化、口语化的某些介词和副词，如 because，about，if，like，for 等；应使用一些正式的动词，如 continue，supplement 等，而不用口语中常常使用的动词或短语，如 go on，add to 等。

语体关注的不是在某种场合人们典型地“说什么”或“写什么”，而是关注人们“怎样说”或“怎样写”，即人们在某种场合典型地选择哪些语言成分。商务英语是指人们在商务背景下所使用的英语，它并非是一种特殊的语言。它只是人们在商务活动这一特殊领域中，在商务活动的性质、内容、形式以及规范等因素的影响与约束下，在语言结构的使用与词汇选择方面具有了较强的倾向性和限制性。这些语言结构倾向性与词汇局限性形成了数量相当的商务英语固定表达模式，从而使商务英语具有了鲜明的语体色彩。

二、商务英语语体分析的方法依据

在商务英语教学中，学生首先应当了解和掌握的是商务英语语体的一般特征，这是学习商务英语的基础。相对于一般社交语体，商务英语语体通常比较正式，尤其是在书面语当中。判断一种语言的语体特征，靠的是语体成分的辨识。在语言使用中，不同的语言成分（有的意义相同或相近，有的并不相同），经过领域、格调、方式这三个方面语境的过滤，传递着相同的信息，这些语言成分被称之为同义成分，它们之间的区别仅在于它们各自的语体色彩。这些具有“同义性”的同义词语是构成“语体成分”的基础。因此，要了解一种语言的语体特征，就是要尽可能地揭示各种各样的语体成分。英语语言中，句子的长短，从句的使用数量，省略句的使用数量，短语的使用数量，正式与非正式词语的使用数量都能成为语体成分。我们只有在商务英语中找出尽可能多的语体成分，将其进行比较与分析，才能充分说明其语体差别的语言实质。此外，值得注意的是，英语语言使用中，不仅不同“意义”的词语能传递相同的“信息”，相同“意义”的词语也能传递不同的“信息”。因此，揭示语体成分既是“揭示跨语言层次的同义词和结构”，也是“揭示语言使用中经过推理所得出的同义词语和结构”。鉴于语体成分是以语言层次分析所得出的结构特征（表现于语音、语法、词汇的一些特征）为依据的，那么商务英语的语体分析也应从语言层次着手。

总体说来，商务英语与普通英语或共核英语相比，在语音方面没有什么特殊性，但是在语法结构表达式上有较强的倾向性，在词汇运用方面有较明显的局限性，呈现了较强的语体特征。这些特征可以被概括为三点，即正式性、专业性和程式性。在商务英语的语法结构和使用词汇范围两个方面有许多相关语体成分展现，通过对这些语体成分的收集与分析，可以清楚地描述商务英语的正式性、专业性与程式性语体特征。

三、语法结构层面的分析

首先，从语法结构来看，商务英语具有很强的正式性语体特征，这和科技语体与公文语体有着许多相似之处。具体特征如下：

（一）句式完整，结构复杂

商务英语文本中的句式比较完整，变化较少，完全句多，省略句少；长句多，短句少。多使用符号、公式和通用的缩略语。这些都是正式文体的特征。由于商务英语主要用于传递商务信息、陈述商务事实，既然是涉及商业金融要务，语言自然应该端庄得体，叙述也应全面严谨，富有逻辑性。所以在商务英语中，主从复合句、同位语、插入语的使用率也比较高。一些可以表示逻辑关系有助于叙述、归纳和概括的词，如 accordingly，however，on the contrary，consequently 等经常会被用到。此外，商务英语文本不大需要激发读者的感情，因此基本上不使用感叹句、反问句等，也很少使用夸张、拟人、借代、比喻等修辞手法。

（二）结构严谨，信息丰富

商务英语文本具有结构严谨，信息丰富的特征。为了追求信息量的丰富，常用简单的缩略语来表达复杂或专业性的内容，句子中也常出现动词非谓语形式（现在分词，过去分词，动名词和不定式）的使用。但独立结构却较少使用。例如，There are several items of commission not yet paid. 有几笔佣金尚未付清。

（三）句式格式化

商务英语文本中，有许多已形成了固定格式的句型，这些句型不是语法结构意义上的唯一选择，但却是不可更改的表达式，常被用来表达专业内容。这些约定俗成的格式也形成了商务英语的一大特点。

例 1：Welcome to our hotel（restaurant，shop）.

译文：欢迎到我们宾馆（餐厅、商店）来。

例 2： I hope you will enjoy your stay with us.

译文：希望您在我们宾馆过得愉快。（客人刚入店时）

例 3：I hope you are enjoying your stay with us.

译文：希望您在我们宾馆过得愉快。（客人在饭店逗留期间）

例 4：I hope you have enjoyed your stay with us.

译文：希望您在我们宾馆过得愉快。（客人离店时）

例 5：With reference to our order for…, we are pleased to advise that, after the contract is signed, we shall open with the Bank of China here a confirmed irrevocable letter of credit at sight in your favor, negotiable against your documentary draft at sight drawn on us. The L / C will reach you not later than one month before the stipulated time of shipment.

译文：关于我方洽购之事，现通知如下：合同订立之后，我方将委托此间中国银行开出保兑的不可撤销即期信用证，凭贵方即期跟单汇票议付。该信用证将不迟于规定装运期前一个月到达贵方。

在上述例句中，with reference to 是一个常用固定开头语，而随后的有关信用证及其支付方式的一切描述，其中包括保兑的（confirmed），不可撤销的（irrevocable），即期的（at sight），跟单的（against documentary），议付的（negotiable），由中国银行开出的（open with Bank of China）等诸多说明语的排列也有一个固定结构，如果使用其他的语序来表述就缺乏规范性。

四、词汇层面的分析

商务英语属于专门用途英语范畴，它有一个独特的语域。首先，要弄清楚语域的概念，它不同于方言：方言是根据使用者本人运用语言时的特征区分的；语域是根据语言使用者在运用语言时所要求完成的功能来定义的，所以当我们把语域与标准语言的规范比较一下，便可发现许多偏离现象。最明显的是在使用领域中的专门词汇相当多。此外，商务英语使用的词汇也常常属于正式类别。具体从词汇使用选择方面来看，商务英语具有以下语体特征：专业性与次专业性词汇丰富。商务英语是在商务背景下所使用的英语，其涉及面很广，包括经济、贸易、保险、运输等诸多方面。因此，商务英语中包含了许多专业术语则是必然的。就词义而言，专业词语的意义是相当狭窄的，比如 insurance（保险），carton（纸板箱），transit（运输），consignment（货物）等词汇，词义单一，在句子中的意思很明白，易于理解。而次专业词汇则不然。所谓次专业词汇，指的是那些在不同的场合与不同的专业中，有着不同意义的词。这些为人熟知的词汇，在商务英语中却有着独特的内涵。比如 order 指“订单”，而不是“命令”。offer 是“报盘”，意指向潜在的买家报出货物的规格、价格及运输条件等信息而不仅仅是“提供”的意思。

我们知道，根据商务英语的用途来看，商务英语是专门用途英语的重要分支，具有实用性、专业性和目的性的特点，为广大从事国际商务活动的人所认同和接受。因为商务英语有其自身的语言独特性，在其词汇使用上表现尤为突出，主要表现出专业性、时代性、交叉性、简洁性等特征。翻译商务英语词汇时，应从套语翻译、词类转换、被动语态、文化差异等方面考虑。要准确娴熟地掌握和运用商务英语，除了具备扎实的英语基础知识外，还应该从语言的特殊角度，了解商务英语的词汇特征，不断实践和总结商务英语的翻译方法，学习相关商务知识，熟悉商务活动中各环节的操作流程，关注国际经济发展动态及各国文化差异。

总而言之，属于专门用途英语范畴的商务英语具有鲜明的语体特征。了解商务英语的语体特征，正确发挥它的语言功能，准确把握它的语域偏离范围，是学习商务英语的一个重要方面。同时，对于教师来说，也应该明白教语言的真正目的是训练学生讲语言的能力而不是谈论语言的能力。这很清楚地表明了语言教学的主要目的，即训练学生们在使用外语时的交际能力，而不是让学生了解语言是如何组织起来的。在商务英语教学中，始终应该贯彻活学活用的原则，应该教专业的语言，学地道的行话，练得体的表达，这才是最重要的。

第三节　商务英语教学中的商务观

商务英语主要是英语语言教学和商科专业知识教学二者的结合，涉及营销学、经济学、金融学、会计学和管理学等许多边缘学科的知识。商务活动涉及对外贸易、技术引进、招商引资、对外劳务承包、商务谈判、经贸合同、银行托收、国际支付与结算、涉外保险、海外投资、国际运输等范围。为了准确描述商务活动的各个环节以及与此相关的各类单据、协议和合同，商务英语中必然使用表意清楚的专业术语。所以在我们的商务英语教学过程中课程的教学是培养学生商务观的主要途径。

一、商务英语教学的课程要求

商务英语教学的课程设置应包括商务专业课程，英语课程及文化课程。由于商务英语的教学不仅仅是语言及专业的问题，还应考虑到对学生商务文化意识的渗透，因此学生首先要学好英美国家的文化，包括它们的政治、经济、历史、教育体制、宗教习俗、风俗习惯等。本课程着重对学生进行商务英语知识的训练和应用，培养口笔表达能力、涉外交际能力，使学生通过反复训练，养成用英语思维和语言表达的能力。

二、商务英语的教学思想

（1）基本理论，包括一般语言观、商务观、人文观及相应的规律、模式、原理。

（2）基本知识，基本理论的应用，包括商务英语的教学方法、方式，各种类型的教学手段、技术的运用和使用，以及有关的道理和说明等。

（3）基本实践，指初步把商务英语教学基本理论和基本知识应用于商务职场教学中的尝试。主要形式是情景模拟、表演、讨论、电脑操作等。

（4）基本操作，指商务英语教学中的技艺性或技术性的活动。如教学中每个项目中的具体任务的整体设计和构思等。

（5）专业思想。商务英语教学内容涵盖面宽泛，它包括人力资源、企业管理、市场营销、金融、国际贸易等各个领域的内容，掌握这些知识的深浅度以及所学知识需要的思想修养、文化修养等。

三、商务英语教学中的课程内容

在以学习者为中心的专门用途英语教学中，课程总的目的是满足学习者的两种主要需求——语言学习者的需求和语言使用者的需求。关于商务英语教学中的课程内容，因为全国对商务英语的学科地位和商务英语的人才培养模式还没有一个完全统一的定论，所以不同学校根据自己对商务英语的理解以及自己的教师资源情况，存在着各自为政的局面，下面仅以浙江金融职业学院《商务英语》这门课程的设计为例来说明商务英语教学中的商务观，具体如下：

（1）授课对象：商务英语专业学生。

（2）课程类型：商务英语专业的核心课程。

（3）课程性质：商务英语是高校商务英语专业学生的职业必修课程。

本课程的目的在于使学生通过商务英语的学习和实践以获得从事各种商务活动的知识，它包括人力资源、企业管理、企业文化、商业道德、商业环境、电子商务、市场营销、广告、金融、投资、银行业、国际贸易、保险物流、商务策略等各个领域的内容，培养学生的交际能力和处理经贸实务问题的能力，以适应社会对外贸从业人员的素质要求，寻求语言能力的培养和商务英语知识学习的最佳结合点，将语言知识、交际技能、文化背景知识和商务知识融为一体。具体涉及以下几个方面：使学生掌握基本的商务英语知识和实践技能；使学生具有一定的表达和交际能力；培养学生的英语思辨能力和商务涉外能力，为学生营造各种话语环境，使他们能够把所学的知识运用于各种日常交际活动和商务活动中。

（4）课程目标。

①课程总体目标：为外经贸和涉外企事业单位培养具有开阔的国际视野、扎实的语言基本功、系统的商务知识、较强的跨文化交际能力和较高的人文素质的应用型商务英语专门人才。在知识结构方面，要求学生熟悉商务概论、市场营销、人力资源、企业管理、物流和国际贸易方面等基础商务理论。在能力方面，注重培养学生的语言应用能力、商务实践能力和跨文化沟通能力；同时提高学生的社会责任感、团队协作精神和道德情操。

②理论目标：通过本课程的学习，掌握西方经济学、国际商法、管理学、人力资源、物流、国际贸易、国际金融、跨文化交际等方面基础商务理论。能运用商务和跨文化知识，从事各种商务工作。

③实践技能目标：能用英语和所学的商务知识进行对外沟通和交流，能参与各种商务会议和讨论，从事各种商务活动。

④素质目标：提高学生的社会责任感、团队协作精神和道德情操。坚持以人为本、全面实施素质教育是教育改革发展的战略主题。对高等教育来说，核心是解决好培养什么样的人、怎样培养人的问题，目标是培养全面发展的社会主义建设者和接班人，重点是提高学生的社会责任感、创新精神和实践能力，推进思路是坚持德育为先、能力为重、全面发展。

（5）课程功能：本课程的功能在于使学生通过商务英语的学习和实践以获得从事各种商务活动的知识，寻求语言能力的培养和商务英语知识学习的最佳结合点，将语言知识、交际技能、文化背景知识和商务知识融为一体。

（6）课程特色：以专业为依托，体现学生未来职业特点；依托学生所学专业，淡化语言自身体系，拓展学生的英语职业能力，突出专业性。

（7）课程设计理念：本课程的设计核心理念是构建“以工作过程为导向的项目化教学的任务驱动课程模式”，围绕这一中心，重点做好以下几个方面的设计：

①课程设计指向实际工作过程需要而不是学科系统。教学内容的选取主要来自企业单位的外贸工作、涉外文秘工作、宾馆旅游工作和企业管理、人力资源等实际内容和工作过程、工作步骤、工作方法的知识为主。

②以实践作为课程教学的主线，通过实践带动知识与技能的学习、提高学生的社会责任感、团队协作精神和道德情操以及职业态度的养成。教学体系完全打

破原有课程单元体系，按照教学项目安排，项目的设计以商务英语的外贸工作流程核心为载体。

③作为商务英语课程，实训中没有可以操作的设备，工学结合很难实施，所以在教学过程中采用情景模拟方式，进行角色表演，完成虚拟工作任务。

④全部教学按照项目下的任务进行，一个完整的项目通常包括几个任务。每个任务中又包括：工作任务书、学习指导书、教材与教案、课外补充相关专业阅读资料、课内外作业、任务完成与学习评价等。

（8）课程设计思路：课程设计应遵循以下思路进行：课程所对应的项目中的任务—任务中的职业能力分析—创设分解具体的工作任务—情境岗位角色表演—配置学习资源—完成教学工作任务—总结评价—巩固提高（课程综合实训）—实际应用（顶岗实习）。

（9）本课程与其他课程之间的关系。

①本课程与《商务英语听力》、《商务口语》、《商务写作》、《商务英语翻译》、《商务英语阅读》、《求职英语》互相依存、互相补充，缺一不可，本课程重在突出专业性。

②与其他课程前后衔接的逻辑关系处理得当。本课程在第三学期开设较好，建议开设一个学年，共 134 个学时，内容为学生所学的专业英语，培养学生的职业英语应用能力。前面已经开设的商务英语课程有：《英语精读》（已经结束）、《商务英语听力》和《商务口语》（继续开设）、《商务写作》（已经结束），为学生综合专业知识的学习打下一定的基础；平行课程应该有《商务英语翻译》《商务英语听力》和《商务口语》；后续课程应有《高级英语视听说》和《求职英语》。本课程主要是对学生职业能力培养和职业素养养成起提升作用，与学生原有英语基础课程和专业课程以及后续专业课程衔接得当。课程内容适合高职学生英语认知发展顺序，同时符合职业岗位需求。

（10）采用的教学方法。俗话说："教学有法，教无定法。"这句话首先告诉教师在教学上是有法可循的，其次也告诉教师在教学上是没有固定不变的方法的。所以教师在教学过程中要遵循教育教学规律，根据不同的教学内容，针对不同的教学对象，采用不同的教学方法。教师在教学方法的选取上也不要因循守旧，要大胆改革不断创新。

第四节 商务英语教学中的方法观

结构与功能的论战以和局淡出之后，外语教学理论的研究转向了模式、任务、活动等中观、微观方面。20世纪90年代过去了一半时间后，并未产生什么令人激动的新观点或理论体系，但是研究面拓宽了。

关于方法的概念是什么的问题，胡春洞认为(1996)：方法是法则，是系统，是组织，是变化。胡春洞关于方法的观点也适合于商务英语教学。教学有法，教无定法，贵在得法。也就是说，只要合乎教学的客观规律性，就是教学得法。商务英语教学运用的是多元综合法，而多元综合法是把各个教学法之长归纳为一个方法体系，所以商务英语教学法具有体系性，同时也是商务英语教学的法则。

商务英语教学法的系统性完全符合系统论研究的范畴。因为商务英语教学是开放性的，系统内部具有多层次的特点，把各个子系统的平衡，如语言知识、商务专业知识、实践技能和人文素质教育等的平衡，作为重要的方法措施。其中也包括教学反馈和控制。也就是说，在方法是系统的概念中，商务英语教学是现代方法论的系统论和信息论等综合应用的场所。

组织是一个重要的方法概念。有组织才有效率。组织既是对人而言，也是对物而言，当然也包括对具体方法的组织，这点尤为重要。因为具体的方法是有限的，而各种方法的组织搭配几乎是无限的。有如下棋，棋子和棋盘上的路数有限，但其搭配走法可说是无限的。比如，我们在进行商务英语教学中，可同时应用很多种方法，也就是这些种方法的综合搭配。

第五节 商务英语教学中的人文观

一、人才培养模式的合理构建

在制定人才培养模式时，要体现鲜明的时代性、区域性和层次性。首先，商务英语专业人才培养模式的建构，必须以社会需求为前提，以就业为导向，了解行业的人才结构现状、人才需求状况、岗位对知识能力的要求和学生就业去向等，注重培养人才的实用性和创新性。其次，商务英语专业人才培养模式的建构，必须结合区域经济发展趋势，掌握因为区域经济、社会发展给商务英语专业人才需求可能带来的变化；结合区域经济特点，科学地进行人才预测，为专业建设和改革提供方向。最后，商务英语专业人才培养模式的建构，必须考虑到高校自身学生的能力层次。根据学生的能力水平制定相应的人才培养模式，不能一味照搬其他院校商务英语专业的已有模式。

二、商务英语专业人才的培养目标

商务英语专业人才的培养目标是为外经贸和涉外企事业单位培养具有开阔的国际视野、扎实的语言基本功、系统的国际商务知识、较强的跨文化交际能力和较高的人文素质的应用型商务英语专门人才。在知识结构方面，要求学生掌握英语语言学、文学、文化等人文知识，熟悉经济学、管理学、金融学和国际贸易方面等基础商务理论。在能力方面，注重培养学生的语言应用能力、商务实践能力和跨文化沟通能力。同时通过人文素质教育，提高学生的社会责任感、团队协作精神和道德情操。

就商务英语专业而言，除了语言、商务的知识和能力要求之外，人文素质教育应该注重培养学生的人文意识，遵循人文方法，扩大人文知识，增强人文才能，提高人文素养，促使他们在跨文化交际的活动中，秉承人文精神，彰显出文明、科学、爱国、求真的健康品格和蓬勃向上的精神风貌。

三、商务英语教学中的人文观的意义

（一）建设人文环境的意义

苏霍姆林斯基说：“在学校走廊的墙壁上、在教室里、在活动室里——经常看到的一切，对于精神面貌的形成具有重大意义。”校园里的一幅图画、一句名言、一个独特的装饰，一切文化设施都应向学生展示着真善美的内涵，体现其育人的功能。高等学校要着力营造人文氛围，培育和建设人文环境，这对于注重实用性和应用性的商务英语专业来说尤其重要。人文环境取决于学校管理者、教师和学生的认识与投入。管理者要树立人文与科学素质教育同等重要的办学理念，通过各种文化、学术活动，培育人文性校园文化。教师与学生通过互动的教学活动，活跃课堂的人文气息，唤起学生的人文意识，为人文素质教育创造条件。

（二）具备人文意识的意义

人文意识是人文素质教育的先导，只有具备较强的人文意识，才能主动接受人文素质教育，因此高等学校要有组织、有目的地开展各种活动，提高和强化人文意识。人文意识表现在感性和理性两个层面，前者表现在个体的为人处世方面，理解、尊重、关心和爱护别人。后者表现出对人类的忧患意识和终极关怀。就商务英语专业而言，就是“知彼知己”的文化意识，主动了解、辨析、体察中国和英语国家之间的文化差异性，增强对文化冲突的心理预期，培养处理文化差异的灵活性。

（三）学会人文方法的意义

人文方法是具有个体性特征的方法。商务英语教学方法不是固定的，而应该结合教师和学生的特色形成的方法。商务英语教师在教学过程中要充分认识到学生的个体性和差异性，采取因材施教的教学方法。人文方法表明了人文思想是如何产生和形成的。学会用人文的方法思考和解决问题，是人文素质的一个重要方面。与科学方法强调精确性和普遍适用性不同，人文方法重在定性，强调体验，且与特定的文化相联系。获取不同的人文知识需用不同的人文方法。教师不仅要传授学生人文知识，更重要的是要传授获得各种知识的人文方法。

（四）掌握人文知识的意义

人文知识有助于修养人文精神，但不等于人文精神，人文精神乃是一种付诸实践，以人为关注点的理念，其基本特点是立足于现实生活，放眼人和社会的未来发展。人文知识是提高人文素质的基础。人文知识有广义与狭义之分。广义的人文知识是人文科学知识的总和。狭义的人文知识就是中国和英语国家人文科学的基本知识。商务英语专业的学生要熟悉中国的哲学、历史、文学、艺术、伦理学和宗教学等文化传统和现代知识，能够在跨文化交流中传播和弘扬中国的传统文化。同时，熟悉英语国家人文科学发展的重大成就，尤其是它们的历史、地理、文学、哲学、艺术等方面的知识，在相互交流中取长补短、共同进步。人文知识是转化人文才能的前提和基础。

（五）提升人文能力的意义

人文能力是人文素质教育的关键和目标之一。它主要指利用所学的人文知识解决实际问题的能力，即“盘活”所学的人文知识，有效开展跨文化交际的能力。通过阅读人文经典，提高自己的形象思维能力、批判赏析能力、分析与综合、抽象与概括、多角度分析问题的思辨能力。通过参加人文实践活动，培养创新思维，并在发现问题、分析问题和解决难题的过程中发展创新能力。人文能力还包括具有较强的汉语口头和书面表达能力，熟练掌握中英文各种应用文的写作。

（六）提倡人文精神的意义

人文精神是一种人类的自我关怀，具体表现在对人的尊严的维护，对个人价值的追求，对命运的关切，对人类文化遗产的珍视，对理想人格的肯定和塑造。人文精神是人文素养的集中体现。培养和提倡人文精神，就是要有正确的人文理念，树立正确的价值和意义体系，塑造文明、开放、民主、科学、进步的民族精神。将人文精神内化成正确的世界观、人生观和价值观，同时外化成爱国主义、集体主义、求真务实和勇于创新的实际行动。人文精神既抽象又具体，贯穿于人文素质教育的始终。

（七）培养人文素质的意义

人文素质是指通过学习人文知识、掌握人文方法、处理人文事务和人文关系而内化成的持久的以人为本的精神和品质。人文素质和科学素质兼备是对现代人才的要求。除了身体和心理素质、思想道德素质、业务素质之外，大学生应该注重人文素质的培养，通过阅读人文经典、参加各种人文活动，提高自己的想象力、批判思维能力和创新能力。对于教师而言，应该通过改进教学内容和方法，帮助学生透过表象的语言符号，看到语篇框架支撑下隐含的丰厚的文化信息，体验其中意味深远的人文意义。

（八）人文素质教育体系组成要素的相互关系

人文环境是条件，人文意识是先导，人文方法是手段，人文知识是基础，人文才能是关键，人文素养是目的，人文精神是核心，它们之间相互作用和对立统一的关系，共同构成了人文素质教育的体系。

四、商务英语教学中人文素质教育的途径

（一）以人文教育为突破口

许多专家认为，教学改革的当务之急是要改变现在的课程设置和考试办法，不要让孩子只知道“头悬梁，锥刺股，死读书，读死书”。他们指出，教育改革的关键在于使全社会认识到，学生教育的目的不只是让学生掌握必要的知识，更应该提高学生整体素质，特别是他们对于人生意义和社会责任这些根本的问题要有比较深入的思考。学校要在这些方面深入研究，选择合适的内容和方式引导和帮助学生形成正确的观点。如果学校只强调知识教育而忽视了人生课程的引导，那么培养出来的只是一批文字或者数字机器，而不是准备进入社会的预备人才。培养具有文化修养、基本综合能力较强的复合型人才，应将人文素质教育置于基础性、先导性的突出位置，多元化地开展人文教育，以课程设置为依托，以课外文化为辅助。

首先，建立人文教育培养模式，改革人文教育教学方法，拟订教学计划，开设人文课程，举办文学、心理学等方面的人文素质系列讲座，拓宽学生的人文科学知识面。通过建立多元化的人文素质教育模式，使学生具备职业基本素质。同时，人文类课程的教学应重新审视传统教学方法，明确确立学生在教学活动中的主体地位，尊重学生的自主精神和选择性要求，发挥学生的主观能动性。其次，在教学过程中，大力推行以学生为教育主体的讨论式教学、辩论式教学、启发式教学、直观形象教学等多元教学方法，帮助学生将人文知识内化为人文素质。同时，教师要善于发掘各学科中真善美的内涵，以此作为人文教育的素材，使人文素质教育贯穿于整个教育教学过程中。

（二）以加强校园文化建设为载体

随着高校教育改革的不断深化与发展，高校校园文化的组织形式将会发生极大的变化，特别是随着网络的普及，大学生了解社会的渠道、参与社会的机会都会大大增加，客观上为校园文化建设带来了新的机遇，同时也带来了新的挑战。校园环境是学校精神文明建设的窗口，是人文精神的体现，对学生全面素质的提高有着潜移默化的作用。通过加强文化创造和文化引导，优化教学环境，完善教学管理，丰富校园生活，从而创造和形成积极向上、健康有益的文化氛围，促进学生在良好的文化熏陶中健康成长，培养学生正确的人生观和价值观，提高学生的

人文素养，促进学生实践能力和创新精神等基本能力的发展。

丰富的校园文化活动是拓宽学生专业知识面的有效途径，对于培养学生正确的审美理想、健康的审美情趣，提高对美的感受力、鉴赏力、表现力和创造力有着重要作用，是加强人文素质教育，提高学生基本能力的重要手段。

人文素质对于丰富学生的哲学思维、形象思维，进而提高创造力有着重要作用，对于提高学生的公共道德素质、职业道德素质、身心素质等起着关键性的作用。人文素质教育能培养具有高尚道德情操与人格修养、健康心理性格与价值取向、敏捷思维方式与处世能力等基本素质，以及作为一个现代职业人必须具备的包括语言表达能力、文字表达能力以及社会责任感、诚信度等职业基本能力的商务英语专业人才。

第六节 对商务英语教学方法的全面思考

所谓教学方法，概括地说，就是经过人工设计的为实现某种教学目的而进行知识传授和技能训练的途径和方式。人们学习语言，是为了获得目的语的语言能力和语言交际能力。因此，进行语言教学，要把帮助学生获得语言能力和语言交际能力作为直接的教学目的。

商务英语教学在我国的快速发展是伴随着改革开放而起步的。20 世纪 80 年代，由于沿海各大城市乃至内陆地区外经贸业务的快速发展，对会英语、懂商务的人才提供了客观需求，推动了商务英语教学的快速发展。各高等院校应时而动，纷纷设立商务英语课程或专业。20 世纪 90 年代，商务英语教学进入全面发展阶段，开设的范围扩大，形式变得多样，由原来有商务基础优势的院校扩展到职业院校、私立学校和中外合作办学的院校，教学内容也随之拓宽。在生源争夺战中，为吸引优质考生报考本院校，存在不顾本校师资及硬件设备欠缺的情况增加诸如国际金融、国际贸易实务、营销英语、单证与报关、旅游英语、饭店英语等所谓热门课程的现象。进入 21 世纪，商务英语的发展进入积极提升阶段，主要表现为理论研究、学术层次开始提高，教学者不止停留在教书阶段，而是开始审视教学模式等。

商务英语作为ESP的分支，从ESP作为学科正式确立开始算起不过几十年，而这方面的实践活动已进行了近五百年。早期的商务英语与当时各国间商务活动的主要形式密切相连，以进出口贸易特别是港口贸易为主要内容。早期的商务英语学习书籍只是英语与其他语言（尤其是法语）的对照手册。第一本这样的手册约在1483年由威廉·克斯顿（William Caxton）在他威斯敏斯特的印刷厂里印刷成册。早期的商务英语教学虽然不够系统、弊端颇多，但的确缓解了当时贸易各方克服语言障碍的需求，并为其学科的建立在实践上奠定了基础，一些好的方法贯彻至今。但要真正成为一门学科，它还缺乏最为重要的理论基础。

现代意义上的专门用途英语产生于20世纪60年代后期。而为了克服英国和欧洲各国贸易活动中的语言障碍所编写的商务用途英语学习书籍早在15世纪末就已经出现；在中国，近代的商务英语教学可分为早期语言接触时的洋泾浜英语教学和语言交流成熟时期的标准英语的商务用途教学两个阶段。这些具有重要意义的教材读物的出现和教学活动的开展，对其学科形成具有不可忽略的实践意义。

商务英语教学的构建原则应遵循的是：教学资源立体化、教学任务项目化、教学内容模块化、教学方式情境化、教学手段多样化。

一、正确处理语言知识、商务知识和中西方文化差异的关系

商务英语语言的学习和使用离不开商务专业知识和中西方文化差异，三者密不可分。广东外语外贸大学1989年成立了广州外国语学院国际贸易系（现广东外语外贸大学国际商务管理学院商务英语系），在全国率先推出英语+商务倾向的办学方案，将英语专业的传统专业课程改为商务课程，采用浸润式教学法用英语教授商务知识。商务英语课程内容涵盖面太广，主要涉及商务知识领域，因此商务英语应以英语语言为基础，以商科知识为依托，以行业需求为背景，以工作任务为导向，适合职场需求，把学生毕业后在公司里面不同的岗位上工作所能涉及的商务知识及其运用确定为一条主线，同时穿插一些英美习俗和文化，调动激发学生的学习积极性。商务英语虽然强调专业知识的重要性，但同时也要注重语言的重要性。商务英语专业的学生学习英语的主要目的是使用英语去从事各自的业务活动，在职场、社交、贸易、文化交流活动中，所涉及的涉外活动首先是口头活动，其次是业务中需要处理的商务文件，如商务广告和业务单据等。听、说、读、写、译等基本语言技能，使学生掌握较强的语言沟通能力，以教学计划、教学大纲和教材为基本素材，对学生进行专业指导。

二、正确处理专业理论知识和语言知识的关系

商务英语的理论知识，主要是学习相关的商科知识，即经济学的基本原理和

基本知识、国际贸易操作流程、企业管理知识、人力资源内容、市场营销、物流等，在以往的教学中都是只重视学习语言，虽然是商务英语专业，但是大多数商务英语教师的水平仍然停留在语言层面上，课程设置在“语言＋专业（汉语）”这个简单的模式上，语言和商务知识没有融合在一起。语言知识的教学要为专业知识的学习打下坚实基础，并且服从商务技能培养的需要，为商务言语技能的发展服务。在教授理论知识的过程中提高语言应用能力，在学习语言的过程中掌握专业知识。也就是说，语言知识教学和专业理论知识的学习是通过使用、练习、实践而得到统一的。

语言教学服务于商务专业知识的学习。所以，要学习掌握好商务英语专业词汇，这是商务英语教学成功的保证。

三、准确定位培养模式

基于语言经济学的商务英语教育研究旨在研究社会经济发展对商务英语人才的动态需求、商务英语的经济价值与商务英语教育发展之间的相关性及其存在的客观原因与本质特征，进而将这种相关性用于探讨商务英语教育发展的相关问题。关于商务英语培养模式的构建，要树立“能力本位”人才观和“零距离”上岗“质量观”，优化商务英语专业人才培养模式，通过市场调研定位培养目标，按照工作岗位群进行细分，然后确立培养模式，进行实践教学。有关专家提出要树立“宽、厚、活三维能力”模式，即“宽”基础能力、“厚”专业能力、“活”岗位群适应能力的三维能力模式。这种模式要求学生具有丰富的英语知识、熟练的商务专业知识和广博的人文知识。在语言方面要求学生具有扎实的英语听、说、读、写、译的基本功，表达能力强；在专业方面要拓宽口径，夯实基础，不断加大专业知识的教学力度和范围，在语言技能课中通过语言的学习获得商务知识，在商务专业知识学习中强化语言技能，并结合中西方文化差异进行实践技能的培养和应用，突出该专业“英语语言教学＋专业知识教学（商科知识教学）＋商务技能操作教学（商务实践教学）＋人文素质教育教学”的复合型人才培养特色，增强适应未来岗位群的柔性化特征，根据社会劳动力市场的变化，在一定时期内调整专业课程和内容，增强毕业生的择业能力和就业竞争能力。

商务英语教学首先是语言教学，所以它具备语言教学应有的规律。这些规律有的是全局性的，有的是局部性的。在商务英语教学指导思想中需要有商务英语教育哲学思想作为统帅。哲学上关于理论与实践的统一、感性与理性的统一、矛盾的普遍性与特殊性的统一、对立统一、由量变到质变等基本观点和法则都适用于商务英语教学。哲学完全应该成为认识商务英语教学规律的重要武器。对商务英语的哲学教育学思想至今无人问津，对此研究的领域还是一片空白。但对于商务英语教学，无论在理论上还是在实践上都是不断发展的，商务英语的哲学教育学思想也应该随着商务英语理论教学和实践教学的发展而发展，树立科学对待商务英语教学的指导思想和哲学思想的态度。

第七章 商务英语教学的现状思考

第一节 商务英语课程设置中存在的问题及改进措施

课程设置是指开设的教学科目及先后顺序和教学时数的安排。以往，人们把“课程设置”仅仅理解为学科课程的开设，这是不够全面的。课程设置主要规定课程类型和课程门类的设立，及其在各年级的安排顺序和学时分配，并简要规定各类各科课程的学习目标、学习内容和学习要求。课程设置主要包括：合理的课程结构和课程内容。合理的课程结构指各门课程之间的结构合理，包括开设的课程合理，课程开设的先后顺序合理，各课程之间衔接有序，能使学生通过课程的学习与训练，获得某一专业所具备的知识与能力。合理的课程内容指课程的内容安排符合知识论的规律，课程的内容能够反映学科的主要知识、主要的方法论及时代发展的要求与前沿。课程设置必须符合培养目标的要求，它是一定学校的培养目标在一定学校课程计划中的集中表现。

一、课程标准

英语课程标准是指导英语课程的纲领性文件。英语课程标准从语言的本质、语言学习的意义及语言教学观等角度对英语课程进行了重新认识。同时，英语课程标准还从课程性质、课程任务、课程设计、课程结构、课程内容、教学方式及教材与评价等方面进行了规定和建议。因此，英语课程评价体系的建立不仅需要应用语言学、语言教育及语言理论等相关理论知识，而且需要对英语课程的性质、英语课程理念及英语课程所要达到的目标有一个全面的认识。

二、商务英语课程设置存在的问题

（一）商务英语专业定位与市场需求脱节

随着全球经济一体化趋势的发展，全球性、开放性、大商务的格局日益形成。国内外商务合作与业务往来也日益频繁，对复合型商务人才的需求日益增多。据专家预测，未来几年我国外贸人才缺口至少有百万，对商务人才的需求将以每年

36 万人的数字增加。然而在庞大的缺口下，用人单位表示，在各院校的商务英语的毕业生中，既有英语应用能力又具有商务操作能力的复合型人才却很难求。各个高校的商务英语课程的定位由于沿袭了学科本位的“唯学”型的课程模式，使其课程体系实际上是本科的“压缩”，只注重高等教育中的学科性、系统性，而忽略了商务英语教育的职业性的本质，从而导致人才培养与市场需求严重脱节。

（二）商务英语课程设置不合理，课程体系构建不合理

很多人认为，商务英语课程体系的构建应该强调语言，在这种理念的驱使下，英语的课程设置不合理，只注重语言基础的学习，而忽视了与专业课程的联合学习，与商务专业相关的课程开设过少，教学模式传统化，考试方法陈旧单一。无法从多方面考察学生的综合素质。无法进行全方位的体系评价。课程体系结构按“语言”和“商务”两条线进行简单的组合，理论性课程与实践性课程、语言类课程与商务类课程结合衔接不够，职业技能与职业态度、情感的综合程度低，语言应用能力培养与商务技能的训练与现实职业岗位结合不紧，导致了毕业生的英语能力一般，商务知识和技能薄弱。

（三）教学资源分配不合理

现有的商务英语专业教学资源没有合理、充分利用起来，专业必修课和专业选修课在学时分配上不够合理，专业必修课和选修课相互影响、重复建设，既不能确保必修课的教学效果，又不能提高选修课的内容质量。同时没有更新完善各学科教学内容，没有从提高商务英语人才综合素质和能力出发，没有吸收和引进各学科尤其是商务英语专业的新知识、新理论、新动向，结果没有使学生的认知内容和水平紧跟时代步伐，不能为服务社会经济发展打下基础。

（四）现行商务英语课程设置的四个缺陷

（1）课程的局限性和不系统性。课程内容往往与学生的生活实际相脱离；在教学中容易忽视学生的兴趣及学生全面发展的价值；可能会压抑学生在教学过程中的主动性和积极性。因而需要少设商务方面的课程，其结果是学生所学商务知识不够系统，毕业后可塑性和竞争能力不强。

（2）课程的残缺性和重复性。层次较高的商务英语课程，因课时所限，缺

乏前期相应的知识储备做基础，学生对英语授课的接受存在困难，根本达不到商务英语课程大纲对人才培养的要求。由于各课程界限模糊，相同内容在不同课程中重复出现的情况屡见不鲜，如信用证部分，外贸函电、国际贸易实务和单证与报关都有讲述。

（3）课程设置不是基于社会需求，而是基于本校的历史、基础或教师资源。这样会出现同称商务英语，有的学校侧重于外贸，有的学校侧重于国际经济法，有的侧重于金融等，这些现象都背离了商务英语学科的实质要求。

（4）专业实训在摸索中无所适从。实训是高校人才培养中不可或缺的部分，有助于学生在较短的时间内把书本知识与实际操作有机结合起来。但很大一部分院校在实训项目的内容选择及实施办法上缺乏科学有效的机制。

总之，这些模式在执行人才培养目标时还存在着一定的差距。现行的商务英语课程体系，无论是高职院校还是本科院校，从课程设置、教材选择、教学环节到教学方法基本都存在一定的缺陷，未形成具有高职院校特色或本科院校特色的课程体系。要么课程体系的综合性和职业性不够明显，没有积极推行能力本位的培养模式，对适应社会职业结构动态变化要求不够，职业迁移能力不足，适应性差；要么文化素质有明显缺陷，体系庞大，难以平衡各个课程模块，学生的发展能力和人际交往能力不能得到提升。

三、商务英语课程设置中存在问题的改进措施

（一）构建合理的商务英语课程体系

根据社会需求调研分析，职业导向性是商务英语课程的显著特征之一，学校充分认识到高等教育的目的主要是为了学生更好地就业，所设课程紧紧把握就业市场的需要，几乎没有一门课程是无用的，如果毕业生的就业率低，这个学校的生源和发展就会有问题。商务英语是“英语语言教学+专业知识教学（商科知识教学）+商务技能操作教学（商务实践教学）+人文素质教育教学”的综合。该模式以“重视基础，拓宽口径，强化实践，提高素质”为原则和提高教学质量为核心，任何一个因素都不可偏废。该模式改造了“老三段”课程设置，课程体系构架要体现“工作过程导向”的原则，课程设置要从涉外行业的“大商务领域”的相关岗位群或职业分析入手，围绕学生的发展与自我发展、培养与自我培养展开再塑过程，确定人才所应具有的关键技术、技能、职业素质，并据此设计所需的教学内容，按职业岗位对知识和能力的要求来推进课程及教学体系改革，适应

就业市场的实际需要，突出素质教育和应用能力的主线，使学生在语言技能培训中获得商务知识，在商务专业知识学习中强化语言技能，侧重培养学生的创业能力、就业竞争能力、技术应用能力和创新能力，增强学生分析问题和解决问题的能力，提升实际工作能力，把学生培养成为能力强、素质高的技术应用型、复合型专门人才，从而凸显该专业复合型人才的培养特色。

（二）提高商务英语课程设置综合化、整合化程度

高等教育活动中，课程是培养高级专门人才的基本单位与直接载体，因此，课程的质量和效用的提高是学校教育教学质量提升的核心。本章将利用课程设置过程模式理论，以上海对外经贸大学中英合作商务英语专业为研究个案，探讨其商务英语双语课程群的设置。商务英语专业的课程设置应该从培养学生的职业迁移能力出发，无论是本科院校还是高职院校，都应该以培养 21 世纪国际通用型商务英语人才为目的。商务英语课程设置是一项复杂的系统工程，完成这项系统工程，需要充分考虑社会需求和人才培养目标，认真分析和研究已有的课程设置模式，运用科学的设计原理和方法，处理和解决好现实中的矛盾，使高校商务英语的课程设置真正体现鲜明的职业特色，在实践中进一步探索与完善。

一是改变课程过于注重知识传授的倾向，强调形成积极主动的学习态度，使获得基础知识与基本技能的过程同时成为学生学会学习和形成正确价值观的过程。

二是改变商务英语课程开发的理论“一张皮”、实践“一张皮”的现象；改变课程实施过于强调接受学习、机械训练的现状，倡导学生主动参与、乐于探究、勤于动手，培养学生收集和处理信息的能力、获取新知识的能力、分析和解决问题的能力以及交流与合作的能力。

三是改变课程内容“难、繁、偏、旧”和过于注重书本知识的现状，加强课程内容与学生生活以及现代社会和科技发展的联系（情景性学习），关注学生的学习兴趣和经验，精选终身学习必备的基础知识和技能。

四是改变课程体系结构基本按语言和商务两条线进行简单组合的现象，改变课程结构过于强调学科本位、缺乏整合的现状，以适应不同地区和学生发展的需求，体现课程结构的均衡性、综合性和选择性。

五是改变理论课程与实践性课程、语言类课程与商务类课程有机结合和有效衔接不够的现象；改变职业技能与职业态度、情感的综合程度不高的现象。

六是改变语言应用能力培养与商务技能训练和现实职业岗位结合不紧的现

象，提高毕业生的英语运用能力、商务知识和商务技能，改变课程评价过分强调甄别与选拔的功能，发挥评价促进学生发展、教师提高和改进教学实践的功能。

（三）创新教学模式

教学模式可以定义为，是在一定教学思想或教学理论指导下，建立起来的较为稳定的教学活动结构框架和活动程序。作为结构框架，突出了教学模式从宏观上把握教学活动整体及各要素之间内部的关系和功能。作为活动程序则突出了教学模式的有序性和可操作性。传统的课程设置和课堂教学只注重知识的传授，而不注重学生思维的发展和实践能力的培养，更忽略了创新能力的教育。这样的知识教育越精深，学生思想就越呆板，潜在的好奇心、兴趣、创造欲望就越受到限制。商务英语教学更强调学生英语运用能力与实际工作中的动手和创新能力的培养。商务英语教学首先要打破教师一言堂的教学模式，应该灵活运用诸如情景设置法、问答法、任务教学法、交际教学法、公司模拟法、案例教学法、内容教学法、交际法、游戏教学法等教学方法，激发学生的学习兴趣，开发他们的创造性思维，使他们养成独立思考、独立解决问题的习惯，树立必要的信心去面对社会对自己的选择。此外，在授课时，老师还可充分利用丰富的网络资源，吸收国内外最新商务资料，制作多媒体课件，编写配套习题，建设商务英语课程的网络学习平台。教师在指导学生利用丰富的网络教学资源的基础上培养学生自主学习的能力，激发学生的学习兴趣。

（四）合理分配教学资源

合理、充分利用现有的商务英语专业课教学资源，合理分配专业必修课和专业选修课的学时，避免专业必修课和选修课相互影响、重复建设，确保必修课的教学效果，提高选修课的内容质量。同时更新和完善各学科教学内容，提高商务英语人才综合素质和能力，吸收和引进商务英语专业新知识、新理论、新动向，使学生的认知内容和水平紧跟时代步伐，为服务社会经济发展打下基础。

（五）解决现行商务英语课程设置存在问题需要处理好的几种关系

关于解决现行商务英语课程设置存在问题需要处理好的几种关系，决策者在进行商务英语课程设置时，往往更多地考虑以往课程设置内容和现有教师情况，对社会需求进行全面调查的较少。许多课程设置者为了省事而又能快速地完成任务，往往照抄以前或者别校课程设置的模本，由于以往课程设置和内容的滞后，使他们对本课程涉及的专题知识也知之甚少。真正的课程设置是一件艰辛的工作，需要处理好以下几种问题和关系。

（1）配备好对工作认真负责的课程设置团队，明确分工，相互合作。主要的工作有：收集整理近两三年本校毕业生的就业单位和工作方向；走访、调查和网上收集当年商务英语专业招聘单位的需求情况和预测需求发展趋势；整理数据，分析研究数据得出社会需求情况；借鉴前沿研究成果、本校和别校课程设置内容，进行新的商务英语课程设置。

（2）处理好社会需求和课程体系完整性之间的关系。课程要以社会需求为依据，以就业为导向，以培养高素质的人才为目标，建立突出高校特色的商务英语课程体系。过分强调学科的完整性会减少对学生具体专业技能的培养，同样，过于突出某一具体专业知识或技能也可能破坏学科的完整性。商务英语涉及的内容非常广，学生不可能全面掌握。没有一定的基础知识很难培养出具体的实用技能。这就要求我们在设置课程时既要考虑到学科的完整性，又要照顾到市场所需求的具体知识和技能。通过对商务英语专业学生需要掌握的整体知识和能力构成的分析，确定公共课模块培养学生健康的生理和心理素质，培养学生高尚的情操；专业基础课模块培养学生的英语语言能力和素质，使学生听、说、读、写、译各项能力得到全面发展；专业技能课模块培养学生的商务知识和技能；专业选修课模块巩固和拓展专业知识和技能，拓宽知识面，提高学生的综合素质；技能实训模块强化和巩固学生的英语、商务能力和操作能力，为学生就业实现“零”对接。这种模块式的课程设置框架既突出了社会需求导向，又兼顾了对学生各种素质和能力的培养，如思想道德素质、英语语言素质、商务能力和实践能力等，是一个比较完整的商务英语课程体系。只有构建课程体系，不断更新课程内容，改进教学方法，改革教学手段与模式，建立课程的评价、激励与质量监控体系，建立与教育人才培养目标相一致、适应社会需求的课程体系，才能确保人才培养目标的实现。

（3）处理好英语基本技能与商务理论知识、实践技能之间的关系。商务英语教学，既要培养普通英语技能，即听、说、读、写、译的基本语言技能，又要传授商务知识和技能，涉及贸易、管理、法律、金融、会计等众多方面。

长期以来，课程设置者对于两者之间的关系的认识一直存在分歧。部分人认为学生在学习专业英语之前必须用大量的时间来学好基础英语，持此种观点设计出来的商务课程往往是上面所提到的第一种模式，即“英语+商务知识”模式，基础英语课时占绝对优势，听、说、读、写、译体系完整，科目清晰，但商务知识零散而不系统；另外部分课程设置者认为，语言训练应贯穿于不同形式的教学活动，如通过模拟市场调研、产品研发、市场营销、售后服务等寻找交易伙伴，进行交易谈判，撰写往来信函，将商务基础知识和基本技能融入低年级语言技能课的教学中，同时适当地介绍商务专业词汇、术语及商务英语表达方式的内容。目前我国高校商务英语专业的必修课程中，除了英语语言技能课占相当大比重外，还有许多人文学科的内容，而商务专业课比例偏低。建议商务英语专业从偏重语言学习转向专注于商务专业学习，增加更多更新的专业课程，并可考虑将低年级的“基础英语”课程以“商务专业词汇＋语言知识技能”培训代替，使学生在有限的学习时间里，尽量多地接触商务知识，从而切实提高学生的商务英语运用能力。

（4）处理好课程体系需要与现有师资力量之间的关系。商务英语是基础英语和商务知识技能的结合，其宗旨是“以培养学生职业素质为核心，以培养学生英语交际能力和商务操作能力为目标”，通过课程的合理整合，优化整体的课程体系设计与课程改革的指导思想，构建了公共课、专业基础课、专业技能课、专业选修课和技能实训课五大模块的课程体系。这一课程体系充分体现了商务英语“语言＋专业”的培养目标。好的专业课程体系需要有一个好的实施环境，这就需要科学的质量评价方法，主要目的是加强教师自我管理，提高教师自我控制质量的能力。确立课程体系后，再来安置现有的师资力量，按照教师的研究方向、专业基础和兴趣爱好来进行量才选用。对于多余的基础英语教师和短缺商务英语教师通过培训和进修来进行转向，当然有条件的院校也可通过从国外聘请外籍教师和进行合作办学等途径来解决短缺问题。不能根据教师的有无来决定商务英语课程体系，构建一个将英语语言和相关专业知识有效对接的平台，为商务英语教学培养紧缺的师资是促进商务英语专业发展的必由之路。

第二节　商务英语实践教学中存在的问题及改进措施

一、实践教学

（一）理论知识和实践教学

1. 理论知识

（1）理论知识的内涵。理论知识是指从科学的体系中汲取出来的知识，不仅是关于现象本身的知识，而且是关于各种现象的本质的相互联系的知识，是关于自然界、社会生活、个别人的存在中起统治作用的规律性知识。

理论知识与实践活动是相互依存又相互影响的，首先理论知识来源于实践活动，是对实践活动的总结和升华，它又反作用于实践，是对实践活动的升华和认识，理论高度大于实践，它能指导实践活动的有序进行。理论知识是人类对实践活动的认识，自然也有正确和错误之分。

（2）理论知识在学术文献中的解释。

①理论知识是指专业或行业所对应的岗位及岗位群所需要的理论与知识，包括基础性知识、专业及相关专业知识、社会经济法律知识等。

②所谓理论知识主要是指马克思主义的基本理论知识和良好的专业知识。另外在新的形势下还特别要学习和掌握市场经济方面的知识。

③所谓理论知识是指知识的基本结构和基本原理。语言学科综合性的特点决定了它不可能创造出像理科教材那样根据定律、定理形成的脉络清楚、逻辑严密的知识结构体系。

2. 实践教学

加强实践教学是学生全面发展的需要，也是学生主动发展的需要。实践教学由于具有鲜明的实践性和自主性，在教学活动中重视学生的主体作用，重视让学生亲自去体验、去感受、去发现、去创造，并从中获得乐趣、获得信心、获得成功、受到教育，这是培养学生自主学习能力和自我发展能力的重要途径。

（二）商务英语实践教学的必要性

外商投资的扩大和以出口为导向的外向型经济的增长，在客观上需要大批既具有听、说、读、写、译综合英语语言运用能力，又具备基本的国际商务知识和一定的商务业务技能的应用型人才。人才培养方案强调商务英语沟通能力和商务操作能力并重，体现实际、实践、实用的特点，理论与实践相结合的原则，以及人才可持续发展的要求。

商务英语专业应适应社会经济发展的需要，在商务英语专业建设指导委员会的指导下，合理科学设置课程并按照职业能力要求确定学生的能力结构，注重实践教学，旨在培养德、智、体、美全面发展，具有较强的英语语言交际能力、掌握商务及外贸运作活动中所必需的基本知识、基本技能，适应商务、外贸工作第一线需要的高素质技能型专门人才。即商务英语专业学生要以英语为基础，以商务为背景，以实践为支撑，打造有知识、有技能、有素质的人才。“有知识”，即知识扎实，包括文化知识、英语知识和商务知识；“有技能”，即语言技能和商务技能娴熟，语言技能包括听、说、读、写、译技能，商务技能包括国际贸易、商务文秘、商务翻译等；“有素质”，即文化素质、职业素质和涉外素质高，文化素质包括文学艺术修养和人文科学素养等，职业素质包括职业道德、团队精神和敬业精神等，涉外素质包括商务礼仪、不卑不亢的文明礼貌素质等。商务英语专业特色体现在“英语”与“商务”的有机结合。学生对语言学习和商务知识掌握、商务技能的培养，必须融合和衔接相关知识，促进各项技能协调发展。

随着高等技术教育的蓬勃发展，传统单一的教学已经不能适应新形势下高校商务英语发展的要求，改变传统的单一的教学方法，综合运用多种教学方法，在现代教育理念指导下，使学生养成自主学习的习惯，把学生培养成自主研究型人才，探索以行业操作规范为标准、以产学结合为要求、以订单式培养为途径、以职业岗位需求为依据的工学实践模式的建立，旨在促进高校学生综合素质、能力和知识结构全面发展。商务英语课外实践活动使学生参与建构一种自觉的、积极的、提升了的、高尚的、真实的教学生活；使学生真正地走出课堂去参与商务流程活动，增强实践能力，做到工作与学习相结合，为毕业后走向工作岗位打下坚实基础。因此，商务英语实践教学的必要性主要包括以下几个方面。

（1）实现商务英语专业人才培养目标的需要。德、智、体、美全面发展的高技术应用型人才应在具有必备的基础理论知识和专门知识的基础上，重点掌握从事本专业领域实际工作的基本能力和基本技能；具备较快适应生产、建设、管理、服务第一线岗位需要的实际工作能力；具有良好的职业道德和敬业精神。剖析商务英语专业的人才培养目标，要想成为一个合格的应用型人才，必须明晰这一专业课程的专业能力，进行企业调研。深入了解商务实务中包括项目策划、运作和管理在内的实践模式，尝试建立一种以项目设计为实训的主要形式，以市场和职场为实验室的商务英语实训模式。

（2）实现商务英语专业人才实践能力提高的需要。教学可分为理论教学和实践教学。实践教学要改变过去依附理论教学的状况，探索建立相对独立的教学体系，并应在教学计划中占有较大比重。商务英语实践教学旨在真正提高学生用英语参与商务交流的能力。完整的商务英语教学体系，包括课程设置的理念、基本原则、教学目标和内容及系统的课程设置都必须围绕能力培养这个重心。

（3）实现商务英语专业人才教学质量提高的需要。实践教学环节的效果如何，对提高教学质量有着至关重要的作用。制订教学计划时要做到理论与实践、知识传授与能力培养相结合，能力培养要贯穿教学全过程。

（4）实现商务英语专业人才理论与实践相结合的需要。理论联系实践的原则，把教学理论和教学实践看作获得知识、技能和技巧系统中的一个统一的、不可分割的整体。这项原则对于高等学校有着十分重要的意义。培养高级专门人才如果没有理论与实践的高度结合，是不可想象的。理论和实践的联系不仅把学生的理论基础和实践能力结合起来，而且其中的每一方面都会得到加强。在学习教学计划中各门学科时，学生的专业定向问题也是高等学校的重要课题。

（三）商务英语实践教学的模式

1. 校企合作办学

通常所表述的企业是一个相对模糊的概念，包括央企、一般企业、开发区（具有政府的背景）、行业协会、商会、培训机构、具有投资能力或具有较大社会影响的个人，或某些具有投资或调动资源能力的机构。校企合作办学是职业教育改革的重要方向，也是大力发展职业教育的必然要求。《国务院关于大力发展职业教育的决定》明确提出："进一步建立和完善适应社会主义市场经济体制，满足人民群众终身学习需要，与市场需求和劳动就业紧密结合，校企合作、工学结合，结构合理、形式多样，灵活开放、自主发展，有中国特色的现代职业教育体系"；要"依靠行业企业发展职业教育，推动职业院校与企业的密切结合"。

（1）以行业为龙头，确定合作对象。开展校企合作办学，将有利于学生更深入第一生产现场，全面提高技能素质，使企业的技术优势和学校的教研能力充分结合，从而形成人才培养的良性循环，真正实现技能人才培养的实用性和针对性的目标。

校企联合共建实习、实训基地的模式：一是由合作企业设计建设方案，并向高校提供仪器、设备和技术支持，建立校内"教学型"实习、实训基地。二是企业也可根据自身条件和实际需要，在厂区车间内设立"生产与教学合一型"校外实习、实训基地。

（2）以订单为指向，明确合作内容。建立"契约式"合作关系，保障校企合作健康发展。目前，相当一部分学校与企业的合作往往都是通过口头协议达成的，具有相当大的弹性，对双方均无约束力。借鉴开展"订单式"培养的经验，提出了建立"契约式"校企合作办学的要求。"契约式"校企合作就是校企双方通过签订契约，建立一种紧密型的校企共同参与教育的形式。通过签订"契约"，以确保校企双方合作目标具有稳定性，体现着眼于双方的长远利益；合作内容具有确定性，体现在专业培养目标和设置方面。

（3）以实践为目标，设置课程体系。加强专业的实践教学建设，实现培训功效的“三合一”（校内外实训基地与教室合一，学生与学徒合一，教师与师傅合一）；强化示范辐射带动功能，促进当地产业结构的调整及经济社会的发展。

（4）以行业准入为基石，设计考核方式。从高技能人才质量标准的岗位专业能力、岗位迁移能力和可持续发展能力三个维度进行分析，同时注重教育质量评价主体的多元性。主要针对学生的实训实习，考评的主要内容包括职业技能和职业道德、学生实习报告以及教师跟踪报告。

2. 订单式人才培养

所谓“订单式”人才培养模式，就是企业根据其对未来不同规格人才需求的情况，与有关院校签订培养协议（订单），然后由学校按照学校的教学计划和用人单位提出的人才规格和数量要求进行培养，并在师资、技术、办学条件等方面合作，通过工学交替的方式分别在学校和用人单位进行教学，学生毕业后直接到用人单位就业的一种人才培养模式。

总之，无论是本科商务英语教学还是高职商务英语教学，实践教学都应该放在首位，这是由商务英语专业自身的学科特点和教学内容决定的，如果只有理论教学，而忽视了实践教学，那商务英语教学只不过是纸上谈兵。所以在教学过程中，课程设计者和专业任课教师首先都必须转变教学理念，并在具体的商务英语教学中切实落到实处。

二、商务英语实践教学中存在的问题

相对于理论教学而言，实践教学是教学过程中最薄弱的环节。近年来多数高校在商务英语教学中也开始尝试开展各种实践教学模式，但在操作中还存在一些问题。

（1）对实践教学重要性认识不足。对实践教学的重要性认识上存在着许多教师重视理论教学，而轻视实践操作技能提高的问题。这缘于从前只强调理论教学而教师习惯于进行理论教学，现在强调实践教学，很多教师还不能一下子适应过来，在理念上还需要转变，教师们需要时间养成在进行理论教学的过程中思考实践教学问题的习惯，并把二者有机地结合起来。加强对实践教学的重要性认识，目前的关键是提高学校领导的认识。只有各级领导真正认识到了实践教学的重要意义，才能够在思想动员、资源配置、制度设计、政策保障等方面对实践教学改革的开展予以全方位的保障，也才能够真正将实践教学改革落到实处。

（2）实践教学目标不明确，缺乏行业针对性。商务英语教学并未很好地针对商务英语学生今后工作地的经济发展和涉外行业特点。在各个院校，实践教学的“教”与“学”长期以来是脱节的。衡量教学效果的标准是课程考试的通过率、外销员资格考试成绩和剑桥商务英语等证书的考试成绩等。没有让学生一开始接触到的实践就是将来要用的；没有通过递进式的训练让学生学到专业技能；实训重点、难点、时间安排不够合理，考核方式和手段也单一，教学效果很难达到要求，没有具备一定的可持续发展能力以适应岗位需求的变化。

（3）实践教学内容零散，实践教学体系不完善。各位教师根据自己对不同课程教学要求的理解，自行设计实践教学环节，各自为政。这样的实践教学只能训练学生的单项技能，局限性较大。特别是一些专业课程实训缺乏连贯性和整体性，学生学习后很难将相关的业务流程整体把握，达不到本专业培养目标中“综合技能”培养的目标。这样使得实践环节薄弱，实践教学体系混乱，实践教学实效差。

（4）实践教学中的实训教材匮乏。实训教材包括实训教学大纲、实训指导书、实训教学文字教材、实训教学软件、实训教学音像教材和CAI课件等。但一直以来，多数教材重理论、轻实践，商务英语专业只有单一的专业理论教材，而没有与之相配套的专业实训教材，实训指导书过于简单或过于形式，没有发挥指导的作用；实训教学软件还不多，无法满足众多实训课程的需要；实训手册目前还是个空白，等等。配套实训教材的不足致使模拟实验难，社会调查杂，毕业实习乱。

（5）实践教学组织管理不完善。实践教学的组织管理存在着实践教学管理制度不够完善，教学质量评价体系不明确，组织管理跟不上，实训教学质量难以保证的问题。据不完全统计，相当数量的高校在实践教学的组织管理上存在着制度条理性不强，内容不健全，责任没有完全到位，没有制定出相应的阶段性的评价体系等问题。

（6）实践教学考核办法不规范。实践教学的考核存在着没有建立规范性实践教学的考核办法，没有明确规定出具体可行的各个不同阶段的考核办法，对实践教学的要求远没有对理论教学要求严格的问题。比如，理论教学要求有教学大纲、整体教学设计、单元教学设计、授课计划、教案、教师之间对教学的互评等，而实践教学却只有部分要求，甚至有的学校没有任何要求。一方面，理顺实践教学体制，将实践教学条件建设与实践教学紧密结合起来，实现建设与管理、实践教学与改革、学科竞赛与创新实践活动的有机统一。另一方面，强化实践教学运行机制，进一步建立岗位责任制，不断完善实践教学管理规章制度建设，逐步健全实践教学质量监控制度，全面加强对实践教学环节的检查力度。

由于各方面的因素，特别是在商务操作实践教学过程中，难以做到以学生为主体，学生操作能力训练效果不佳。甚至有些关键的实践项目仅停留在“认识状态”，而没有上升到真正意义上的“应用掌握”。

三、商务英语实践教学中存在问题的改进措施

（一）完善实践教学体系

由于缺乏对商务英语人才能力培养目标、核心技能要求的全面认识，目前的实践教学环节之间脱节，内容零散。因此有必要将局部、零散的实践环节系统化、完整化、综合化。实训课程的考核要坚持实用性、系统性的原则，学校学习与岗位学习紧密结合。学生实际应用商务英语的能力与岗位能力零差距；创设“工学结合、做学合一”的仿真式商务职场情境，使学校学习与职场学习紧密结合，在实践教学过程中要突破以下几点：

（1）以学生为本，实现对教学中心观的突破。打破了教师的中心地位，教师从主讲人、管理者变为指导者、协助者；学生不再是教师所灌输知识的被动的接收者、被监督者，学生作为“模拟管理者”，全面参与教学设计，实现自我管理、自我控制。

（2）创建学习团队与大教学系统，实现对以课堂讲授为主的传统教学方式的突破。打破了以课堂讲授为主的方式，由学生们组建学习团队，自主学习；把教学的时空视野从课堂内扩大到课堂外，实现教学渠道与空间的多元化与立体化。

（3）建立学生全面参与的集成式教学系统，实现对传统教学体系的突破。从教学理念、教学组织形式，到多媒体教学、系列化实训、全过程的开放式考核，直至配套的立体化教材，构建了由学生参与的、立体化的、系统化的集成系统。

（二）全面实施实践教学体系

（1）实践教学与情境设置相结合。作为语言类、文科类特征明显的商务英语专业课程应以实践为课程教学的主线，通过实践带动知识、技能的学习与职业素养的养成。商务英语的实践场所要建成“工学结合、做学合一”的仿真式、体验式教学实践场所，通常可以利用网络平台，安装专业实习软件，创设虚拟的商务活动空间，让学生进行仿真训练，从而提高学生的实践感悟能力。

（2）实践教学与竞赛活动相结合。在商务英语教学中，培养学生主动探索、主动学习的能力尤为重要。通过参加专业竞赛给学生提供了较大的自主学习的空间，易于调动学生学习的主观能动性，培养他们的学习兴趣和创造性思维能力。通过学生参加学科竞赛构建开放式实验室。为使学生熟练掌握实训技能，达到竞赛所要求的技能，开放式实验室为学生在课外实训提供了极好的平台，吸引了一大批学生在各个开放式实验室进行实验、实训操作、技能训练等。

（3）实践教学与岗位技能培训相结合。结合社会培训机构的成功经验，推进“三个相结合”，即课堂、实验实训场所、企业环境相结合，学生、教师、工程技术人员相结合，教学、科研、工程项目相结合，以岗位技能要求，指导实践教学。

（4）实践教学理论教师队伍与实践教师队伍相结合。理论教师和实践教师进行的是有机组合，因此他们必须对对方的教学有认识和了解，因此可采取理论教师下企业，实践教师担任助教等方式及一系列方法、措施作为保障。①实践教师是教师队伍的重要组成部分，主要包括：担任各实践教学管理的教师和指导实践教学的教师。在具体的实践教学过程中，理论教师与实践教师相结合，理论教师能进实训室指导学生实践，实践教师也能进入课堂讲授理论知识，进行理论教学。同时，应加大对实践教师的培养和引进力度，主要是加强指导实践教学的“双师型”教师队伍的建设，逐步形成合理的师资结构。②实践教学人员应有明确的分工和相应的岗位职责。实践教学人员要按照各实践教学环节的管理规范，积极承担实践教学工作，努力完成各项实践教学任务。

（三）商务英语实践教学应遵循的原则

（1）特色性原则。特色是学校生存和发展的原动力。以素质教育为核心，技术应用能力培养为主线，应变能力培养为关键，产学研结合为途径是实践教学应该遵循的特色性原则。

（2）工学结合原则。“工学结合”是指“与工作相结合的学习”，是一种将学习与工作结合在一起的教育模式。教育部16号文明确提出了高等职业教育要大力推行“工学结合”的人才培养模式。坚持“工学结合”就是要将传统的“教育专家主导”转变为“社会需求主导”，使涉外行业、外贸企业专家全程、全面深入参与商务英语课程开发、课程实施、改进、完善的各个阶段，使学生在学习情境中获得商务知识和可持续发展的职业能力。

（3）实用型原则。实践教学体系的构建，要充分体现专业岗位的要求，与专业岗位群发展紧密相关。以此为原则组成一个层次分明、分工明确的实践教学体系。如实验、实训教学平台可分为基础实验技能训练平台、专业岗位技能训练平台、专业岗位实践平台三大步进行构建。

（4）建立科学合理的培训机制原则。高校可根据实际情况和教学管理者各自不同的需求，充分利用学校的师资、设备等教学资源，有计划、有重点、有步骤地对教学管理人员进行培训。培训手段可以多样化，如各种专题培训班、讲座、经验交流、信息技术应用评比活动，甚至可以利用校内网络资源，为教学管理者提供多种形式的信息素养、信息技术方面的学习资源，让他们自定步调地自主学习。

（四）商务英语实践教学规范化体系的建设

（1）强化实践教学各环节的管理。从多方面学习先进的管理经验，补充和完善各种管理制度，如实验实训教学考核、实验设备的管理、安全管理、实验实训耗材的管理、实验室环保工作、信息和档案管理等方面的管理方法。根据本部门的实际情况，建立以岗位责任制为核心的各项规章制度，确定不同实验管理岗位职责和管理工作量。

（2）因“室”施“法”定条例。针对不同类型的实验实训室，建立对应的实验设备管理条例和实验实训管理条例。

（3）采用先进的管理手段。采用计算机等现代化管理手段，建立信息收集、整埋和归档制度，对实验实训室的各种信息及时进行记录，并做好统计、分析和归档工作，及时向学院和上级有关部门提供实验实训室的准确数据。

第三节 商务英语教学方法中存在的问题及改进措施

一、关于教学方法

（一）教学方法的界定

（1）什么是教学方法。教学方法是为了完成一定的教学任务，师生在教学过程中所采用的手段。它包括教师教的方法，也包括在教师指导下学生学的方法，是教的方法和学的方法的统一。

（2）教学方法的内涵。首先，它是指具体的教学方法，从属于教学方法论，是教学方法论的一个层面。教学方法论由教学方法指导思想、基本方法、具体方法、教学方式四个层面组成。

教学方法包括教师教的方法（教法）和学生学的方法（学法）两大方面，是教授方法与学习方法的统一。教法必须依据学法，否则便会因缺乏针对性和可行性而不能有效地达到预期的目的。但由于教师在教学过程中处于主导地位，所以在教法与学法中，教法处于主导地位。

教学方法不同于教学方式，但与教学方式有着密切的联系。教学方式是构成教学方法的细节，是运用各种教学方法的技术，任何一种教学方法都由一系列的教学方式组成，可以分解为多种教学方式；另一方面，教学方法是一连串有目的的活动，能独立完成某项教学任务，而教学方式只被运用于教学方法中，并为促成教学方法所要完成的教学任务服务，其本身不能完成一项教学任务。与教学方法密切相关的概念还有教学模式和教学手段。教学模式是在一定教学思想指导下建立起来的为完成某一教学课题而运用的比较稳定的教学方法的程序及策略体系，它由若干个有固定程序的教学方法组成。每种教学模式都有自己的指导思想，具有独特的功能。它们对教学方法的运用，对教学实践的发展有很大影响。现代教学中最有代表性的教学模式是传授—接受模式和问题—发现模式。教育家赞可夫说：“教学方法，一旦触及学生的情绪和意志领域，触及学生的心理需求，教学就会高度有效。在教学过程中，教师要充分调动全体学生参与交际的积极性，给他们以自由发挥的空间，不可过分限制。”

（二）选择教学方法的基本依据

（1）教学目标。不同领域或不同层次的教学目标的有效达成，要借助于相应的教学方法和技术。教师可依据具体的可操作性目标来选择和确定具体的教学方法。

（2）教学内容特点。不同学科的知识内容与学习要求不同，不同阶段、不同单元、不同课时的内容与要求也不一致，这些都要求教学方法的选择具有多样性和灵活性的特点。

（3）学生实际特点。学生的实际特点直接制约着教师对教学方法的选择，这就要求教师能够科学而准确地研究分析学生的特点，有针对性地选择和运用相应的教学方法。

（4）教师的自身素质。任何一种教学方法，只有适应了教师的素养条件，并能为教师充分理解和把握，才有可能在实际教学活动中有效地发挥其功能和作用。因此，教师在选择教学方法时，还应当根据自己的实际优势，扬长避短，选择与自己最相适应的教学方法。

二、商务英语教学方法中存在的问题

（一）现行商务英语教学中教学方法滞后

教学方法是教师把知识传授给学生的表现形式，它的好坏直接影响到学生对知识的吸收和消化能力。很多商务英语教师仍然沿用传统的以教师为中心的教学方式，商务英语教学中仍然是以教师为中心单向传授知识的教学方法，忽视了学生的主动性、积极性和独立性，导致课堂气氛往往比较沉闷，学生只是被动接受教师所传达的信息。商务英语教学缺乏行业针对性。也就是说商务英语教学并未很好地针对学生今后工作地的经济发展和涉外行业的特点。其直接结果：一是商务英语教学缺乏重点，面对内容极其广泛的商务英语领域，教学时不知重点在哪，不管是教学者还是学习者面对这种局面只能是教学一些基本的商务英语知识。此外，对专业课实行单一的母语教学方法，使学生不能运用地道的英文来表达所学的专业知识，导致教学效果简单落后。因为教师常常只重视理论教学，而忽视实践，所以这种教学方法不能培养学生的实践应用能力，造成学生高分低能的现象。再者，教学模式单一，学生缺乏主观能动性，忽略了时论、启发、交流的过程，课堂没有互动的气氛，忽视了学生自学能力和主动思维能力的培养，也不能培养学生的实践应用能力。

（二）教学方法类似普通大学英语，考核手段单一

各校商务英语教学缺乏特色，由于没有针对性，各校商务英语课程所教授的都是同样的基本知识，千篇一律。商务英语的教学变相地成了大学英语的延续。现有商务英语专业课程的教学理念和采用的教学方法同原有的本科英语语言文学专业方法相似。商务英语是一门应用语言学，商务英语的教学要紧紧围绕培养学生英语语言实际运用能力，以服务社会、促进经济发展为目的，重点在于培养学生的自主学习能力和团结协作意识。由于学科特点，商务英语必须构建自己独特的教学方法，加强商务英语学生的课外实训，为培养既懂商务又通外语的复合型商务英语人才进行不断探索。

三、商务英语教学方法中存在问题的改进措施

（一）教学方法理念上的转变

商务英语教师要在理念上改变教学方法，采用先进的教学方法和现代化多媒体技术，推行案例教学法、情景模拟教学法、整体教学法、谈论法、任务法、启发式教学、合作学习法、演示法和部分课程双语教学法等，逐步建立起以学生为主体、教师为主导的教学模式，凸显教师的“导演”“导航”和“导游”作用，提高学生的学习兴趣和学习的主动性。在教学过程中突出强调启发式教学和小组合作学习，以培养学生的自学能力和团队合作精神。应积极开展课外活动，有利于学生开阔视野，陶冶情操，在娱乐中巩固和运用所学的英语知识，充分调动学生的学习积极性。

（二）教学方法的改进与提升

教学方法是教师和学生为了实现共同的教学目标，完成共同的教学任务，在教学过程中运用的方式与手段的总称。洛克早就说过：“任何东西都不能像良好的方法那样，给学生指明道路，帮助他前进。”商务英语教学中，由于每个项目任务内容的不同，教学方法也会随之而改变，在不同项目中可结合使用以下几种方法。

1. 情景模拟教学法

可设置具体的工作场景，学生进行角色表演，教师做指导，完成特定教学中的工作任务。商务英语课内实践的情境教学是我们的必然产物，同时，情境教学也是我们这个时代的产物，它带有鲜明的时代特征和浓郁的时代气息。它从一个侧面集中反映了新时期我国教育改革的新成果、新思想，同时也从一个特定的角度昭示了21世纪中国教育发展的新走向。情境教学的突出特点和重要贡献之一，就在于它突破和超越了理性至上、知识本位的教育传统。情境教学在情感领域的创造性探索，成功地解决了长期以来学生素质发展中认知与情感、逻辑思维与形象思维、动脑与动手等发展不协调、不平衡的问题，强调主动发展，通过情境创设，开辟学生生动活泼主动发展的现实途径。情境教学实践的突破口是情境的创设，但它的基本着眼点却始终是学生身心的和谐发展和主动发展。

（1）创设情境的意义。教师在教学中创设情境的意义主要是为了让学生获

得实践体验、刺激学生的思维活动、引导学生主动建构知识而设计较为真实的“环境”。同时，还可以优化课堂过程，提高课堂的有效性，使教学内容设计服务于教学目的。

（2）根据情境进行角色表演的实证。优化的情境为学生学习主体地位的落实提供了坚实的基础，为学生的生动活泼主动发展开辟了一种现实途径，它具有极强的实践针对性和现实指导意义。据此，在商务英语的课堂实践教学中，我们首先采取了创设情境角色表演的模式。例如，在学习有关人力资源方面的部分内容——招聘与面试时，我们创设了情境，首先改变了教室的常规布置，把课桌椅重新摆成圆桌式，按照董事会的会议模式进行布置，一部分同学充当董事——考官，另一部分同学充当被面试者——候选人。根据招聘的类型进行表演，然后进行角色换位，教师在一边做指导者。有了这样的情境，学生就仿佛真正在毕业招聘会上进行招聘一样，身临其境。在这样真实而又愉快的情境中，学生在轻松的氛围中，完成了招聘这个商务流程。

（3）角色表演的注意事项。基于教学活动中角色表演的内涵和原理以及角色表演法的多重意义，充分发挥学生的主体性，注意主体性和主导性的高度统一，注意角色表演的调控艺术，注意正确处理角色表演中的语言错误，注意角色与“情”和“境”的交融等方面。

英语角色扮演教学十分有利于培养学生运用英语的能力。实施英语角色扮演教学要在恰当选材的基础上做好精心设计和准备，要按一定步骤组织实施，真正达到好的教学效果。在表演时，师生都要认真细致地观察和思考，表演结束后师生共同讨论，对角色扮演进行总结和评价，这对提高角色扮演水平和教学效果十分重要。

2. 案例分析教学法

案例分析教学法指教师在教学中有目的地运用案例来说明讲课的内容和指导学生运用所学知识去思考、分析案例，并从中找出答案的一种教学方法。商务英语包括经贸英语、金融英语、营销英语、国际商务英语、外贸函电、外贸实务、商务谈判等主要课程。商务英语类课程最大的特点是英语语言技能与商务专业知识的密切结合，这一特殊性决定了教师在教学中既要注重对学生英语语言能力的培养，同时还应重视强化学生的商务专业技能。基于商务英语教学内容的较强实践、应用性及商务专业技能的培养目标这两点考虑，案例教学法可以在商务英语教学中进行运用和实践，并应使之成为在商务英语教学中不可或缺的一种教学方法。案例分析一般由真实的、最新的和相对有代表性的案例来构成，强调所传授知识的实用性。案例分析要求学生将自己放在决策者（decision-maker）的角度来思考这个案例所涉及的问题，增强学生的实际应对能力。

（1）案例分析的意义。案例分析主要是针对书本上陈旧的，或理论性比较强的、抽象的内容所产生的教学方法。案例分析一般由真实的、最新的和相对有代表性的案例来构成。案例分析的方法不仅在商学院应用，也不仅在学术界应用，而是可以广泛应用在各行各业中。案例分析在商学院中应用比较广泛，其中一个重要原因就是商学院强调所传授知识的实用性，即要和现实生活中的实际例子挂钩。

（2）案例分析的要求。目前，案例分析的方法在国内也开始得到了普及。真正的案例分析一定要做深、做全。拿到一个案例以后，如果仅仅是只做一下采访，罗列一下资料，而没有对案例进行深入探讨，以及比较案例对于自身和大多数人的适用程度，就不能把案例的作用挖掘出来。只有正确、全面、深入地对案例进行研究，才是专业化的案例分析流程。一个案例，作为一个真实发生的事件，包含了那么多复杂的因素，在任何一个细小的地方，只要细心发掘，都能找到让你大为受用的闪光点。对案例分析的要求，不仅仅是要得出明确的结论，更重要的是要弄清得出结论的思维过程和理由，起到“举一反三，触类旁通”的效果。真正有效的案例分析的构成因素包括案例的数量、案例的真实性、案例的代表性以及案例分析信息的有效性。在案例的选择上力求让每一个案例都具有典型性和代表性。在分类上面，力图做到科学、简明。每个案例都是独特的，但它们中的很多又有共性，并且案例来源比较广泛，涉及的行业也是比较综合的。每个案例实际上都是作者对自己的选择历程的一次系统总结和回顾。例如，我们在学习 International Trade 时，在讲到 Trade Barriers 时，我们可以分析一下温州鞋在海外尤其是在西班牙被烧这个案例，从中我们可以分析倾销与反倾销的贸易壁垒问题。

对于每一个案例，我们不要仅仅当成故事来阅读。历史不会重复自己，但是却常常重复自己的规律。虽然成功是不可复制的，但是从这些案例中，如果我们深入挖掘的话，总是可以找到许多规律性的东西，使自己在选择的道路上走得更快、更稳。

（3）案例教学法与传统教学法的区别。第一，教学材料不同。传统教学方法使用的是教科书；案例教学则主要使用的是案例材料。案例不是对理论的系统阐述，而是对一个真实情景的描述，这个情景中包含一定的思考题，并要求学生思考、分析、消化吸收。可以说，案例是适应特定的教学目的而编写的。第二，教学过程不同。案例教学的过程主要不是教师讲授，而是学生之间的讨论和辩论。第三，传统的教学只是一个知识的传递过程，注重知识的讲授。案例教学更注重能力的培养，培养的是学生发现问题、分析问题和解决问题的能力。此外，由于将学生置于一种接近现实的情景之中。还能使学生积累一些将来用得上的经验。从哈佛案例教学模式中可以看出，案例教学把培养能力放在比获得知识更重要的位置，学生在学校获得的知识会随着时间的推移而过时，而针对实际情况学习的能力则能让学生终身受益。

3. 模块整体法

主要包括理论教学方法的三个模块整体建构和实践教学方法的三个模块整体建构。

（1）理论教学方法的三个模块整体建构。

首先凸显“导”字。若把教师的角色定位于学生学习的指导者、导演者、导游者、导航者，那么商务英语教学就应把学生需要放在第一位，强调学生是学习的主人。教师对学生的指导主要是帮助学生明确自己想要学习什么和需要学习什么，帮助学生安排适宜的学习材料和活动情境，指导学生完成学习任务、达到学习目标。要把教师有效指导和学生自主学习结合起来。教师不再仅仅是知识传授者，而是学习活动的设计者和管理者。

其次强调“异”字。在承认学生个体差异的客观性基础上，必须要树立“尊重差异、追求个性、宽容另类”的现代教学观念，大力培养学生的个性品质，培养学生的创新精神。因此，商务英语教学强调学生学习的个性化，有意识地为每一个学生提供学习和展现自己的机会，使每一个学生都能分享到探求的艰辛和成功的喜悦。

最后注重“实”字。学生的学习不是以教材、课堂为中心，而是要在规定时间里，在接近所从事职业“准工作环境”里学习，职业需要什么能力就学什么能力，需要什么知识就掌握什么知识。学生要在“准工作环境”中通过自己的实践努力掌握各种技能。教师成为学生实践活动的鼓励者和合作者，学生问题的分析者和解答者，充分发挥其积极创造性，给学生创造大量实践机会，课堂实践量成倍增加，有时学生实践的机会多达80%。以“学生为中心”还表现在理解和体现学生在知识、智力、情感、个性等方面的要求，使学生在学习过程中感到自己的进步，在更多的实践活动中展示自己的能力，促进学生潜能的发挥。因此在教学中应突出实践性。

（2）实践教学方法的三个模块整体建构。

首先，凸显“指导”建构现场模块。语言是一切人类的表达形式，它无限多的用途可以缩成几种基本功能，即寒暄功能、指令功能、信息功能、疑问功能、表达功能和表情功能，商务英语也不例外。商务英语专业的学生学习英语的主要目的是使用英语去从事各自的业务活动，在职场、社交、贸易、文化交流活动中，所涉及的涉外活动首先是口头活动，其次是业务中需要处理的商务文件，如商务广告和业务单据等。听、说、读、写、译等基本语言技能，使学生掌握较强的语言沟通能力，以教学计划、教学大纲和教材为基本素材，对学生进行专业指导。现场模块指导同时体现出涉外语言交际的典型性、实用性、思想性、时代感、可模拟性和可操作性。

其次，强调“异”建构职业环境模块。商务英语知识涵盖面很广，要求学生掌握英语语言学、文学、文化等人文知识，熟悉经济学、管理学、金融学和国际贸易等方面的基础商务理论。在能力方面要求学生掌握语言应用能力、商务实践能力和跨文化沟通能力。学生的“异”主要表现在个性具有完整性和矛盾性，个性结构的确定性，个性结构具有复杂性和主导性，个性结构具有表层与深层的特征，个性具有独立性和联系性等几个方面。运用的具体教育内容如下：情感教育，弘扬学生的自主性。自主性的人是客观环境的支配者和控制者，不盲目受客观环境的支配，也不盲目顺从他人。发展学生的自主性，是要使学生成为自主、自强、自觉的人。实施有针对性的教育，发展学生的独特性。通过启发手段、审美教育及充分挖掘学生的创造性这两种手段，把商务英语知识涵盖面与学生的“异”结合在一起，建构如企业管理、银行职员、口语翻译、海关职员等职业环境模块。

最后，注重“实”建构反馈模块。基于实战、实践基础之上，把教学班模拟成股份公司或企业，在现代管理系统基础上构造具有激励性质的正反馈机制，将开环系统的商务英语知识转变成闭环系统，从而改善教与学系统功能，提高效率，增强系统内部凝聚力、驱动力和竞争力，并使教与学系统本身产生自激发展功能，促进系统良性循环。正反馈闭环管理系统存在这样一种作用机理，即在满足特定反馈条件时，经一定的反馈周期和反馈途径，由系统学生末端发出脉冲式的利益流作用于系统教师始端，强化始端功能，进而强化中间功能，模拟成股份公司功能及学生末端功能。整个系统功能提高后，一方面可降低系统内部利益的损耗，另一方面可从系统外部获取利益增量，两方面利益之和大于反馈利益。因此，不仅可以补偿系统学生末端的利益，还可以增加其利益。系统学生末端利益增大后，反馈利益会相应增大。依次循环，系统功能会逐步提高，系统利益会逐步增大，这就产生了系统自激的良性循环。正反馈闭环管理系统理论认为，企业实施正反馈机制是构造一种新型生产关系，是把教学班模拟成股份公司运用企业管理的教学方式，这种方式是学生素质和商务英语知识达到一定高度的产物，是一种投资回报率较高的系统内部广大员工投资到经营者的整体行为，是利益相关者共同治理的一种有效机制。正常实施正反馈机制，不仅可使教师这个经营者获得新增利益，而且可使学生投资者获得新增利益。实施正反馈机制，有利于形成系统内部自我激励和自我约束，可有效解决商务英语知识涵盖面广、学起来吃力的问题，达到学习、就业可持续发展。

（三）改进提升评价体系

改进评价体系，激励教师参与对学生的技术能力培养。在评价体系方面，改革传统的知识记忆型人才的评价机制，改革一张试卷测试学生半年学习成果的单一考核模式，建立与人才培养规格相适应的知识考核、能力考核、岗位技术考核的人才评价机制，注重学生的能力培养，全面体现学生的综合能力和素质，利用美国运筹学家 A. L. Seaty 教授在 20 世纪 70 年代提出的一种定量与定性相结合的系统分析方法——AHP（Analytic Hierarchy Process，即“层次分析法”）来评价学生的综合素质，把复杂系统的问题所包含的各种因素通过划分相互联系的有序层次使之条理化，并根据定性的判断对同一层次元素间的相对重要性给出定量的描述，再利用数学方法确定每一层次元素相对重要性权值，最后根据各个指标的数值及其权值，对学生做出综合评价，不仅考核学生掌握的理论知识程度，而且注重考核学生运用知识的能力。

方法是不断变化的，具体方法本身并没有好坏之分，主要在于不同的时间、地点、条件、对象、目的等是否合适。在具体的商务英语教学过程中，通常是不断进行方法变化的，教师同时要综合运用几种教学方法来传授一个重要的知识或技能，即使某种方法再好，如果我们经常使用，学生也会感到厌烦，不会取得良好的教学效果。因此，在商务英语教学过程中，教师要不断重新组织教学方法，重新组织就是变化，在重新组织过程中创造新奇更是变化。

总之，商务英语是一个实践性很强的专业，对学生的应用能力要求较高，对商务英语教学者来说，在商务英语教学过程中必须结合商务英语的特点，抛弃传统的教学模式，深化商务英语课程改革，创建具有商务英语特色，符合职业、工作岗位需求的教学模式；改进商务英语的教材、教学方法；加强商务英语教师的专业素质；注重学生实践技能的培养和提高。把学生培养成为以英语为工具，掌握商务专业知识的高级复合型人才，满足未来职业生涯需要。只有这样才能体现出商务英语教育的特色，培养出更多能适应岗位需求的商务英语人才。

第四节 商务英语教材建设中存在的问题及改进措施

一、教材及其重要性

（一）教材的界定

“教材”是最基本的教育用语，也是使用比较随意和宽泛的用语之一。在众多的论述中，虽然阐释和探讨的同为教材问题，但是随着语境的不同，其内涵和外延也大相径庭。教材是由三个基本要素，即信息、符号、媒介构成的，用于向学生传授知识、技能和思想的材料。教材的定义有广义和狭义之分。广义的教材指课堂上和课堂外教师和学生使用的所有教学材料，比如，课本、练习册、活动册、故事书、补充练习、辅导资料、自学手册、录音带、录像带、计算机光盘、复印材料、报刊杂志、广播电视节目、幻灯片、照片、卡片、教学实物，等等。教师自己编写或设计的材料也可称之为教学材料。另外，计算机网络上使用的学习材料也是教学材料。总之，广义的教材不一定是装订成册或正式出版的书本。凡是有利于学习者增长知识或发展技能的材料都可称之为教材。狭义的教材就是教科书。教科书是一个课程的核心教学材料。从目前来看，教科书除了学生用书以外，几乎无一例外地配有教师用书，很多还配有练习册、活动册以及配套读物、挂图、卡片、CD 等。

（二）教材的组织编排

（1）教材的组织方法。第一，逻辑式组织。按照有关科学知识的内在逻辑顺序组织教材。第二，心理式组织。以学生为本位，注重学生的兴趣、需要和能力，强调以学生的经验作为教材组织的出发点，逐步扩大教材的内容范围，使学生愿学、乐学，而较少考虑知识体系的完整性。第三，折中式组织。兼顾学科与学生两方面的需要和情况，择采两者之长。不过在兼顾学科与学生这两方面时，在不同的学科和学生不同的学习阶段，又有所侧重。

（2）教材的编排方式。教材的编排决定一个年级中某门学科的教学内容将按照怎样的次序组成，或这门学科内容在几个年级中的排列次序。教材的编排方式一般有两种：第一种，直线式排列。直线式排列是指按照信息技术学科结构，采取内容环环紧扣、直线推进、不重复排列的方式编排教材，即在教材的内容排列中，后面不重复前面已讲过的内容：其优点是节省版面与教学时间，缺点是不利于巩固记忆与内化：它较适合于难度较小、逻辑体系严密的知识内容的编排。第二种，螺旋式排列。螺旋式排列是指针对学生的学习心理规律、学科特点、接受能力，按照知识与技能的易难、浅深、简繁程度，使信息技术教材的基本概念、基本原理、基本操作分层次重复出现，逐步扩展，螺旋上升地排列。

二、现行商务英语教材存在的问题

（1）缺乏适合的主教材。目前很多商务英语专业的教材并不规范，国内出版的商务英语教材普遍内容陈旧、形式单一，缺乏操作性和实践性，因此难以满足教师教学的需要和学生学习的需求。国外的商务英语教材面向的是社会大众，不能完全符合中国学生的需要，同时教材中缺乏真实的商务情境，比如，在国内很多院校使用的《剑桥商务英语》教材。商务英语最明显的特点在于它是“商务环境中所应用的英语”，“其语言教学的重心具体在商务环境”。而现实中的商务英语教材过分强调语言本身的学习，也难以找到真实商务背景下的教材辅助材料，如一些公司的年度报表、会议记录、纪录片等。

（2）缺乏相关的实训教材。在国内，商务英语教材如雨后春笋，但是内容没有进行完全更新，不能满足 21 世纪国际通用人才培养目标的需要，而且已经出版的大部分教材理论性过强，没有相关的培养实践能力的与之配套的实训教材。要想提高学生的社会商务活动实践能力，出版相应的实训教材势在必行。

三、商务英语教材存在问题的改进措施

（1）编写适合教材。为了使商务英语专业的学生能够很好地与社会需求接轨，需要相关高校在教材编写中因地制宜，解决好目前存在的教材编写方面的问题。编写适合各专业使用的教材，教学内容要体现理论与实践相结合的原则，特别要突出实用性和时代性。编写适合学生的校本辅助教材，对教材的内容进行合理的增删和整合。探索教材建设，灵活处理教材，教师要积极参与国内商务英语教材的开发建设工作，根据自己学生的需求，在充分吸收国外原版教材精华的基

础上，结合商务英语的特殊性对教材提出较高的要求。一般来说，商务英语教材应使用真实语料，以语言为工具，所涵盖的内容涉及与商务相关的诸多领域和开展商务活动的各个环节。

（2）优选授课教材。要想高质量地完成教学任务，培养出高质量的学生，就必须有高质量的教材。由于商务英语的特殊性，使得要挑选出一本十分令人满意的教材相当困难。所选用的商务英语教材，除了要全面培养学生的听、说、读、写、译这五项技能，还应教授商务专业知识及技能。教师对一些技能性较强的课程，可选用实训教材，使学生在课程学习后，能够掌握一定的实际操作能力。若没有合适的教材，教师可以考虑在课堂上补充以实业为背景的资料，甚至进行教材自编，以提高实训课程的实用性和有效性。

（3）加强专业技能培养的教材建设。专业教材建设是人才培养的重要组成部分，毕业生的优劣与教材建设的关系非常密切。在教材建设方面，可以采用引进、编写相结合的方式，但在编写中要注意编写内容要符合各专业指导委员会颁布的教学大纲和课程要求，编写人员要具有较高的英语水平、专业知识和丰富的实际教学经验，教材的难易程度要符合教学的特点和需要。其次，结合行业、学院和学生的实际情况，根据资深业内人士的实践经验开发一批校本教材，如《商务英语阅读》、《商务英语写作》、《商务英语函电》、《外贸单证》、《国际贸易实务》等，增强了教材的实用性和针对性。当然，社会在前进，科技在发展，再优秀的教材也难免要打上时代的烙印，难免有缺陷。所以，在实际教学中，我们并不完全拘泥于教材，而是根据课程目标对教学内容做出适当的增减。如商务英语写作课只重点突出了备忘录、意向书、会议议程、会议记录、招（投）标文件的写作等内容，而没有把普通商务书信的写作这一块列为重点，对商务写作理论也只是点到为止。再者，对于操作技能性强的课程，如单证、函电、英语口语、听力、应用文写作、市场营销等，我们先根据职业综合能力和能力要素及理论教学体系的要求，在与校外实践教学基地和外贸企业充分合作的前提下，勾勒出每一门课程的实用技能要素，然后把职业技能目标层层分解到每堂课中，制定了《实践（训）大纲》、《考试大纲》和《实习指导书》，初步形成了针对性、操作性强的实践教材体系，把理论教学和实践教学紧密地结合起来。

第八章 商务英语课程体系研究

第一节 商务英语课程体系构成要素

一、课程的理解

“课程”一词在我国始见于唐宋期间。唐朝孔颖达为《诗经·小雅·小弁》中“奕奕寝庙，君子作之”句作疏：“维护课程，必君子监之，乃依法制。”但这里课程的含义与我们今天所用之意相去甚远。宋代朱熹在《朱子全书·论学》中多次提及课程，如“宽着期限，紧着课程”、“小立课程，大作工夫”等。虽然他对这里的“课程”没有明确界定，但含义很清楚，即指功课及其进程。这里的“课程”仅仅指学习内容的安排次序和规定，没有涉及教学上的要求，因此称为“学程”更为准确。到了近代，由于班级授课制的施行、赫尔巴特学派“五段教学法”的引入，人们开始关注教学的程序及设计，于是课程的含义从“学程”变成了“教程”。新中国成立以后，由于受凯洛夫教育学的影响，20 世纪 80 年代中期以前，“课程”一词很少出现。

在美国课程论范式中，“课程”一词的含义十分多样，没有形成定论，但是从“课程”一词的词源来分析，“课程”（curriculum）一词最早出现在英国教育家斯宾塞的《什么知识最有价值？》（1859）一文中。从词源上来说，“curriculum”同有名词和动词两种词性。作为名词，其侧重点在“跑道”的“道”上，主要是学程的意思。根据这个词源，最常见的课程定义是“学习的进程”（course of study），简称学程。这一解释在各种英文词典中很普遍，英国牛津字典、美国韦氏字典、《国际教育字典》都是这样解释的，但这种解释在当今的课程文献中受到越来越多的质疑，对课程的拉丁文词源有了新的理解。“currere”一词的名词形式意为“跑道”，由此课程就是为不同学生设计的不同轨道，从而引出了一种传统的课程体系；而“currere”的动词形式是“奔跑”，理解课程的着眼点就会放在个体认识的独特性和经验的自我建构上，就会得出一种完全不同的课程、理论和实践。

人们对课程的内涵一般有三种认识。

（一）课程即教材

课程内容在传统上历来被作为学生习得的知识来对待，重点在向学生传递知识，而知识的传递是以教材为依据的。所以，课程内容被理所当然地认为是上课所用的教材。这是一种以学科为中心的教育目的观。教材取向以知识体系为基点，认为课程内容就是学生要学习的知识，而知识的载体就是教材。这种观点的代表人物是夸美纽斯。

（二）课程即活动

把课程界定为活动或进程是一种生成性的课程观，这种观点认为课程不是静止的“跑道”，也不仅仅是需要贯彻的课程计划或需要遵循的教学指南，而是个体生活经验的改造和建构。把课程视为活动或进程，意味着课程观应当发生如下变化：课程不再只是特定知识的载体，而是师生共同探索新知的过程；课程发展的过程不再是完全预定的和不可更改的，而是具有开放性和灵活性；课程不再是控制教学行为和学习活动的工具和手段，而是能有效地弥合个体与课程之间的断裂，成为师生追求意义和价值、获得解放与自由的过程；课程形态不再是在教育情境之外固定的、物化的、静态的知识文本，而是在教育情境中师生共同创生的一系列“事件”，是师生开放的、动态的、生成的生命体验。由于注重开放、动态和生成，这就对教师的能力和素养提出了更高的要求。在实践中，如果把握不好，活动有可能沦为无序躁动和粗浅的体验，过程也可能意味着美好时光的白白流逝。

（三）课程即经验

在泰勒（Tyler，R. W.）看来，课程内容即学习经验，而学习经验是指学生与外部环境的相互作用。他认为，“教育的基本手段是提供学习经验，而不是向学生展示各种事物”。这种观点强调学生是主动参与者，学生是学习活动的主体，学习的质和量取决于学生而不是课程，强调学生与外部环境的互相作用。教师的职责是构建适合学生能力与兴趣的各种情境，以便为每个学生提供有意义的经验。

回顾课程发展的历史，课程概念的内涵一直在教师、学生、知识经验间摇摆，不同时代的价值要求决定了孰轻孰重。新人类教育以生存教育为主题，将深谙人类文化轨迹教师的隐性引导与启发、学生生存性探索活动而形成的生态性知识经验有机结合在一起，使人类文化在发现中继承，在发现中创新，是课程历史文化的继承，更是课程历史文化的超越，是继承与超越的统一。

二、课程的分类

课程类型是指课程的组织方式或设计课程的种类，主要有下面几类划分。

（一）分科课程与活动课程

分科课程也称文化课程，是一种主张以学科为中心而编订的课程。主张课程要分科设置，分别从相应科学领域中选取知识，根据教育教学需要分科编排课程进行教学。20 世纪 60 年代以来关于学科课程的理论主要有美国教育心理学家布鲁纳（Bruner J. S.）的结构主义课程论、德国教育学家瓦根舍冈（Wagenschein M.）的范例方式课程论、苏联教育家兼心理学家赞可夫（Bahkob J. B.）的发展主义课程论。

（1）布鲁纳的结构主义课程论。该理论的基本观点是：首先，主张课程内容以各门学科的基本结构为中心，学科的基本结构是各学科知识的基本概念、基本原理所构成的。其次，在课程设计上，主张根据儿童智力发展阶段的特点安排学科的基本结构。最后，提倡发现法学习。布鲁纳很多思想体现了很强的时代精神，对当前学校教育仍具有很强的现实意义。不足之处在于片面强调内容的学术性，致使教学内容过于抽象；将学生定位太高，好像要把每一个学生都培养成这门学科的专家；同时在处理知识、技能和智力的关系上也不是很成功。但布鲁纳的思想对今天我们的课程研究仍具有重要的借鉴意义。

（2）瓦根舍因的范例方式课程论。对于瓦根舍因的范例方式课程论，值得关注的是：它强调课程的基本性、基础性、范例性，主张应教给学生基本知识、概念和基本科学规律，教学内容应适合学生智力发展水平和已有的生活经验，教材应精选具有典型性和范例性的内容。该理论的主要特色在于：①以范例性的知识结构理论进行取材，其内容既精练又具体，易于举一反三，触类旁通。②范例性是理论同实际自然地结合的。③能解决实际问题的内容都是综合的，不是单一的。④范例教学能更典型、具体、实际地培养学生分析问题和解决问题的能力。

（3）赞可夫的发展主义课程论。赞可夫把“一般发展”作为其课程理论的出发点和归宿，因此，他的课程理论被称为“发展主义课程论”。“一般发展”是指智力、情感、意志、品质、性格等的发展。赞可夫的发展主义课程论主要强调以下几点：第一，课程内容要有必要的难度。难度有两个含义：一是指教材要有需要克服的障碍，有一定的复杂性；二是学生学习教材时要做出一定的努力，把学生的精神力量调动起来。这一主张要求在“有分寸”的“高难度”水平上选择一些现代科学技术知识编进教材，删除那些肤浅、狭窄的内容，加强知识的系统性和知识的联系性。第二，课程内容要有必要的广度。即课程内容不能搞重复，而要不断向学生展现事物的新貌，用各方面的内容来充实学生的头脑，为学生越来越深入地理解所学的知识创造条件，揭示知识之间的本质联系。使学生从有机联系中掌握越来越多的系统知识。第三，理论知识要在课程内容中起主导作用。赞可夫认为，学生只有掌握了理论知识，才能认识事物的本质和规律，并以此去认识新的事物，促进他们的一般发展，并为他们进一步掌握知识和技巧提供可靠保证。因此，他主张把理论知识放在教材的重要地位，尽早教给学生规律性的知识，教给学生解释现象、事实的一般原则。

（二）核心课程与外围课程

由于学生在校学习时间和资源等的限制，不可能将所有学科纳入学校课程体系之中。于是，必然出现这个问题：所有学习者都应该学习的共同知识核心是什么？美国著名课程论专家泰勒（R. Tyler）曾指出，为了回答这个问题，学校课程体系开始被视为由两部分构成：核心课程和外围课程。

核心课程（core curriculum）可以看作分科课程的反动，它一反分科课程将各门学科进行切分的做法，而是在若干科目中选择若干重要的学科合并起来，构成一个范围广阔的科目，规定为每一学生所必修，同时尽量使其他学科与之配合；核心课程在一定程度上也可被看作对儿童中心课程的反动，它在产生之初，尤其反对课程只从学生个人兴趣、需要动机出发的做法。它提醒教育者注意，儿童并非生活在真空里，而是在一个特定的时间，地点和特定的社会环境里成长的，课程需要反映儿童所赖以生活的社会的需求。因此，核心课程在产生之初，其显要特征就是注重社会需求以及以生活为中心。及至后来，核心课程在此立场上稍有改变，其实施也吸纳了活动课程的一些成分。

核心课程产生于20世纪二30年代的社会动荡时期，改造主义功不可没。改造主义自称“危机时代的哲学”，宣称社会文明已面临毁灭的可能，必须改造社会，使人们能够共同生活。这种改造不只通过政治行动，更通过社会成员的教育去实现人们共同的生活目标。因此，在他们看来，教育必须专心致志于创造一种新的社会秩序，在人们的心灵中引起一场意义深远的变革。于是他们倡导一种“以未来为中心”的教育纲领，其目的是通过说服而不是强制的办法来实现“社会改造”，以“社会改造”为核心来构建核心课程，打破原有分科课程的界限。有人认为，核心课程的真正特点是注重社会需要及以生活为中心。

核心课程的特点除了学科间的综合并构成一个“核心”之外，它还有另一显著特征，即这种课程是要每个学生都掌握的，是需所有学生共同学习的。这样就带来一些问题：一是社会生活的需要是多种多样的，哪部分课程需纳入“核心课程”；二是随着新学科的不断涌现，这些学科的拥护者都极力希望纳入课程中来，并且，有的学科也的确需要在核心课程中得到反映。这就又使得课程选择与设计中的古老问题——时间和可利用资源——反映了出来。在这种情况下，如同分科课程自身的缺失造就了活动课程一样，与核心课程互补的外围课程也就应运而生了。

外围课程（peripheral curriculum）是为不同的学习对象而准备的，它不同于照顾大多数学生、面向所有学生的核心课程，而是以学生存在的差异为出发点的；它也不似核心课程那样稳定，随着环境条件的改变、年代的不同及其他差异而做出相应的变化。核心课程与外围课程的差异，如同一般与特殊、抽象与具体的对立，是相辅相成的。

（三）国家课程、地方课程与学校课程

从课程开发的主体来看，可以将课程分为国家课程、地方课程与学校课程。国家课程也称“同家统一课程”，它是自上而下由中央政府负责编制、实施和评价的课程。其管理权属于中央级教育机关。国家课程是一级课程。地方课程介于国家课程与学校课程之间，指由国家授权，省、自治区、直辖市教育行政机构和教育科研机构根据自身发展编订开发的课程，属于二级课程。学校课程是在具体实施国家课程和地方课程的前提下，通过本校学生的需求评估，利用当地资源，由学校全体教师、部分教师或个别教师编制、实施和评价的多样性的可供学生选择的课程。

国家课程是从宏观方面反映国家对人才素质的要求，是国家意志的体现，是所有学校教学的出发点，具有普适性、强制性和权威性的特征。国家课程体现的形式是不一样的。在澳大利亚、美国等实施教育地方分权的国家，国家课程由各州政府负责编制、实施和评价。通常，学校教师在国家课程的编制和评价方面没有或者几乎没有发言权或自主权，但他们必须成为国家课程的实施者。在实施国家课程的过程中，学生往往需要参加国家统一考试。

学校课程是相对国家课程而言的，它是一个比较笼统和宽泛的概念，并不局限于本校教师编制的课程，可能还包括其他学校教师编制的课程或校际之间教

师合作编制的课程，甚至包括某些地区学校教师合作编制的课程。与国家课程相比，在学校课程的开发过程中，课程编制、课程实施和课程评价呈“三位一体”的态势，形成统一的三个阶段，并由同一批教师负责承担。

一般来说，中央集权的国家比较强制课程的统一性，较多地推广国家课程，而地方分权的国家比较强调课程的多样性，较多地推广地方课程、学校课程。现在，越来越多的国家政府已经认识到，虽然国家课程与地方课程、学校课程是不同的课程形式，但它们之间是相辅相成、互为补充的关系。在推广国家课程的同时，应该允许开发一定比例的地方课程、学校课程，而推行地方课程、学校课程的学校，也不应该贬低或排斥国家课程。

（四）显性课程与隐性课程

显性课程亦称公开课程，是指在学校情境中以直接的、明显的方式呈现的课程。这类课程是根据国家或地方教育行政部门所颁布的教育计划、教学大纲而规定的。显性课程的主要特征是计划性，这是区分显性课程和隐性课程的主要标志。美国著名教育学家、课程论专家杰克逊（P. W. Jackson）于 1968 年出版了《班级生活》一书，并首次提出“隐性课程”这一概念。隐性课程包括除上述课程之外的一切有利于学生发展的资源、环境、学校文化建设、家校社会一体化等，是指学生在学习环境（包括物质环境、社会环境和文化体系）中所学到的知识、价值观念、规范和态度。研究中有很多类似的名称，如隐蔽课程（hidden curriculum）、潜在课程（laten curriculum）、非正规课程（informal curriculum）、未研究的课程（unstudied curriculum）和未预期的课程（unanticipated curriculum）。隐性课程指学生在学校情境中无意识地获得经验、价值观、理想等意识形态内容和文化影响。也可以说它是学校情境中以间接、内隐的方式呈现的课程，具有非预期性、潜在性、多样性、不易觉察性。这类课程是学术性内容与非学术性内容的统一综合体。

隐性课程与显性课程有三方面的区别：一是在学生学习的结果上，学生在隐性课程中得到的主要是非学术性知识，而在显性课程中获得的主要是学术性知识；二是在计划性上，隐性课程是无计划的学习活动，学生在学习过程中大多是无意接触隐含于其中的经验的，而显性课程则是有计划、有组织的学习活动，学生有意参与的成分很大；三是在学习环境上，隐性课程是通过学校的自然环境和社会环境进行的。而显性课程则主要是通过课题教学来进行的。

隐性课程也被称为非正式课程、非官方课程、潜在课程、隐蔽课程和无形课程等，是不在课程计划中反映的、不通过正式教学进行的。对学生的知识、情感、意志和行为观等方面起到潜移默化的作用，促进或干扰教育目标的实现。这类课程主要是通过校园文化、校园生活、校风、人际关系、集体活动等潜移默化地影响学生的课程，它是教学计划以外的课程，它是以间接的内隐的方式呈现的，是无计划的。这类课程主要是通过学校的自然环境和社会环境进行的，学生通过这类课程的学习所获得的主要是非学术性的知识，比如学校的文化，包括物质文化、制度文化和精神文化，这些都是隐性课程的内容。

隐性课程的特点主要有：

第一，隐性课程的影响具有弥散性、普遍性和持久性；

第二，隐性课程的影响既可能是积极的，也可能是消极的；

第三，隐性课程的影响是学术性与非学术性的统一；

第四，隐性课程对学生的影响是有意识性与无意识性的辩证统一；

第五，隐性课程是非预期性与可预期性的统一；

第六，隐性课程存在于学校、家庭和社会教育中。

正是由于隐性课程的这些特点，我们在实施过程中应该注意：首先，优化学校的整体育人环境；其次，特别重视学习过程；最后，通过隐性课程的实施，塑造与完善学生的人格结构。

（五）基础型课程、拓展型课程和研究型课程

这是根据课程任务所做的区分。基础型课程注重学生基础学习能力的培养，即培养学生作为一个公民所必需的以“三基”（读写算）为中心的基础教养，是中小学课程的主要组成部分。

拓展型课程注重拓展学生的知识与能力，开阔学生的知识视野，发展学生各种特殊能力，并迁移到其他方面的学习中去。

研究型课程模式的核心在于改变学生的学习方式，强调学生的主体作用和参与性，信息技术可以作为学生的学习工具。要求学生能从多种渠道寻找信息，能对各种资料进行分析、归纳、整理、提炼并从中发现有价值的信息，能熟练使用各种信息工具，体验科研的过程和方法，准确表达自己的观点。研究型课程有以下几个特点。

就课程目标而言，研究型课程表现为目标的开放性。课程目标不仅指向某种知识内容，而且指向各种知识的综合探究过程，指向在这个探究过程中，学生所发展的探究意识、探究精神和探究能力，指向学生对各种知识的情感体验。并

且这些目标指向在不同的课题探究过程中有不同的侧重，除探究能力和探究精神外，学生所达到的知识目标是开放的。

就课程内容来说，研究型课程在内容上呈现出综合、开放、弹性的特点。其中综合性与弹性是体现其生命力的重要因素。此类课程的内容弹性非常强，在保证一定学习量的前提下，学习所探究的内容和主题，不同地区、学校、班级，甚至不同的学习小组，都可以进行不同的选择。

就课程组织来说，以开展合作性的、综合探究型的课题活动为主要学习方式的研究型课程。教师在组织形式的选择上，应体现出合作性与独立性相结合的特点。学生的探究过程既有个体的活动，也有学习者之间的合作和交流。因此，在课程的组织形式上，既有体现独立性的个体活动和体现合作的小组活动，也有体现集体性的全班交流活动。在某一个课题的探究过程中，这几种形式都会出现。

就课程评价来说，由于研究型课程在课程目标和内容上具有开放性的特点，因此，在课程评价中，不宜采用目标评价方式，而应该采用过程性评价方式。这样，研究型课程的评价就具有了过程性的特点。

研究型课程作为一种开放性的课程，为学校课程的开发提供了很好的契机，使学校课程的开发有了一定的载体。各个学校可以根据“以学习者、以社会发展中心”的原则，开发适合学校实际教育条件和具体特点的课程。在研究课程中，课程的设计者除课程方面的专家、专门的课程设计者、教育行政部门人员之外，还有学校和教师，这是研究型课程的一个最典型的特点。

三、课程体系建设研究

课程体系指在一定的教育价值理念指导下，将课程的各个构成要素加以排列组合，是各个课程要素在动态过程中统一指向课程体系目标实现的系统。简言之，一个专业所设置的课程相互间的分工与配合，构成课程体系。课程体系是高等学校人才培养的主要载体，是教育思想和教育观念付诸实践的桥梁。高校人才培养目标是对受教育者的知识、能力和素质方面做出的理想预期，课程体系则在很大程度上决定了受教育者所能达到的理想程度，课程体系是否合理直接关系到人才的质量。因此，课程体系的建设是大学教育的核心。

目前国内各高校，无论是研究型还是教学型，无论师范类、综合类还是艺术类，其专业课程体系的结构类型，大致都是基础课与选修课的二级制结构模式，即在开设一系列专业基础课的基础上，再开设一系列专业选修课。这种基础课加选修课的二级结构专业课程体系至少存在着两个方面的不足与局限性。

首先，这种二级制的专业课程体系在课程类型以及课程内容的层次划分上不够准确细密，难以充分体现和落实不同学校、不同专业的不同培养目标。这种情况下，大多数专业，特别是一些办学历史悠久、学科发展成熟的专业，在专业基础课与专业选修课之间存在着很大的专业知识与技能空间，也就是设课、开课的空间。而对于如此大的设课空间，仅仅大略地确定专业基础课与专业选修课两级课程类型与模式，势必导致课程设置及具体课程内容上相当的不确定性；也就是说，必定出现有的选修课可能较为贴近专业基础课，有的选修课则具有相当大的专业深度精度而接近专业学术前沿，二者之间可能差距甚大。而教师资源以及相应的可能开课门数都是有限的，所以面对如此广泛的课程选择空间，除了专业基础课的设定之外，在所谓的专业选修课的设置上，容易出现以下两种倾向。第一，课程的设立具有不确定性，即需要开设的选修课可能没有教师开设，已有的课程也可能由于教师的原因而时有时无。知识、能力、态度、情感、价值观的多元取向，不用统一的规格、标准评价学生。第二，选修课在专业深度上具有无序性，容易失衡。课程引渡困难多，因而很难构成真正具有系统性的专业课程体系。

其次，这种二级制的专业课程体系在专业选修课的建设上必然导致“因人设课”的倾向。“因人设课”主要是指在专业选修课的设置及具体授课内容的安排上不是完全依照专业培养目标的需要来考虑专业选修课的设置及内容的安排，而是更多根据教师的研究方向、水平或者兴趣等来考虑选修课的设置及内容。如前所述，专业基础课与专业选修课之间存在相当大的课程选择空间，这就势必使开课教师具有很大的设课以及课程内容安排自由。虽然教师在考虑开设怎样的专业选修课程时，也会相当程度地考虑专业培养目标的贯彻和落实。但是，教师个人的考虑不能代替专业培养要求的体制性设计和制度性安排。专业选修课的开设必须符合专业培养目标的要求。这不应仅仅是教师自由设课后的一种考虑，而必须是专业课程体系建设的一项基本前提和原则，是对教师设课自由的限定。此外，“因人设课”还必然产生的另一个后果是，专业选修课的兴衰存亡往往与教师个人的选择与去留有过于紧密的联系，常常是人在课在，人走课无，课程设置的随机性和偶然性很大，这不利于课程体系的建设。而且，这种给予教师个人较大选择自由的设课体制，也直接有悖于以学生为主体的教育教学理念。

第二节 商务英语课程体系设置现状

如今在经济全球化大潮的推动下，商务英语越来越受到人们的重视，人们渐渐认识到，若想在经济贸易领域与各企业、客户进行有效的交往，仅仅靠原来的基础通用英语是远远不够的。于是，商务英语顺应这一需求逐渐发展成为一门新兴的独立学科，甚至在以英语为母语的国家，许多院校也都开设了商务英语课程：在英国，牛津大学、剑桥大学向全世界推出了国际性商务英语考试；在美国，哈佛大学、斯坦福大学、伯克利大学等都开设了商务英语课程。普林斯顿大学还成立了以商务英语为核心的国际交易英语考试中心。从对商务英语的教学模式分类开始，再到商科英语课程的分类，为了能够更好地掌握商务英语知识和技能，要对商务英语的课程进行科学、合理设置，并且能够让课程之间相互配合、相互促进，从而提高学生的综合素质。因此，要对高校商务英语的课程进行更有效的设置，必须要对当前的课程设置情况进行综合分析。

从对若干高校的商务英语课程来看，各高校在具体课程设置上存在较大的差异，这些差异基本上可以归结于教学理念。教学理念的不同，造成了教学人员在课程设置上出现了较大差异，从而形成了不同的商务英语人才培养模式。“以人为本”“以学生的终身发展为本”是课程改革的基本出发点。注重学习过程，注重“过程与方法”“情感态度与价值观”的培养，强调学生如何学会学习，培养终身学习的愿望与能力。

广东外语外贸大学国际商务英语学院的国际商务管理（全英）专业面向全校一年级新生招生。课程采用英语原版教材并使用英语授课。学生在校四年里修读完工商管理专业主干课程和英语主干课程，并通过全国英语专业四、八级考试。该专业课程按模块设置，共设管理、营销和会计三个模块，培养宽口径、厚基础的商务人才。基础阶段设置核心基础课程，高年级设置专业方向模块，学生可以根据自身的兴趣爱好和能力选择课程模块作为主修方向。设置的核心课程主要有经济数学、商务统计、国际商务概论、管理学原理、会计学原理、宏 / 微观经济学、营销学原理、国际商法、组织行为学、公司理财、国际商务谈判与决策、管理信息系统等。

宁波大学外语学院 1996 年成立专门用途英语研究所，并开始开设专门用途英语的部分相关课程，1998 年学校开始实施“平台 + 模块”的教学模式，外语学院设立了英语、英语教育和商务英语三大模块。

广州广播电视大学英语专业（专科）（商务方向）共设置六个模块，分别是公共基础课、专业基础课、专业课、专业拓展课、通识课、综合实践。公共基础课模块中统设必修课为开放教育入学指南、邓小平理论和“三个代表”重要思想；选修课为计算机应用基础。专业基础课模块中统设必修课为英语学习指南、综合英语、英语听力、英语阅读、英语口语、英语语法、英语写作基础；选修课为英语语音、综合英语、英语听力、英语阅读、英语口语。专业课模块中统设选修课为商务交际英语、商务英语写作、商务英语阅读、商务英语基础；非统设选修课为外贸英语。其中商务交际英语和商务英语写作为省开必修课。专业拓展课模块中统设选修课为旅游英语；非统设选修课为文秘英语、饭店英语、外贸英语函电、英语报刊选读、证书课程。

证书课程是指获得就业准入的职业资格证书的课程。在专业教学计划中，把职业资格证书课程链接到专业课程体系当中，有的已直接列为计划中的课程，有的通过专业课程延伸，成为证书课程，可直接参加考试。学生考取下列五种证书的其中一种可获得证书课程的学分：剑桥商务英语（初级）、剑桥商务英语（中级）、秘书资格证（初级）、国际商务单证员证和外贸实务操作证。剑桥商务英语（初级）和剑桥商务英语（中级）考试由中英双方合办。英国剑桥大学考试委员会负责命题和发证，中国教育部考试中心负责组织考试、阅卷，学生修读相关课程并通过剑桥商务英语证书考试（BEC）后可获取等级证书。秘书资格证（初级）是学生修读相关课程后通过考试获得由国家社会与劳动保障部颁发的证书。国际商务单证员证是学生通过商务部对外贸易经济合作企业协会组织的全国考试后获颁的证书。外贸实务操作证是学生参加阿里巴巴远程电子商务认证考试后取得的初级证书。

通识课模块中统设选修课为商务礼仪概论、社会礼仪概论、现代礼仪概论、哲学引论；非统设选修课为素质教育、信息检索与利用、职业生涯规划。

专业综合实践包括社会调查和毕业专项设计，统设必修。广州广播电视大学根据中央广播电视大学制定的实践环节教学大纲组织实施。该环节不得免修。

相对于学术追求，广播电视大学的课程设置明显强调操作性，注重学业对学生之后就业或是再深造的作用，追求的是“学一点，练一点，用一点”的教学效益。

而校外培训机构的课程设置更强调实用性。以英孚教育为例，该机构商务英语的三大培养目标是：（1）熟练掌握英语，让你马上领先竞争者，职业生涯更加豁然开朗；（2）英孚帮助你更准确、更流利和更自信地在各种商务场合使用英语；（3）通过英孚的商务英语课程，您与同事或客户沟通合作的能力将大大提高。

英孚的商务英语课程分为三个方面。

商务英语第一步——社交技能。在经贸全球化、一体化过程逐渐加快的今天，我国将有越来越多的商务人士和企业走出去。同时，也将有越来越多的外国企业被请进来。因此，涉外商务活动必将越来越频繁。在日常商务交流中，商务社交技能是最为重要的一个环节。英孚鼓励学员必须使用英语来完成课程中的每个商务英语社交技能练习，因为在纯英语的商务英语环境中熟悉常用术语和词汇，是建立交流的信心和使语言流利的最好方法，而英孚为学员模拟的练习场景包括面对面商务英语交流、商务英语电话、商务英语文件书写、交换信息、商务英语会议、招待商务伙伴等，非常实用并且有针对性。

商务英语第二步——谈判技能。英孚的商务英语课程能够全面提高学员的商务合作技能，并且帮助学员了解如何更有效地用英语与外国同事和客户沟通。商务英语课程对各类商务活动都给出了清晰实用的范例，其中包括公司接待客户、公司自我介绍、商务合作洽谈、各种商务文件书写体例、各类商务通信（电话、电传、书信、电邮）等，能帮助学员用准确且精练的英语完成这一系列的英语商务谈判。

商务英语第三步——领导力和管理技能。商务管理课程是专门为商务人士或未来商务人士所设计的，课程旨在全面、有效地提高学员在一切商务活动中的商务英语沟通能力。包括身处管理层的学员可能面对的领导和管理方面的技能训练。英孚的课程中综合了大量的相关商务情景并提供了学员处理常见商务问题的实践见习机会。学员在专业商务英语导师的指导下，能够很好地练习和提高英语沟通技能，从而在复杂的商务环境中更自信、更流利、更准确地使用所学到的商务英语。

商务英语专业或方向的课程设置纷繁复杂、各式各样，看似“百花齐放”，其实问题不少。1998 年 12 月教育部高教司发布的《关于外语专业面向 21 世纪本科教育改革若干意见》中提出，面对 21 世纪的挑战，我国外语专业本科教育存在的问题之一便是课程设置和教学内容的不适应。由于外语专业的单科特征，多年来我国的外语专业在课程设置和教学内容安排中普遍忽略其他人文学科、自然学科等相关学科的内容，教学内容和教材知识结构单一，内容陈旧老化。在问卷调查中，无论是用人单位、毕业生还是在校生最不满意的课程恰恰是外语专业课之外的公共必修课和选（辅）修课，满意率仅占 32.3%和 38.3%。相对于外语专业而言，商务英语专业属于新兴专业，缺乏可借鉴经验，除去英语专业本身课程设置方面的缺漏，商务英语课程体系设置还存在以下一些其他问题，有待完善。

一、核心课程不突出

目前很多学校普遍存在商务英语专业的核心课程不突出的问题，大部分商务英语专业课程仅是英语专业课程和一些与商务知识相关的课程（如国际贸易、管理、经济学等）的叠加，核心课程不明显，该专业的毕业生缺乏能独当一面的本领和技能，在实际工作中发挥不出特色优势。例如一些外贸工作，商务英语专业的学生能做，国贸专业的学生也可以做，但如果遇到一些专业性更强的工作，后者依然胜任，而前者却不一定能坦然面对。商务知识与语言知识课程比例失调。商务课程开设时间极其有限，且缺乏连续性，所有的课程只开设了一个学期。有些应开设一个学年的课程只开设了一个学期，第二学期所换的课程又与其无关。内容笼统。方向不明确，针对性不强。学术性课程过多，职业导向性课程少，商务知识和英语知识结合度不够。商务理论与技能课程同英语脱节。该专业毕业生缺乏优势，实际工作中体现不出特色。例如，商务岗位上的工作，商务英语专业毕业生能做，国际贸易或电子商务专业的毕业生同样胜任。而国际贸易专业毕业生承担的工作，商务英语专业的毕业生却未必能胜任。核心课程的不突出导致学生缺乏核心竞争力。

二、专业课程设置不全面，整体性松散

首先，商务英语学科的课程类型设置、性质划分和学时安排不尽合理。其次，部分科目的设置顺序颠倒。各课程之间无紧密的关联性和承启性。课程的设置在整体上缺乏科学而严谨的规划。

专业英语课程在量的分布上不均。因为一、二年级注重的是基本技能的训练和专业英语四级的过关训练，而四年级则要进行毕业实习，同时还要准备考研、择业、撰写学位论文等，因而专业课程均积压在三年级，时间短，内容多，任务重，学生往往很难适应。而且，一、二年级的课程相对稳定，有现成的统编教材、明确的教学目的（如专业英语四级统考过关）、统一的教学计划与安排等，教师操作起来相对轻松，而三年级后的选修课就出现了一系列的问题，比如教学质量的评估、学员需求的满足等。

三、实践环节欠缺

学生缺乏实践环节，欠缺动手能力的培养，以至于实际动手能力较差，不能

将所学应用于实际，遇到实际问题不知如何着手。尽管大多数高校都设有实习环节，但在实施过程中问题不少。首先，主观认识上，部分院校对实践或实习重视不够，“重知识，轻能力”的观念顽固。其次，客观条件上，院校对实践实习的投入有限，过程管理难度颇大，致使实习实践通常是走马观花，流于形式。课程设置多以理论为主，实践为辅。最后的课程评估也是以理论成绩为主要参数，实践项目作为附加部分，可有可无。这种安排不利于学生知行合一。

对商务英语的定位不明确，使得商务英语在课程设置上过于偏重理论性，忽视了实践性，实践性不足的课程设置主要是由于教学课程过于注重学生的理论学习，文本学习和研究是教师和学生开展商务英语学习的基本方式和主要途径，但是这种模式却无法提高学生的实践能力。从具体课程设置来看，基本上都是一些理论型的教学模式，很少有具体的实践课程，说明在课程设置上对学生技能训练的重视度还不够。这对商务英语这样一门从经济发展实践中衍生出的实用型课程来说，教学模式和课程安排无法达到预期目的。从对高校和社会教学的对比分析来看，高校教学偏重理论，社会教学偏重实践。之所以出现这种差别，主要可以归结于两种原因。

第一，师资。由于高校教师除了教学以外还要从事一定的科研工作，具备较高的理论素质，基本上也偏重于理论教育；社会培训机构的教师基本上都是将基本的理论知识结合自身的实践经验，因此必然会注重实际工作经验的传递，尤其是能满足职业发展的需要，但是这种实践性的理论基础不够扎实，实践经验的知识体系不够系统和完整。因此，目前高校的师资资源的特点就决定了很难达到商务英语中“实践”的要求。

第二，教学效果的评判标准。众所周知，目前对学生学习效果和教师教学效果的评价大多数还是以书面成绩为主，很少能够以学生对商务英语的掌握和运用程度为评价标准。商务教学效果的评判标准，不是教者能够告诉学生什么，而是能帮助学生做什么。传统的评价模式具有简单、明了的特点，能够对学生的理论知识掌握程度有较好的追踪和判断，且具有一定的说服力，能够减少争议。事实上，这种评价模式对大多数的基础学科非常合适和有效，但是对于商务英语这类处在时代发展前沿的复合型、实用型学科来说，存在一定的问题。比如，对于学生来说，能力（实际动手能力、学习能力、适应能力等）培养的重要性要远远高于知识的掌握，而用理论知识的评价方式来判断一个学生的能力水平，实际上还存在欠缺。为了解决这个问题，有些高校已经采取了“平时成绩 + 期末成绩”的方式来减少书面考试可能带来的不合理现象，部分高校则用“口语 + 笔试”的方式来判断学生对商务英语的掌握程度，尽量对学生的能力进行综合判断。但是无论是哪种因素造成的原因，都说明当前我国要更加注重商务英语学生实践能力的训练。不仅能够提高学生在职业生涯中的竞争力，对日后从事商务英语学科的科研工作也是很好的实践基础，能够全面、系统推进商务英语学科的发展。

四、课程设置与学生需求不符

商务英语是一门发展的课程，要能与时代发展保持一致的态势，而现在商务英语学科中的有些课程已经远远不能满足学生的学习需求，严重滞后。商务英语课程的时效性问题一方面是由于课程没有进行及时调整，有些课程已经不能适应当今国际商务的发展状况，而一些亟须开设的课程则没有开设，造成了学生的知识和技能储备不能满足社会的要求。除此之外，某些高校即使开设了相关的课程，但是在师资配备和教材储备方面存在很多不足。比如，教师教育水平不足或者综合素质尚未达到既定要求，或者教师根据个人的兴趣爱好或个人对培养目标的理解来设计课程。学校语言教师注重的往往是英语，是语言知识，而学生注重的是专业业务知识和技能。专门用途英语课程与双语课程教学之间，“有没有”与“好不好”之间，课程目标与学生需求之间的混淆如何澄清并适度平衡，都是教学者与求学者都要考虑的问题。

五、商务英语教材编写与实际脱离，选用缺乏标准

当前市场上的商务英语教材大致分为两类：一类是国内出版社直接从国外引进的经济学、金融学和 MBA 系列英文影印版书籍；另一类是国内学者根据原版教材改编或自编的教材。各类教材的选择基本是各随己便。商务英语没有统编教材和明确的课程大纲，教师自编讲义缺乏系统性，师资资源互补利用率低，导致培训专业不对口，不切合实际，各门课程之间无法统一，就更谈不上相互配合，因此也就无法做到各课程之间相辅相成、相互促进。教材因素的滞后性是造成商务英语时效性不足的重要原因。对物理、化学以及数学等基础学科而言，其自身学科多年的发展特点使其知识更新速度相对较慢，即使出现某些前沿课题也仅仅是其中很小的分支部分，所以对课程时效性的要求不会那么高。

商务英语则是一门发展中的学科，它的知识体系随着社会的发展而发展，很多知识和技能会随时被取代甚至消失。例如：过去电报是国际商务间非常重要的一种传送方式，在外贸函电课程中，如何写电报、发电报是比重很大的内容。而

随着互联网的兴起，电报在国际商务中的重要性逐渐降低，近乎消亡；同时电子邮件作为主要的通信工具和传送载体正在成为主流通信方式。这种发展变化正在不断地改变商务英语从业人员的交往方式和工作内容，所以相应地，商务英语专业学生必须熟练掌握并运用这些技能，从而更好地适应并推动社会发展。

自从20世纪90年代初英国剑桥大学出版社进入中国商务英语教材市场以来，BEC（Business English Certificate）初、中、高级考试及培训类教材越来越火爆。BEC考试以其科学性、客观性、权威性和时代感而得到世界各国的广泛赞同和接受，是商务工作人员或英语学习者英语水平的验证，对即将进入就业领域的在校学生来说它更是就业、求职的重要砝码。这种时效性正是诸多考生和企业所认同的价值所在。

第三节 商务英语课程体系设置原则

对于商务英语专业的课程设置，除了分析课程设置现状和依据外，还要对商务英语课程设置原则进行分析，从而更加深入地分析如何设置商务英语课程。课程设置的依据主要是指课程设置的出发点、落脚点和参照标准。相对地，课程设置的原则是在课程设置的原理下遵循的标准和框架。课程设置不是凭空想象和主观臆断来确定的，它是有其科学理论依据的。课程设置必须依据一定社会经济、政治和科学技术的发展水平和需要；课程设置还必须受到教育方针、教育目的以及教育规律的制约。

在对商务英语课程设置原则进行分析之前，首先，应当从专门用途英语的角度进行分析，更加宽泛地把握课程设置原则。在对ESP的分析中，应该避免这样一种现象，即课件、网络的使用只是更换教学媒体而已，而未对教学产生任何实质性的影响。多媒体的使用的确使教学信息更为直观和形象，也为学习者提供了前所未有的巨大信息量。而一些课件的制作、授课的方式仍以教师为中心。在整个教学过程中，教师仅利用多媒体教学设备的便利，通过网络（取代以前的粉笔）面向全体学生传授知识，学生仍是被动的接受者，整个学习的过程仍在教师的控制下进行。这样，网络的教学特性就没有体现出来。网络的多种教学功能也就很难发挥出来。其次，ESP的课程设置原则中“课件的制作应考虑学生的兴趣”，以学习者为中心，并给学习者留有余地，即不是一味地详尽陈述某一章节的全部内容，而是结合每一课的不同特点，给学生留出提问、思考、讨论和查找更多更详细相关资料的时间和机会，将课堂教学变为以多媒体教学设备为辅助手段的师生间、学生间互动的动态过程。再次，专门用途英语要“对教材进行合理的选择”，目的在于建立完善的ESP语料。最后，专门用途英语要“明确ESP课程的学习目的”。

专门用途英语课程设置原则的研究阐明了明确专业用途英语课程目的性、选择合理教材、以学生为中心以及如何对待互联网等多媒体教学手段的重要性，论证了要从以上四个方面出发来设置专门用途英语的课程。同样，对从属于专门用途英语的商务英语，也应该按照上述原则来设置具体的课程体系。商务英语在课程设置上应遵循以下几项原则。

一、注重理论研究和应用研究

商务英语是一门理论和应用并重的学科，理论性和应用性相辅相成。对于理论研究来说，是要找出商务英语的发展规律、学科特点。因为商务英语是一个概括性很强的功能语体，它包含许多次语体。按语化可以区分为商业英语、贸易英语、财经英语、会计英语、金融英语、法律英语体；按语旨的变化可以区分为邀请、问讯、报价、还盘、谈判、投诉、索赔、次语体；按语式的变化又可区分为电话、传真、函电、电子邮件等次语体。应用文体学的研究方法可以对商务英语的及物性结构特征、语气结构特征、主位结构特征及字系结构特征进行定量研究，从而得出有关商务英语的语义特征、词汇语法特征，即字系特征方面的较为科学的结论。这有别于传统印象直觉分析法得出的结论，二者是定量与定性研究之分。

商务英语是应用语言学与经济学科和管理学科应社会发展的需要而相互交叉，相互融合产生出来的一门新兴的交叉型应用学科，除了要按照理论研究进行课程设置外，还应当注重商务英语的应用研究。应用性是商务英语最重要的一个特点，必须在具体的课程设置过程中注重学生应用能力的提高，也要提高学科在现实生活中的应用程度。应用研究主要解决与商务英语教学有关的系列问题，如教学大纲的制定、课程设置、教材编写、语言技能的培训、测量和评估以及教学法等。商务英语教学还必须注意应用语言学的复杂性和多学科性。语言教学是一个涉及诸多因素的系统工程，这些因素相互影响、互为补充，但由于教学目标不同，各个因素在教学过程中所起的作用不一致，必须因地制宜，因时制宜，制定不同的教学方案。应用语言学是把相关学科的理论、科研成果应用到外语教学的学科，它涉及语言学科和一些与语言学相关的边缘学科（心理语言学、社会语言学、计算语言学、语用学、神经语言学等）以及与外语教学相关的学科（教育理论、教育测量、计算机科学、统计学、多媒体教学手段等），它本身具有多学科性。而商务英语也具有交叉性、多学科性。应用并非完全强调实践。商务英语应用研究并非限于搞好教学，商务英语应用研究也有理论研究的责任，即建立一个与商务英语学习者相关的商务英语语言模型。

商务英语设置原则，大体上要遵循理论研究和应用研究的发展需要，根据理论和应用的研究可以确认要开设的课程，确定相对应的课程范畴和标准，从而再确定与课程相关的教学材料、教学手段和教学方法等。所以，无论是在何种状况下，要对课程进行设置，必须要考虑到商务英语理论和应用并重的特点。所设置的学科必然也要反映出理论和应用两者之间的联系，能够将两者进行有机的结合，而不是纯粹为了理论而理论或者为了应用而应用。按照马克思主义的基本观点，实践是理论的源泉，也是检验理论正确与否的唯一标准，而理论也能反作用于具体实践。科学、合理的理论能够推进实践的发展，而不科学、不合理的理论则会对实践发展造成一定的负面影响。因此在设置商务英语课程时，除了要设置理论和应用的课程外，更重要的是如何安排理论课程和实践课程，以及这两者之间的权重关系。

二、前瞻性、时效性

课程设置受制于生产力的发展水平，生产力越发达，对劳动者的素质要求越高。国际商务英语作为一门与社会经济生产紧密相关的高校课程，也应该顺应高等教育课程现代化的国际潮流，形成鲜明的时代特色。商务英语是一门与社会经济发展紧密相连的学科，适应社会发展需要是商务英语课程设置的最基本要求。时效性是指信息的新旧程度、行情最新动态和进展。比如新闻节目，今天听是新闻，明天听就是旧闻。整体分析策略方案在一定时间阶段是有效的。决策的时效性很大程度上制约着决策的客观效果。

从商务英语的起源可以看出，该学科本身就是从国外的商务实际发展过来的，因此从发展的实际情况来看西方国家远远领先于发展中同家。对于我国这样的新兴国家，尽管在商务英语领域取得了飞速发展，但是就总体层面而言还是比较落后的，这种落后主要表现在我国国民整体的外语语言能力、我国对外经济贸易（尤其是在国际资本市场上的交易）以及我国在 WTO 中的商务谈判地位（包括反倾销、反关税补贴等）。这种落后在具体的商务英语学科课程设置中主要表现为很多教学内容已经过时，与培养目标脱离。例如：外贸英语函电，很多教材版本不少内容还是计划经济时的外贸进出口情况，严重落后于时代的发展。内容覆盖也不够广。还有许多国际商务课程或内容，在西方英语同家是普遍开设或涵盖的，但在我国还是空白，如国际结算、国际物流等内容。这些课程是近年来才开设出来的，这些新的课程或内容都是西方发达国家在市场经济和社会发展过程中为适应需求而开设的，具有较强的合理性、科学性和前瞻性。

课程设置的落后不合理，必将会使所培养学生的知识储备和技能训练远远落后于时代需求。实践课时比例太小，而且安排不合理。在四年的学习中，真正的实践教学课时数严重不足。在时效性的问题上，我们要做的就是充分借鉴国际上的先进经验，结合现实国情校情，并将这些经验用来对当前的课程进行重新组合和安排，确保能够在最大限度内发挥该学科的教育和科研功用。具体到如何吸收国际先进经验，设计新的课程体系时，国外成熟的课程内容可以为我所用。这对建构国际商务英语课程内容和体系具有很大的启示与帮助。因此应认真学习和借鉴西方英语国家国际商务英语教学的经验，吸取他们先进的课程设置思想、方法、课程内容等，在某些方面可以与国际接轨，实行拿来主义。这样，涉及的课程体系与内容可以站在较高的起点上，而且内容更地道、更具实用性。

毋庸置疑，吸取西方发达国家的先进经验一定要结合自身的实际情况，将国外的先进经验纳入我国的实际发展背景中，实现“中国化”。正如马克思主义从西方同家传递到我国，也必须经历一系列与我国实际国情相结合的“中国化”过程，形成有中国特色的社会主义理论，才能指导我国的社会主义建设。若是全盘吸收，完全照抄其理论，恐怕很难取得成功。针对教材编写，教材要适应我国使用者的情况。目前，从国外引进了许多类型的被称作商务英语的教材。这些教材假设了一个通用的商务模式，以西欧和北美的商业文化为背景，这其中的商务活动和业务未必为中国的学习者所需要。因此，有必要对这些国外教材进行改编，或编写适合中国学习者的商务英语教材。关于课程设置的“全盘西化”问题，不仅是教材可能有这方面的问题，在具体课程、教学方法上也均存在此类问题。总之，在研究商务英语课程的时效性时，必须明确这种研究在我国这样的环境下所进行的商务英语教学和科研活动，要能结合并反映我国的特色，能够将中西方文化进行有效结合。

前瞻性是我国商务英语课程设置的另一个重要原则。前瞻性研究就是把研究对象选定，研究方案预定好，根据预定方案去对入选受试者进行研究。在这些条件下，根据这些因素去做持续的追踪研究，分析判断，最后在原订计划的时间内做出评估，符合原来设计方法的所有例子都要列入统计（这个阶段，不只是选有效的来统计），全部结果都要呈现。最终，选择的结果经过计算，纳入统计范围中，相关影响波动有效的因素构成重点目标，继而对这些因素进行深入研究，这就是前瞻性研究。前瞻性研究注重对研究对象的牵连性、影响性、可发展性的把握，对研究对象的本质（潜在性）的挖掘。在当今社会科技迅猛发展下，提前把握具有潜力的对象非常重要。在研究过程中，研究人员通过加强对该对象动态的理解，从而延伸出一些新的理论，再作用在该对象上，形成一个新的体系。

商务英语课程设置所要求的前瞻性，主要表现在两方面：一是要能预测并适应时代变化，进行不断调整。在设计课程体系时，我们需要注意课程的前瞻性。由于国际社会、国际市场经济和国际商务社会的情况是在不断变化的，随之带来需求的变化也多元化。所以，我们应该以一种开放的姿态应对这种情况的变化的，不断完善课程体系，推陈出新，这样才能建立起科学的、反映时代发展需求的课程体系。高等教育必须随时代发展而变化，人才需求的层次也会发生变化，这些变数都会直接影响到课程体系、课程设置。面对这些变化，我们要不断调整和完善课程体系。另外，国际商务英语学科框架内有各种层次。调整课程设置时，我们还应考虑各学校的特点和层次。从中看出，社会发展所带来的变化是商务英语课程变化的最重要原因。除了根据社会的发展调整自身的课程设置外，还要对未来的发展趋势进行预期，对某些课程进行削减或者增加。正如在 20 世纪末，很多人都没有预期到互联网会发展得如此迅速，会对商务英语这个领域起到如此大的变革作用。因此商务英语的教师和科研人员必须预测这些变化发展趋势，从而得以提前设置相关课程或者预先对某些课程内容进行调整，从而使我国高校的商务英语学生在未来的国际竞争中有较强的综合竞争力。

前瞻性的另一方面则表现在对社会经济发展的引领作用。虽然商务英语是一门随着时代发展而发展的应用型学科，但是商务英语学科（尤其是理论创新）不仅可以指导具体的工作实践，同时能够通过总结商务英语学科的发展特点和规律，结合全球化的实际情况和变化发展，对商务英语学科进行创新研究，起到引领社会经济发展的作用。在遵循这一原则的前提下，商务英语学科开设的课程除了要教授学生相关的知识和技能外，还要教会学生“学习”和“创新”能力。良好的学习、思考和行为习惯的养成有助于实现教育和教学的目的和目标。尊重习惯形成的规律，围绕良好习惯的内容，在课堂上进行“问题式学习”的教学，有助于对学生问题意识和问题解决能力的培养，从而提高学生的学习能力和创新能力。这种“学习”和“创新”能力绝不是凭空而来的，而是要在相关知识和技能的基础上，通过开展相关原理和案例分析课程，提高学生在商务英语领域的“学习”和“创新”能力。由此可以看出，商务英语学生不仅要对自身学科进行预测和适应，从而对商务英语课程进行调整；同时也要通过自身对商务英语学科的学习和创新，推动商务英语学科的发展，引领国际商务乃至社会经济发展。

三、层次性

根据 Anderson 和 Krathwohl 等人的知识维度理论，对外经济贸易大学、广东外语外贸大学、上海对外贸易学院课程设置中事实知识、概念知识、程序知识和元认知知识学分设置各有不同：广东外语外贸大学在事实知识和元认知知识方面的课程占有很大的比例，远远高于其他两所院校；对外经济贸易大学注重事实知识与程序知识的传递；上海对外贸易学院侧重于概念知识和程序知识。从中可以看出，三所院校在课程设置上对学生培养的侧重点不同：对外经济贸易大学注重培养学生的语言基本功以及商务特殊技能；广东外语外贸大学注重培养学生的语言基本功，以及最终将商务知识付诸真正的商务实践能力和解决问题能力；上海对外贸易学院注重学生对商务理论的理解和商务特殊技能知识的掌握情况。

除了上述原则，商务英语课程设置中还应该加入人文素养方面的课程，包括许多中国元素也应该融入商务英语的课程中。中国文化底蕴深厚，不仅影响着一代代国人，也正在被全世界所接受和认可。北京奥运会向世人展示了几千年优秀的中华文明，也在全世界掀起了一股“学习汉语热”；孔子学院的设立、汉语桥活动的开展、汉语能力考试的兴起等无不证明这点。学习外语、毕业后从事涉外工作的学生是不是更应该了解自己的文化呢？教师应该引导帮助学生更加“知己”。

第一，从思想上让学生意识到在外语学习中以及今后从事涉外工作时中国文化的重要性，做到“知彼更要知己”，学习中国文化的知识并掌握用英语表达中国文化的技能。因为语言交流有输入也有输出，要教会学生用英语表达中国文化、中国的事物，以体现出中国的文化软实力。通过举办各种有关文化的讲座和读书活动，让学生自觉、自愿地学习本民族文化，热爱本民族文化，为自己的文化感到骄傲，而不是一味地崇洋媚外。

第二，专业课教师应该自觉学习中国文化，提高自身文化修养，注意中国文化的英语转换，并在教学过程中结合外国文化的导入向学生传授中国的文化。这也是为了增强学生的文化对外介绍能力。传统的英语教学中，大部分英语教师平时的教学重点一直是英语语言知识点的讲解和传授，忽略或无暇顾及中国文化知识的传播和用英语表达中国文化知识能力的提高。要改变这种现象，日常累积是很重要的。例如：英语专业多开设“英美文化概况”等课程，可是中国文化的课程大多被列为全校公选课，课程时间短，考评较随意，有“娱乐”之嫌。结果就是英语专业的学生能对西方文化略知一二，可对本土文化却知之甚少。另外，由于目前很少有系统论述中国文化的英语教材，也为教师熟悉中国特有文化的英文译法造成了一些困难，这就需要教师平时多积累，比如参考林语堂和赛珍珠的作品，作为向英语世界介绍中国的最有贡献的作家，他们的作品涉及大量中国文化的元素。

第三，鼓励教师开设关于中国文化的公共选修课，为学生创造良好的学习环境和氛围。中国文化教学内容应体现哲学、历史、宗教、社会、教育、文化、艺术等中国文化内容的综合。通过这些选修课程，进一步开阔学生视野的同时，熟悉本民族文化。

除了上述原则，我们还应注意以下几点。一是商务英语专业的课程应该是英语专业主干课程和商务专业主干课程的有机结合，而不是简单的相加。二是在商务英语专业下分设不同方向时，专业方向课应该更加具有针对性，更加体现方向性。三是商务英语专业课程要避免蜻蜓点水，课程开设应该具有广度和深度，并且注重精品课程的开发。四是商务英语专业的课程设置应该走出“因人设课”的尴尬局面，注重复合型教师的引进和培养。在符合商务英语设置依据的前提下，通过分析商务英语的原则，设置更加科学、合理的课程体系。课程设置原则的科学合理与否，是商务英语学科发展最为主要的准则和框架，即所设置的具体课程能否满足以上原则成为学科发展的重要因素。由此可见，科学、合理的课程设置是商务英语学科发展最为重要的要素之一。

第四节 商务英语课程体系设置依据

语言是随着社会的发展而发展的。商务英语作为英语语言的一种功能变体，其出现和发展有其社会历史渊源，第二次世界大战以后，经济的迅猛发展带动了全球范围内的各种交往空前频繁。这种社会发展的新形势自然而然地需要一种能在国际上比较通用的语言来反映、沟通世界各国人们在科技和经济发展中的思想和活动、进行学术交流和推广研究成果。

在对商务英语学科发展过程的研究中，可以发现众多学者已经就商务英语所能涉及的各个方面提出了相关建议，对商务英语学科的发展做出了重要贡献。就目前的科研人员来看，有学者、教师、商务从业人员，也有非商务英语领域人员，他们基本上都是从自身的科研角度出发来对商务英语这门学科未来的发展特点进行总结，提出相关方案，并结合实际情况对商务英语的发展进行更加科学、合理的规划。总的来说，商务英语这门学科是随着社会经济发展而不断发展的，但是人们对商务英语及其教学的理解还不到位，存在一定的认识偏差和滞后。很多人还是停留在20世纪八90年代的思维模式里，将商务英语等同于外贸英语或者国际贸易英语。这种偏差的后果是学生不能全面、系统地把握商务英语学科的学习脉络，以至于对商务英语的知识和技能掌握程度不高，在整体的竞争中处于劣势地位。同时这种偏差也使得部分用人单位对商务英语学科把握不准，对商务英语专业毕业生的水平无法进行准确的衡量，往往认为商务英语学生与普通英语学生相比在语言技能上存在不足，而对商务知识和技能的把握也不如商务专业的学生，这就使得商务英语专业的学生在就业方面存在一定的障碍，最后则是影响到了商务英语这门复合型专业的发展。同时，随着我国改革开放进入新一轮发展阶段，商务英语的学科建设也进入了一个新阶段。由于加入WTO，我国国际商务英语各个领域都将有极大的发展，这也推动商务英语的学科建设。按照WTO的规则，国际贸易涵盖了货物贸易、服务贸易和知识贸易的各个领域，势必对我国的商务英语教学提出新的要求，也提供了新的发展空间。其中特别是与服务贸易相关的商务英语课程，许多还处于空白，有待我们积极加强建设。

为了改变这种现状，让商务英语学科有更良好的发展空间，我们必须将商务英语学科的一个主要功能——培养国际化高端人才与商务英语的课程体系建设直接关联起来，从而更好地发挥商务英语专业的这一特有功能，使得社会对商务英语的认知度和认同度都有所提升。关键是能够在商务英语专业的就业率尤其是国际化高端层次的就业率上有所突破，最终能使社会更加认可商务英语专业的学生。而商务英语专业的学生无论是在商务层面还是英语层面都应有更为突出的提升，形成更强的综合竞争力。近年来人才市场反馈回来的信息表明，全社会对高素质的外经贸人才的需求急剧增加，其中各大院校的商务英语专业的毕业生备受外经贸企业的欢迎。我国的培训机构，特别是各大院校应如何面对形势，培养好社会急需的不同层次的商务英语复合型人才，迎接挑战呢？除加大商务英语教学改革力度外，还要从多方面加强对商务英语人才培养的措施。

由于我国商务英语学科的发展时间较短，因此虽然发展速度较快，已取得了一定的成绩，但是在系统性方面还有一定的欠缺。目前商务英语学科最为迫切的是，完善最基本的课程体系，充分发挥商务英语专业在培养国际化高端人才中所起到的作用，能够培养更多符合社会发展需要又充满竞争力的人才。由此，商务英语的课程体系建设是否完善、科学、合理，将直接制约我国高端人才的培养计划。

2009年对外经济贸易大学牵头，依托教育部人文社会科学研究项目所起草的《高等学校商务英语专业本科教学要求（试行）》明确把商务英语本科课程划分为四大模块：语言知识与技能、商务知识与技能、跨文化交际能力和人文素养。《高等学校商务英语专业本科教学要求》建议开设12门核心课程和其他选修课程。核心课程如语言知识与技能模块中的语言学概论、综合英语、英语听说、英语阅读、英语写作、英语翻译等课程，商务知识与技能模块中的经济学导论、管理学导论、国际商法导论等基础课程，跨文化交际模块中的跨文化交际导论和商务交际实践，人文素养模块中的英美文学通论。在此基础上，各院校需要根据自身特色、市场需求、学生兴趣等开设相关的专业选修课。在重视理论学习的同时，绝不能忽视实践教学。

四个模块涵盖了商务英语教学的各个方面，比之前学者提出的模块更全面科学，尤其是注重学生的人文素养。人文素养指学生应具备良好的政治思想素质、较强的创新意识和能力、熟悉中外文化传统、有扎实的汉语基本功和语言表达能力以及熟悉英语国家的人文、历史、地理等。这样的体系设置使学生不仅具备扎实综合的语言知识与能力，还具备在不同文化背景和商务环境中运用英语进行沟通的能力。

在讨论如何制定商务英语的课程体系之前，首先应当对商务英语的课程体系建设进行翔实、具体的论述。商务英语课程体系建设之所以重要，是因为其面向的对象不仅仅是商务英语专业的学生，还会涉及其他非商务英语专业的学生。许多在校的非商务英语专业的学生都在学习国际商务英语。特别是随着我国加入世界贸易组织，商务英语将愈来愈重要。一方面对普通非英语专业的学生来说，英语知识和技能是非常基础的要求。从未来的发展趋势上看，商务英语在整个英语体系中的比重会越来越大，这是由于社会对大学生的英语要求更多体现在实际的操作层面，而不仅仅是对英语词汇和语法的掌握。商务英语的实践性特点以及自身的发展历史和特点决定了商务英语必将是今后英语学习的主要方向之一，因此建立并健全商务英语自身专业的课程体系，不仅有助于本专业学生能力的提高，同时也能提高非英语专业学生的英语能力。另一方面对商务英语专业来说，它本身就是一门发展中的复合型学科，整体的定位和发展仍在不断的探索之中。如果将商务英语比作一座大厦，课程体系就是这座大厦的“地基”，只有将这“地基”建设得扎实、稳健，才能让这座大厦更加稳固。另外，由于商务英语和其他学科存在一定的交叉，譬如，商务英语涵盖了金融英语这门课程，而在金融学的课程中也常开设金融英语这门课程。无论对金融学的学生还是商务英语的学生来说，金融英语都属于商务英语的范畴。因此，从发展商务英语专业、培养国际化高端人才的角度来看，非常有必要从商务英语的课程体系建设出发，从而达到学科建设的目的。课程体系改革和课程建设历来是外语专业教学改革的重点和难点。要从21世纪对外语人才的需求、21世纪外语人才的培养目标和复合型人才的培养模式出发，重新规划和设计新的教学内容和课程体系。

从我们对商务英语的定义分析可以看出，商务英语包括哪些具体的内容是很难罗列清楚的，因为商务英语所涵盖的内容本身就在不断发展变化，所以商务英语具体内容的描述基本上很难实现。但是商务英语的本质范畴还是可以确定的。尽管从商务英语的课程设置来看，各个高校对商务英语的判断不一致，课程设置也存在不一致的现象，但要了解商务英语应该包括什么课程，以及课程之间的比重如何协调，就应该从商务英语这门学科的本质出发，将发挥这门学科对社会和高校的积极作用作为课程设置的落脚点，从而在课程设置上形成从商务英语出发再回到商务英语的发展逻辑，使得课程设置能够更加科学、合理。

学科课程设置方面，除了要研究其出发点和落脚点以外，还要掌握其具体的课程设置依据。因为只有在“合理”的设置依据下，才能设置“合理”的课程以及相关的教材、教学模式和教学方式等。为了更好地分析商务英语的课程设置依据，众多专家、学者依据自身对商务英语学科的研究，提出了几点相关的课程设置依据。比较有代表性的有以下几点。

莫莉莉（2008）指出：ESP 课程的设置不应是简单地按照某种或某些理论框架和课程设置专家的观点，而是基于观察和实践。只谈论行动研究的理论是不够的，我们需要表明对于我们所倡导的是如何实践的，否则，想法只会停留在想象中而不会变为现实。行动研究的优势之一是开始于实践，人们通过实践产生自己的理论。行动研究是在真实情况下真实的人所进行的研究，这需要大量的案例研究来证明研究者是如何改进学习者的学习和状况，并给他们自己和他人带来了利益。同时，行动研究也构成了一种学习的形式，为社会的未来产生了深远的影响。ESP 教师在规划、实施和评估该类课程过程中的观点和实际举措，关键是要坚持以学习者为中心，设计出专门用途英语的课程和大纲。强调“由于 ESP 课程的特殊性，在设置的过程中除了一些普遍要素外，还应着重考虑 ESP 课程的特殊要求以及 ESP 课程的特殊属性……但 ESP 课程的设置还应当以一定的理论为基础、为指导，遵循一定的设计原则，从而设置出适合 ESP 教学发展的课程体系”。2004 年 1 月，教育部颁发的新制定的《大学英语课程教学要求（试行）》就明确规定：各高等学校应根据自身的条件和学生情况，设计出适合本校情况的基于单机或局域网以及校园网的多媒体听说教学模式，有条件的学校也可直接在互联网上进行听说教学和训练。此外，莫莉莉认为，基于网络的 ESP 课程设计首先要以建构主义理论为基础，主要是由于建构主义理论是“认知学习理论的一个重要分支，强调认知主体的内部心理过程，并把学习者当作信息加工的主体，网络化教学方式为学生创造了发现式学习环境和方法，充分发挥了网络信息量大、交互性强、多媒体传递信息等功能，能提高学生学习的积极性，增强学生学习的自信心，并有助于学生按照自己的实际情况安排学习内容和进度。在整个学习过程中，教师和学生平等地参与教学活动。教师只是教学活动中的管理者和指导者，整个教学活动大多是在学生控制的情况下进行，学生利用网上信息探究和学生之间系统学习交替进行，学生在教学活动中的主体作用得到充分发挥”。关于建构主义学习理论的基本论点，主要是学习者不是信息的被动接受者，而是知识意义的主动建构者；学习过程是新旧经验之间的双向作用过程；参与式学习是其重要学习形式，师生及学习者之间的沟通与合作在知识建构中愈加重要。同时建构主义理论比较注重学习环境的设计，莫莉莉指出，学习必须处于丰富的情景中，因为学习是在一定的情境下，借助人与人之间的协助活动而实现的意义构建过程，因而提出了学习环境中情景、协作、会话和意义建构是建构主义学习过程中的 4 个基本要素。建构主义是认知主义的进一步发展，建构主义学习理论强调学习过程中学习者的主动性、建构性，提出了自上而下的教学设计及知识结构的网络概念的思想以及改变教学脱离实际情况的情境性教学等。而交互性网络不仅为学习者提供丰富多彩的学习资料，为其学习的主动性提供必要的支持，而且为学习者之间的合作与交流提供了方便，加强了学习过程中学习者之间的协助性以及老师与学生之间的互动性（interaction），从而提高了学习者的认知能力和语用能力。束定芳（1996）曾指出：“课程是教师和学生交流的主要场所，是教师控制学生情感因素、协调学生学习行为、保证语言输入质量的地方。”

从莫莉莉对专门用途英语课程设置依据的分析，可以发现其要求在设置过程中除了考虑常规因素外，还要考虑商务英语自身的独有特点，其中最突出的就是要以“实践”也就是具体的工作经验和要求作为出发点，保证学生能够满足职业的需要。另外则是要基于建构学习理论的原理，以互联网教学为载体，充分发挥学生在学习过程中的主体作用，真正实现以学习者为中心的教学原理。从逻辑的角度看，我们知道商务英语是专门用途英语的一个分支，专门用途英语的设置依据也是商务英语的设置依据。由此，遵循“实践性”和“学习者为中心”的理论原理，就形成了商务英语的设置依据。

从专门用途英语这个角度出发来分析商务英语的设置原理，具有覆盖范围广的优点，但是考虑到商务英语有突出、明显的自身特点，故可以直接从商务英语的角度出发来分析。鲍文（2009）在对商务英语课程体系设置依据的分析中提出：（1）以需求分析为依据。“需求分析”是 ESP 一个重要概念，是 ESP 课程设置的基础阶段。（2）以专业协会与团体意见为依据。鲍文（2009）对此特别强调“商务英语是一门应用性更强、与社会经济发展更紧密相连的学科。因此，专业协会性质的组织和体制对国际商务英语学科具有更为重要的意义”。

近年来，我国国际商务活动发展极为乐观，尤其是我国加入世界贸易组织后，国际商务活动增多，随着外国投资大量进入中国，新的企业管理模式、理念层出不穷。通过需求分析和对专业协会及团体意见的分析，得出：在专业委员会或学科协会建议、意见的指导下，设计的国际商务英语课程内容和体系更趋合理化，更能适应和满足社会、行业的发展。在国际商务英语专业委员会或学科协会咨询课程设置之后，高校把所听取和吸收的委员会意见与建议补充到国际商务英语课程设置的需求分析中，得出的结果是国际商务英语课程设置的可靠依据，也是促进国际商务英语专业科学发展的重要保证。

通过商务英语设置依据来看，无论是从专门用途英语还是商务英语的角度出发进行分析，都可以看出各自的研究重点，提出相关的商务英语课程设置依据。应当从整体出发研究商务英语的课程设置依据，加强商务英语课程体系的系统性。从当前的学科形势和对未来发展趋势的展望看，商务英语课程体系建设的依据还要包括以下几方面。

（1）要以政府部门的发展规划为商务英语课程设置依据的出发点。政府部门主要是人才发展规划部门和教育部门，其对商务英语学科的发展规划是进行课程体系建设的主要依据。无论哪门学科，若要发展并取得一定进展，必须纳入政府部门的发展规划当中。可以毫不夸张地说，在21世纪全球化激烈竞争的发展态势下，国与国之间的竞争就是人才之间的竞争，具备国际化竞争力的高端人才则是国家最为重要的战略资源。为此，我国就如何推动人才发展制定了相关的战略规划。同样，教育部作为培养人才最重要的管理部门之一，制定的高校学生的教学规划大纲直接决定了我国高校学生的竞争力。近几年，全国各高校就如何从应试教育向素质教育转轨，加强实用性英语教学，努力提高大学生英语综合能力这个课题进行着探索。目前，教育部已下发了《大学英语课程教学要求（试行）》，这就为我们在新形势下进行大学英语教学改革提供了非常重要的指导原则。比如，教育部《大学英语教学改革工程草案》提出大学英语教学一定要“加强实用性英语教学，提高学生的英语综合应用能力”，它要求对“英语教学的层次、规格、课程标准进行重新定义，避免重复性教学，加强实用英语的训练。将大学英语教学与专业课教学相结合，培养学生的专业英语应用能力”。因此，商务英语的学科发展必须同国家未来关于人才的发展规划保持一致。将政府部门对人才培养的发展规划作为学科课程体系建设的指导纲要，并通过具体的课程建设来贯彻落实发展规划的精神。课程体系建设作为学科建设最为基础的部分，是整座商务英语“大厦”的“根基”。按照我国人才发展的规划和教育部门的教育大纲，可以保证所开设的课程符合政府部门对人才尤其是国际化高素质人才的需要。

（2）要以提高学生综合素质为商务英语课程设置依据的落脚点。要使学生具备足够强劲的竞争力，并将其作为开展课程设置的最终目的。对于学生的竞争力，可以从两方面出发进行分析：理论和技能两方面。理论知识方面，应当包括普通英语专业知识和商务英语知识，所设置的课程必须兼顾这两方面，同时还要能培养学生一定的科研能力。对于学生的技能方面，则要加强商务英语实际工作能力的培养，提高商务英语学生的实践能力。开设的课程必须满足理论和实践两方面的需求。

理论和技能只是商务英语学生综合素质最基础的部分。所谓素质不是空洞的概念，是人的心理特点（观察、注意、语言、记忆、想象、思维、创造等能力）、知识系统和操作技能的综合，其中专业知识和技能是不同岗位的基本素质要求（郭庆松，申林，2002）。大学教育具有专业性的特点，学生专业素质的培养应当是大学教育的重点。人的创造性活动与专业素质关系密切，并通常在专业活动中表现出来（苗素连，见谢安邦，2002；卢晓忠，2002）。没有专业素质，何来专业操作能力和创造性？培养目标与社会需求密切相关，不同的工作领域对复合型人才有不同的要求。从事国际商务工作的人才当然需要英语知识和技能，而且越多越好，但是这些岗位更需要系统的商科知识和技能。复合型人才的概念不能排斥专业素质。如果我们的学生没有专长，他们的竞争力将会减弱。商务英语教学单位应当认真思考专业知识的系统性和深度，其前提是专业定位。在强调专业素质的同时我们并不否认其他素质，除了专业课程，学生可以选修别的课程，例如文化或者艺术，还有第二课堂活动等，这些课程都有助于全面素质的提高。

商务英语学生的综合素质要求是全方位的素质，而不仅仅强调专业素质。要从专业素质开始发展到全面素质的提高，很重要的一点是要加强文化建设。即将“文化”作为两者之间的桥梁。对商务英语学生来说，由于要面临国际化的商务事宜，接触的多是他国人员，而不仅限于本国人员，由此文化素质的重要性甚至要高于专业素质。只有让学生精通国际化的文化，从而运用国际化的“思维方式”，才能用他所熟练掌握的专业知识和技能来指导具体的工作实践。正如宋格兰（2004）所指出的，“谈判者来自不同的国度，因此带有不同的文化烙印。而不同的文化因素影响谈判者的行为举止……文化不只是艺术或人们的生活方式，它也包含人们的交流方式。文化是社会学和人类学的一个基本概念。文化概念有狭义和广义之分，广义的文化是指人类创造的一切物质产品和精神产品的总和；狭义的文化专指包括语言、文学、艺术及一切意识形态在内的精神产品。社会学和人类学通常使用广义上的文化概念。文化具有如下特征：文化是在人类进化过程中衍生出来或创造出来的。文化是人们后天习得的。文化是一个体系。文化在一个群体中具有共享性。世界的文化是丰富多彩的。文化是发展的。文化具有民族性和特定的阶级性。文化常常有本民族文化优越感的倾向。文化是平等的，要让学生认识到民族文化优越感是不对的，文化实际上没有好坏之分。文化差异并不意味着一种文化是对的，其他文化是错的。所有文化的人都有人类的基本需求，如房子、食物以至尊重等。文化是对这些需求的不同方式的解答。文化差异使人类的交际变得既困难又有趣”。文化素质能够架起国内和国外的沟通交流，对于学生来说要具有国内和国外的文化。文化既反映在物质层面（人们通过思想和劳动创造出来的物质财富），也反映在人们的思维方式和日常行为等中。

就具体的课程设置来看，我们要加强商务英语学生在文化素质方面的知识和能力储备。事实上，从普通英语专业开设至今，我国的高校教学很早就开始注重这方面的培养，开设了英美文学选读、英国文化等课程，来加强对西方文化的理解，但是针对西方商务文化的课程则开设得不够充分。同时关于中国传统文化的课程更是凤毛麟角，学生对中国传统文化的掌握不够到位，更做不到在英语环境下理解并宣传中国传统文化。只有将中国传统文化和西方文化融会贯通，才能使商务英语从业人员具备国际化的视野、思维方式和能力。只有民族的，才是世界的。我们在强调文化素质训练时，过于偏重西方文化，而忽视了中国传统文化。但是对于中国的商务英语学生来说，由于本身就是在中国社会环境下成长起来的，深受中国传统文化的熏陶，其思维方式必然会受到东方文化的影响，如果一味地摆脱中国传统文化的影响，全方位地吸收西方文化，结果往往适得其反。

因此，若是出于提高商务英语学生文化素质的目的，除了要设置更多西方文化课程特别是商科专业的西方文化课程外，还要继续加强中国传统文化课程的学习，包括中国传统风俗、历史文化、地理以及旅游等。只有这样，才能“打通”东西方文化，最大化地发挥商务英语知识和技能的功能和作用。

第九章 商务英语语言翻译教学

第一节 商务英语翻译的重要性

随着国际商务活动形式的不断拓展，新的商务文体形式也不断产生。要做好商务英语文体的翻译并非一蹴而就。并非懂英语的人就能做翻译，不同的文体形式有着不同的翻译标准。国际商务英语翻译还必须对英汉两种语言进行研究对比，只有通过研究对比，才能找出两种语言之间的差别，这样在从事国际商务英汉互译时才能正确处理原文与译文的关系，才能选择恰当而又准确的译入语传达原文的意思。不了解双方的文化、不了解国际惯例、商务规则是难以担当商务翻译的。一项商务活动的开展，从询盘至合同生效、履行到贸易争端的仲裁都需要专业的知识，严谨的态度，这一切都将影响到双方利益。英语和汉语属于两个差别很大的语系，找出这两种语言的异同是国际商务英汉互译必定的课题。纵观中国商业史，无论是古代的“丝绸之路”，还是近代史上的“闯关东”和“走西口”、“下南洋”，商务翻译的重要性都是显而易见的。国际商务英语翻译也涉及语言文化的研究。语言是文化的载体，研究语言不能不研究文化。

国际商务活动本身就是跨文化交际，来自世界各地的商人带有本民族特有的文化。由于从商的实质乃是交际能力的体现，所以，要“搞定”交易的另一方就必须研究他的民族文化，否则，在与之打交道的过程中由于文化碰撞就会出现障碍。要做好商务英语翻译，不外乎几个方面的条件，即扎实的语言功底（外语和母语）、广博的知识（包括有关的历史、地理、风俗、文化以及各商务专门领域等的基本知识），加之端正的工作态度（严肃、认真等）。国际商务英汉互译所涉及的学科众多，如语言学、语义学、语用学、文体学、符号学、文化学、国际商务等。俗话说：商场如战场。作为国际商务交流的使者，不管从事口译工作还是笔译工作，其责任都非常重大。但是，我们并不是说国际商务英汉互译研究者必须非常熟悉那些学科，我们可以将其中某一个学科作为首先的切入点来研究。总的说来，商务翻译工作者的具体素质要求可概括为以下几个方面。

一、译入或译出语言基本功过硬

英语作为“世界普通话”被广大的从事国际商务的人所掌握。现代国际商务中的从业人员外语素质普遍较高，在进行一般的国际商务交往中，他们都能直接用英语交流。从事商务翻译的人，中英文水平的高低，将直接影响译文的质量。英译汉时，如果英文功底不好，就难以做到透彻理解英文原文的信息，就很难把握原文的逻辑关系，势必影响信息的传达，导致错译；尽管如此，翻译在国际商务活动中仍必不可少，因为国际商务业务中有些文字材料涉及两种不同的语言，必须有高水平的专业人员将这些资料准确地翻译出来，否则国际商务从业人员会因难以理解原文而影响工作。汉译英时，如果英文词汇掌握不好，英文语法不够精通，对英文中专业术语和固定搭配掌握不够牢固或数量不足，那么翻译出来的文字势必会在拼写、语法和表达上出现纰漏，让读者看起来别扭，读起来拗口，理解起来费力，甚至会闹笑话。这样，国际商务英语翻译就必然存在，其存在的必要性主要是：首先，国际商务涉及不同领域、专业。因此，掌握足够的英文词汇，精通英文语法，特别是一般常用词汇和商务词汇，正确使用专业术语和搭配都是极为重要的。从事这些方面的翻译的人员必须懂相关的专业；有些人虽然有一定的英语基础，但看不懂涉及某专业的资料，必须由专业人员将这些资料翻译过来。另一方面，长期以来，很多人存在一种误解，认为汉语的好坏不会影响翻译，而且大部分中国学生都会认为，既然汉语是我们的母语，在理解和表达上当然不会存在任何障碍。其次，翻译讲究技巧，是需要实践经验的，国际商务工作人员一般没有专门从事翻译的实践经验，只是偶尔为之。实则不然，很多时候，正是因为我们有上述想法，便不再注重汉语水平的提高，试想，英译汉时，如果对一些汉语词汇的用法把握不够，句式处理不好，依然得不到通顺的译文。最后，翻译也是一门艺术，是驾驭文字的艺术。如果没有良好的中英语言功底将难以胜任翻译工作。汉译英时，如果对汉语词汇或句子理解不透，就无法忠实地传达原文的意思。由此可见中英文语言基本功对翻译的重要性。商务翻译是一种涉及专业领域的翻译，中英文语言功底就显得尤为重要。虽然商务翻译不像文学翻译那样非常讲究艺术感染力，但有时也必须重视语言的艺术性，如商业广告的翻译。因此，商务翻译工作者更要注意提高自己的中英文语言水平。

二、商务知识熟练

好的翻译在传达了原文的语义信息后，必须将原文的艺术感染力在译入语中表现出来，以达到让消费者心动而购买商家商品的目的。所谓商务翻译，显然要对商务知识熟练，不说非常专业，至少要基本内行。一个外语工作者要从事某种专业的翻译工作，除继续提高外语水平外，还要努力学习该专业，使自己逐渐成为熟悉该专业的行家。最后，随着国际商务活动不断增多，商品的进出口交易过程中必须涉及的函电、合同等的翻译暂且不说，商品名称的翻译就非常讲究翻译技巧和艺术。只有这样，才能做好这项工作。翻译实践表明，译者丰富宽广的知识，一方面有助于加深对原文的理解，由于原文理解深刻透彻，翻译时就可以摆脱原文语言的束缚，灵活自如地表达原意。因为商品名称翻译得好坏直接影响到该商品的销售。此外，国际商务工作人员即使有翻译能力，也没有时间从事翻译，因为他们的主要精力放在自己的本职工作上。另一方面，由于对所译内容具有一定的知识，可以根据自己对这方面事物的了解，选用最恰当的词语，把原意恰如其分地表达出来，更好地为读者所接受，收到接近原文信息所表达的效果。由此看来，国际商务英语翻译就显得十分必要了。一个称职的商务翻译工作者不仅需要掌握丰富的商务知识，包括贸易、金融、商法、投资、物流、保险、管理、会计、人力资源、电子商务等诸多领域的知识，还需要了解双方的文化差异、风俗习惯。以往人们只看重文学翻译，认为只有文学翻译是“阳春白雪”，国际商务翻译似乎不上档次。事实上，在经济全球化的今天，国际商务翻译所占的比重非常大。

三、翻译态度严谨

商务翻译不只是一种语码的简单转换工作，在这一转换中，既要忠实原文信息，又要保证译文通顺可读。实际上，文学翻译在语际交流中所占的比例还不到百分之一。我们不想比较文学翻译和国际商务英语翻译的优劣，只是想提醒人们，国际商务英语翻译的重要性决不可忽略。如果在翻译过程中，想当然或生搬硬套，必定会导致对原文信息的误传，译文也难免满足不了目的语要求，甚至会出现生硬拗口的地方。国际商务英语翻译能促进国际贸易。由于翻译，商人们便能加深了解，加深了了解就增加了买卖双方的信任，这样就为交易的成功奠定了一个很好的基础。对商务翻译来说，更应该持一种严肃认真的工作态度，因为商务翻译更多地涉及双方的经济利益，稍有不慎，会将其中的数字、双方的义务或国际商务原则或规范搞错，势必会给商务来往的双方或单方造成一定的经济损失，妨碍商务合作与交流的正常进行。另一方面，由于我国进一步加大改革力度，在当前经济全球化的进程中，各个方面力求与国际接轨，翻译在其中起着非常重要的桥梁作用。因此，培养良好的翻译作风，端正翻译的态度，是商务翻译者面临的一项重要任务。可以说，要全面实现现代化，离不开国际商务英语翻译。商务翻译者的素质只有达到了上述三个方面的要求，才可能满足目的市场的诉求。

第二节 商务英语翻译的标准和要求

一、商务英语翻译的标准

翻译标准是翻译理论的核心问题，是翻译活动必须遵循的准则，是衡量译文质量的尺度，也是翻译者应努力达到的目标。因此，翻译标准对于商务英语的翻译来说十分重要。但是翻译的标准却并不统一，翻译界对此也没有完全一致的定论。商务英语翻译的标准有很多，商务英语翻译标准的提法也各不相同，这使得我们无法有一个统一的指导性原则。这里主要介绍商务英语翻译的一般标准和最高标准。

（一）一般标准

一般标准即现实通用的“忠实、通顺”。下面我们对这两种一般标准进行具体分析。

1. 忠实

“忠实性”标准原则是商务英语翻译人员必须遵循的首要标准。所谓“忠实”，即译文所传递的信息同原文所传递的信息要保持一致，或者说要保持信息等值。商务英语翻译必须忠实原文，做到信息对等而不是相似，不得随意发挥，不能窜改、歪曲、遗漏原文所表达的思想。应该“忠实”于是原文的内容意旨和风格效果，而不是原文的语言表达形态。例如：

Bank bonds are also popular because they have a short maturing and are currently offering an interest rate of 20% more than the average bank deposit rates.

译文：银行债券也颇受欢迎，因为期限短，利息也高于银行的平均存款利率。

上述翻译遗漏了一个重要信息，即 are currently offering an interest rate of 20%这一重要信息，因此这样的译文也就很难忠实于原文，也就不能称得上是好的译文。译文应为：银行债券也颇受欢迎。因为它期限短，而且目前正提供高于银行平均存款利率 20%的利息。

又如：

江苏已成为外向型经济发展的一个热点地区。

有人将上述这句话译为Jiangsu has become a hot spot for its development of external directed economy. 这里的hot spot就有望文生义之嫌了，因为a hot spot往往被理解成“difficult or dangerous situation; place where（e. g political）trouble is likely. ”但汉语中的“热点”指的是“某时期引人注目的地方或问题”，毫无“危险、冲突、内乱动荡的地方”之意，以hot spot来译“热点”显然是误译。

原句应该译为：Jiangsu has become a focus of attention for its development of export—oriented economy.

但汉语中，“热点”可以说毫无“危险、冲突、内乱动荡的地方”之意，而指“某时期引人注目的地方或问题”（《现代汉语词典》）。以“hot spot”来译“热点”属语义误解产生的误译。另外，“外向型”经济指“面向外国市场”的经济，以生产出口产品为导向的经济。

2. 通顺

将一种语言翻译成另一种语言后，译文要流畅、明了、易懂。英汉对译时必须使译文规范化，即所用的词汇、短语、句子及语法都必须符合本语种、本行业的一般规范和习惯，用词要准确，文字不晦涩、不生硬、不洋化。译文必须是清晰明了的现代语言，文理通顺、结构严谨、逻辑清楚，不能出现逐词死译、硬译的现象。不能出现语言晦涩的现象。例如：

请从速办理此事，我们将不胜感激。

原译：Please do it at once，we will be much thankful to you.

改译：Please prompt attention to the matter would be much appreciated.

原译和改译表达得都很正确，但相比较而言，改译采用的长句和被动语态使得句子表达更加正规和严肃。而且would be much appreciated比we will be much thankful to you显得更加委婉。所以，改译更加忠实于原文。

忠实和通顺是紧密相连、相辅相成的。做到了忠实但忽视了通顺，则会给读者造成理解的困难，也就谈不到忠实；做到了通顺而没有做到忠实，则会脱离原作的内容与风格，通顺也失去了作用。例如：

Western Europe has been hit harder than the United States and Japan. Some relatively self-reliant poor countries，such as India，have been partly insulated.

例句中“hit harder”和“have been partly insulated”的翻译能否达到“忠实”“通顺”的标准，直接会影响到译文的质量。“hit harder than...”的意思是“受到的影响比……要大”，“have been partly insulated”的意思是“至今（只）受到部分影响”。其中insulated的含义是“使其绝缘了”，属于物理学中常用的动词。则partly insulated的含义是“部分绝缘了”，因为句中的主语是“经济衰退”，因此则可应转译为“（只）受到部分影响”，由此“have been partly insulated”可初步翻译为“受到经济衰退的部分影响”。英语中语句的表达方式多使用被动语态，而汉语中则习惯使用主动语态的表达方式。据此，上文后半句的翻译是：“经济衰退至今只在一定程度上影响到了一些诸如印度等那些相对自力更生的穷国。”

3．准确性

“准确性”标准是商务英语翻译的核心。“准确”是关键，译者务必在信息转换的过程中正确理解并选择词语，概念表达要确切，物品与名称所指正确，数量与单位精确，将原文的语言信息用译文语言完整表达出来，不曲解原义。

例如：That's because, under the original Oyu Tolgoi agreement, Rio still has right of first refusal over any shares offered to third parties.

误译：这是因为，根据最初的奥尤陶勒盖协议，对于任何向第三方出售的股份，力拓仍有优先拒绝权。

正译：这是因为，根据最初的奥尤陶勒盖协议，对于任何向第三方出售的股份，力拓仍有优先购买权。

解析：原译文背离了“准确”原则，问题出在对“right of first refusal”的理解上，该表达法的真正意思是“优先购买权”。

4．统一性

所谓“统一”，即是指在商务英语翻译过程中所采用的译名、概念、术语等在任何时候都应该保持统一，不允许将同一概念或术语随意变换译名（刘法公，1999）。也就是说，词语运用规范，符合约定俗成的含义，译文的行文方式合乎商务文献的语言规范。“统一性”标准有利于商务英语译文的统一和规范。有些术语以及专有名词在长期的翻译实践中，已有了固定译法，沿用已久。即使这些译名不符合规范，不够妥帖，甚或错误明显，但因多年来已为人们所公认和熟悉，早已成为人们的共同语言了，如Munich慕尼黑（不按德语发音译为“明欣”）：George Bernad Shaw萧伯纳（不按人名译音为“乔治•伯纳德•萧”）。这些译名，虽不规范，但沿用已久，如重新译名，反而引起混乱，不利于译名的稳定和统一。此外，为了避免产生歧义，有些词语的翻译必须保持同一种译法，尤其是合同中的专业术语和关键词语都有着严格的法律含义，翻译时一定要透彻理解原文的内容要求，准确完整地传达合同文件的精神实质。以“exclusive”为例，exclusive territory 应译为“独占区域”，但是，exclusive contract 则译为“专销合同”。

（二）最高标准

最高标准即“功能对等”。“功能对等”理论是奈达基于他的《圣经》翻译研究而提出来的。他最初提出的是“动态对等”（dynamic equivalence）这一术语。所谓“动态对等”是指从语义到语体，在接受语中用“最切近的自然对等语”，用奈达自己的话来说，就是“与源语信息最切近而又自然的对等”（the closest natural equivalence to the source language message）（Nida，2001：91）。它包含三层意思，“①对等，针对源发语信息；②自然，针对接受者语言；③最切近，以最高近似值为基准，将前两种取向结合在一起”。例如：

Gentlemen，

We have received your telegram of May 6，from which we understand that you have booked our order for 2，000 dozen of shirts.

In reply，we have the pleasure of informing you that the confirmed，irrevocable letter of Credit No. 7634，amounting to $17，000，has been opened this morning through the Commercial Bank，Tokyo. Upon receipt of the same，please arise shipment of the goods booked by us with the least possible delay. We are informed that S. S. “wuxi” is scheduled to sail from your city to our pert on May 28. We with that the shipment will be carried by that steamer.

Should this trial order prove satisfactory to our customers，we can assure you that repeat orders in increased quantities will be placed.

Your Close cooperation in this respect will be highly appreciated. Meanwhile，we look forward to your shipping advice.

Yours sincerely！

上述信函蕴含了两个主要功能，即信息功能和呼唤功能，所谓信息功能就是向信函读者传达的相关信息，如获悉对方接受订货、信用证已开出等；所谓呼唤功能就是向信函读者传达己方的希望，呼唤对方去思考和行动，如希望对方将所订货物迅速装船，并由“无锡”号装运等。翻译时必须要注意这两个功能，并确保其实现，不仅要精确地传达相关的信息，而且要成功地唤起信函接受者采取行动。下面是翻译文。

先生：

5 月 6 日电悉，贵方已接受我方购买 2000 打衬衫的订货。

我们高兴地答复，第 7634 号保兑的、不可撤销的信用证，金额为 17000 美元，已于今晨通过东京商业银行开出。收到后，请将我们所订的货物迅速安排装运。另据悉“无锡”号轮定于 5 月 28 日从贵处开往我港，我们希望由该轮装运这批货物。

如若此次试购使我方客户满意，我们保证将继续大量订购。

我们对贵公司在这方面的密切合作深表感谢。同时盼望贵方的装运通知。

敬上

该译文不仅忠实了原文，而且还以汉语商务英语信函的写作特点为依据，成功地确保和再现了原文的双重功能。行文流利、规范、得体。下面我们对这一标准进行具体的分析。

1. 原文与译文语义信息的对等

语义信息是基础。没有语义信息就没有风格信息或文化信息，因为风格信息和文化信息必须通过语言的基本含义表现出来。语言是信息的载体，语言若没有传递信息，风格信息和文化信息就无从谈起。语义信息包括表层语义信息（surface structure semantic message）和深层语义信息（deep structure semantic message）。表层语义信息指的是话语或语篇的字面意思。例如：

The New York Port Authority stipulates that barium carbonate should be packaged in fibre drums instead of in bags. The leakage was attributed to your failure to effect shipment according to the packing terms as stipulated in the contract.

译文：纽约港务局规定碳酸钡应用纤维材料制成的桶装，而不应袋装。泄漏是由于贵方未按合同规定的包装发货所致。

上述例子是关于贸易运输中货物出现问题时的函件。原文字面意思很明确，译文已将原文的表层信息传递出来了。

表层结构语言所蕴含的意思即深层结构信息。换句话说，深层结构信息就是“字里行间”的意思。要了解深层结构信息，译者必须要依据上下文的内容进行揣测，要运用对社会、文化、专业知识、历史、艺术等方面的知识，去体会、理解和剖析原文包含的深层结构信息。例如：

It Works Just 85 Well On the Dash

Just because you' re on the move doesn' t mean your business has to come to a standstill.

The new F-series is a quality business tool designed to keep you in touch both in and out of the car.

It' s one of the smallest and lightest portables around. And, if size does make a difference to you, it even has two different batteries. A large one for longer use and a small one to avoid unsightly bulges in your pocket.

Back in the car you can' t get a better phone. It clips easily into place giving you a powerful class 2 mobile phone. Thanks to Panasonic's advanced acoustic engineering, it then gives you the best possible hands—free performance.

So whether you' re on four wheels or two feet you Can always keep your conversation moving.

For more details on the F-series, cut out the coupon or dial 100 anytime and ask for Freephone Panasonic.

译文：

风驰电掣传话依然那么清晰

您在旅途并不意味着您要停下业务。

新F系列是一种高质量的生意工具，是专为您在车内或车外时保持联系而设计的。

它是目前体积最小、重量最轻的手提式电话。如果体积在您看来举足轻重的话，这种电话可使用两种电池。大的一种使用时间较长，小的放在您的口袋里，外面没有一丝凸起的痕迹。

在车里使用，您找不到比这更好的电话。它能很方便地放置在固定部位，成为一台高功率的二级汽车电话。

多亏松下先进的制造工艺，才给您最好最省事的服务。

所以，不论您坐四个轮子的车，还是两足步行，您的谈话总能够继续下去。

若要索取F系列详细资料，请剪下附表或随时拨打100，获得松下免费电话服务。

上述是一则手提电话的广告。从中可以看出，广告的语言不是很复杂，译文基本上将表层结构信息传达了出来。译者在原文的基础上，通过上下文的推测，将广告中蕴含的深层结构信息也准确地传达了出来。例如：标题必须要根据广告的内容将广告设计者所要表达的意思翻译出来，而不能只按照标题的表层含义直接进行翻译；第二段“a quality business tool”中的带有下划线的“quality”也不能根据表层含义翻译成“质量”，如果翻译成“质量生意工具”，则会使读者产生迷惑。实际上，作者的意思是：本产品质量上乘、可靠。因此，将其翻译为“高质量的生意工具”，原文深层机构信息含义就翻译出来了。

2. 原文与译文风格信息对等

风格信息对等是指原文的风格信息与译文的风格信息对等。翻译的风格论所关注的重点是原语风格意义的所在。这里的风格实际上指的是不同的文体。风格信息是信息传递的载体，在翻译中的作用不可忽视。如果忽略了原文风格信息的翻译，就会使得译文流失大量的信息，还会使译文显得不够得体。商务英语会涉及许多不同的文体，如广告、法律等，因此在翻译时必须注意不同风格信息的传递。例如：

These Rules shall govern the arbitration except that where any of these Rules is in conflict with a provision of the law applicable to the arbitration from which the parties cannot derogate that provision shall prevail.

译文：本规则应管辖仲裁。但若本规则任何条款同适用于仲裁而为当事人各方所不能背离的法律规定相抵触时，则该规定应优先适用。

上述文字是具有法律意义的条款，因此译文也必须是法律语言，如果译文不是法律语言，那么读上去就不像法律条款。如 These rules shall govern l the arbitration... 若翻译成“这些规则将管制仲裁……”，则会使人非常费解。再看下面一则例子：

Instant Full Cream Powder

This instant full cream powder is made from the Premium Grade A milk. To prepare it you simply mix the powder with water and instantly you have nutritious，natural full cream milk.

This milk powder gives you the flame nutritional value as fresh milk because it contains vitamins A，B_1，B_2，B_6，B_{12}，C，D，E，K，PP，carotene, protein，and milk fat，plus enrichment with vitamins A and D.

译文：

速溶全脂奶粉

本速溶全脂奶粉选用优质 A 级牛奶精制而成，加水即可调成营养丰富的天然牛奶。

本奶粉含有维生素 A、B_1、B_2、B_6、B_{12}、C、D、E、K、PP、胡萝卜素、蛋

白质和乳脂。以及强化维生素 A 和 D，其营养价值与新鲜牛奶相同。

上述例子是一产品说明书，可以看出，译文读上去很符合汉语说明书的语言。如将“This”翻译成“本”而不翻译成“这”或“该”；将 is made from the Premium Grade A milk”翻译成“选用优质 A 级牛奶精制而成”等。

3．原文与译文文化信息的对等

文化信息对等在语言的翻译过程中是可能的，因为尽管人类生存的条件、环境等方面有不同，但是，人类生存的需要和人的思维方式都有共性。不同的民族文化之间有许多这样那样的差异，国际商务英语翻译者需要了解这些差异，以便通过恰当的方法达到文化上的对等。这样的例子举不胜举。

例如，在汉语中，黑色与“不好的”“倒霉的”“邪恶的”特征相联系，而在商务英语中，in the black 这个短语有好的意思，表示“盈利”，这个短语来自记账时所用墨水的颜色。可见，由于中国和英语民族有着不同的历史背景、风俗习惯、文化传统等，商务英语翻译中就必须准确地找到这种差异，才能在翻译工作中做到文化信息对等。

4．读者反应对等

读者反应对等指的是原文读者反应与译文读者反应对等。上述描述的三个对等都是这一对等的基础，这一对等也是国际商务英语翻译的最终目的。然而要做到完全的对等是不可能的，但是也不能因此而放弃这一对等原则。商务英语翻译者必须认识到：①“译文读者对译文的理解应当达到能够想象出原文读者是怎样理解和领会原文的程度。”②“译文读者应当能够基本上按照原文读者理解和领会原文的方式来理解和领会译文。”（尤金 •A. 奈达著　严久生译，1998）译者在翻译过程中必须想象原文读者对所翻译的文本的反应和以英语为母语的读者的反应。但实际上做到这些是十分困难的。翻译时译者必须首先要完全理解原文。然后运用地道的汉语法律语言将原文意思表达出来，否则译文读者的反应与原文读者的反应肯定会存在差别，甚至差别会很大。如果语义信息传递了而风格信息传递没有完全到位，导致了译文读者与原文读者的反应未达到理想的对等。同样，如果语义信息在翻译过程中错误传递或丢失，那么译文读者与原文读者的反应也不能对等。例如：

Check for a “ditch or smile” around the coin on the product side. A “smile” in the path of the scoreline will produce leakers.

译文：检查罐盖内侧硬币区是否有沟渠和微笑。在刻痕线上出现微笑则会产生渗漏。

译文中的“沟渠”和“微笑”以及“硬币”很显然会使人感到费解，其反应自然就会与原文读者的反应产生差距。实际上，原文中的“ditch”、“smile”、“coin”分别采用了比喻、拟人、拟物的修辞手法。（ditch）沟渠是凹进去的，因此ditch比作凹面；（smile）人笑起来脸部肌肉会凸起来，所以smile意思是“凸”；coin的意思是“铆合区”。因此上述译文可修改为：

检查罐盖内的铆合区是否有凹痕和凸起。如果刻痕线上出现凸起，则会产生渗漏。

以上几个方面部强调对等。需要注意的是：这里的“对等”绝不是绝对的一词一句的“对等”，而是一种相对的概念。原文与译文的灵活对等就是不能拘泥于形式，对等不是词语的字对字的翻译。在保证原文的信息量最大限度地传递到译文中的前提下，译者可以灵活运用译入语，以便达到语义信息、风格信息和文化信息的最大程度的对等。

二、商务英语翻译的要求

商务翻译工作是一种促进各国人民进行文化、科技、商业交流的重要活动。因为这一工作性质的缘故，从事这一工作的人员承担着特殊任务，不仅应具备良好的政治素养和高度的责任感，而且应具备一定程度的外语水平能力、母语水平能力、知识水平能力、应用水平能力等。

（1）具有良好的政治素养。良好的政治素养是指译者能够运用正确的立场、观点和方法来分析研究所译的内容，确保译文准确、恰当地传达原文的思想。如在商务活动中，常常会涉及大陆、台湾地区、APEC等提法。此时我们应提高警惕，认真对待。例如：大陆应译为the mainland of China或China’s mainland，而不能译为mainland China。此外，对于台湾地区的说法，国外的一些人常会有意无意地将其说成Republic of China，此时我们不应将其直接译为“中华民国”，而应译为“中国台湾”。另外，中国属于亚太经合组织（APEC）成员，但香港和台湾等地区也包含在这一组织之中，因此在翻译与APEC有关的一些材料时，就要特别谨慎和敏感，APEC members应译成APEC成员，而不能译成APEC成员国。

（2）具有高度的职业责任感。高度的职业责任感是指译者必须意识到自己肩负的使命，要有兢兢业业、一丝不苟的态度，对不明白或不熟悉的东西要勤查多问，不望文生义，不草率下笔。翻译者肩负着重要的责任，稍有不慎就有可能造成重大的失误，如造成巨大的经济损失或不良的政治影响，因此译者一定要有一种责任感，对于任何翻译工作都不能草率。

（3）具有较强的英语语言能力。较强的英语语言能力是英汉翻译的基础和首要条件，是清晰、完整、透彻地理解原文的前提。因此，要想很好地进行翻译，首先要提高英语语言能力。英语语言能力的提高一方面要尽量拓展词汇量，另一方面要掌握必要的语法知识。如果词汇量有限，那么在翻译时就要不断地查阅词典来辅助翻译，这样不仅会影响翻译的速度，还会打断翻译的思路，很容易造成翻译错误。如果没有具备较好的语法知识，在英汉翻译时就不可避免地出现理解错误，使得译文不能很好地传达原文的意思。例如，Today we cannot walk a few steps without noticing advertising. 今天，只要我们走出几步路，就一定会注意到广告。这句译文采用了正译法，把原文译成了肯定句，可试想一下，假如此句不采用正译，此句的翻译又会是怎样的呢？

（4）具有扎实的汉语基本功。较高的英语知识是正确、清晰理解原文的基础，那么扎实的汉语功底则是贴切、自然表达的基础。虽然商务英语的翻译不像文学作品那样要运用形象的语言和多种修辞手段，但译文也要做到概念清晰、行文流利、逻辑通顺、完整准确。这一点常常被许多人所忽略，认为汉语是自己的母语，对于应付翻译中的表达问题是轻而易举的。但是，在实际的英汉翻译当中，往往会因一个词或一个句子的措置而绞尽脑汁，很久也找不到一个恰当的词语或句子。如 Inflation is coming down; unemployment is coming down; things are definitely looking up! 如果译为“通货膨胀正在下降，失业问题正在下降，事实确实正在向上看”，读完之后会使人不理解其中的含义，如果改译为：通货膨胀正趋缓解，社会失业问题也在改善，形势确已好转！其含义就明了得多了，读来也不会使人费解。可见，翻译质量的好坏直接受译者汉语理解能力和表达能力的影响。如果汉语功底不扎实，即使精通了外语，也很难将原文的内容和风格完整准确地表达出来。要想学好汉语，拥有扎实的汉语基本功，一方面要借助于语文教材，掌握基本的汉语语法知识；一方面要阅读大量的汉语优秀文学作品，借鉴和学习里面的一些准确地道的表达方式。

（5）具有较强的知识水平能力。如果译者只懂得外语而不了解一些相关的专业知识，那么一些特殊的表达方式是很难译好的。知识水平能力是指译者应具备译入语和译出语的相关知识水平。商务英语翻译要求译者不仅要能运用流利、通顺的语言，还要懂得专业的术语和行话，将流利的语言和专业的相关知识完美地结合起来，才能将原文含义完整地表达出来。在进行商务英语翻译时，应注意一些专业常用词组的习惯用法，如 I am writing to notice you that... 并非简单地译成“我现在在写信，要通知你……”，而是应译为“我写此信的目的是要告知贵

（你）方……”；Enclosed are... 并非“信中含有……”，而是“随信附上……”。对于原文的理解也应更加全面，采用得体、恰当的词语将原文的意思准确地表达出来。

（6）具有较强的应用水平能力。应用水平能力是指译者应具备较强的翻译能力，其中包括理解、选词、表达等综合能力。英语阅读能力的提高对于翻译能力的提高有着积极的促进作用，因此现在英语学习界十分重视和强调学习者的阅读能力。但是阅读能力的提高和翻译能力的提高并不是同步的，而是有差异的，尤其是汉译英的能力水平，有很多学习者已经学习了十几年的外语，但是连最基本的句子也不能很好地翻译。因此，学习者需要进行大量的练习，在进行翻译练习时应尽量选择一个安静的地点和无人打扰的时间，以便集中精神，一气呵成。所选择的翻译材料最好附有优秀的参考译文，这样在做完练习后还可以参考一些现成的译文。只做练习也是不够的，还应进行翻译实践，只有通过实践，译者的翻译水平才能得到真正的提高。

综上所述，只有具备了良好的语言知识能力、实际应用能力和政治素养及职业责任感，才能将翻译工作做好，才能成为一名合格的翻译人员。

第三节　商务英语翻译的原则与过程

一、商务英语翻译的原则

商务英语并非一般的语言描述，因此其翻译不同于文学和其他文体翻译，特别强调语义的对等或等效，追求“地道、准确”。翻译的一般原则与标准，从严复先生的“信、达、雅”，到 Peter Newmark 的交际翻译法，都无法完全应用于商务英语翻译。在商务英语翻译中，译者不仅必须精通两种语言及其所属文化，以及各种翻译技巧，还必须熟知相关商务知识，了解其各领域的语言特点和相关表达方式。因此，商务英语翻译还必须遵循“brevity”（简洁）、“clarity”（明晰）和“flexibility”（灵活）三个原则。

1. 简洁

英语中有句经典的谚语：言以简洁为贵（Brevity is the soul of wisdom）。语言简洁，对于从事国际商务活动的人们来说尤其重要，因为在当今竞争激烈的社会里，时间就是金钱。简洁的语言可以促成高效的交际和业务往来。简洁也是商务界从业人员素质和公司形象以及公司办事效率的具体体现。因此，在商务交际中，不求辞藻华丽与虚饰，但求语言朴实精练、客观正式、用词规范。

在商务英语汉译过程中，由于此时的翻译活动是从一种以注重句子结构完整的形合性语言向注重逻辑内在意义传达的意合性语言的转换，因此，语言表达更要求精练、简洁。例如：

——As part of the plan to bolster its financial standing, the struggling life insurer will seek capital injection of about 100 million dollars from financial institutions.

译文一：这家经营有困难的寿险公司，将从金融机构寻求现金增资一亿美元，作为计划提升财务状况的一部分。

译文二：作为提升财务状况计划的一部分，这家在竞争中求生存的寿险公司将从金融机构寻求约一亿美元的资本注入。

在讨论简洁时，我们必须澄清这样一个概念：并不是指在文字表述中所使用的字数越少就意味着越简洁，就翻译而言，简洁就是指在充分表达并且不损失原文意义的情况下使用尽可能少的字数的表达。

上面的译文二更符合汉语表达，也最充分地传达出了原文的意义，因而符合简洁的原则。

2. 明晰

在商务英语翻译中，我们所说的准确原则强调的是译文所传达的信息完全符合实际或预期，简洁原则突出的是译文所传达的信息具有最高的效率，而明晰原则则关注的是译文表达必须得体到位，即在最佳的位置上放置了最佳的词语，让读者一目了然。

例如：

——Marketing occurs when people decide to satisfy needs and wants through exchange. Exchange is the act of obtaining a desired object from someone by offering something in return. Exchange is only one of many ways people can obtain a desired object.

As a means of satisfying needs, exchange has much in its favor. People do not have to prey on others or depend on donations. Nor must they possess the skills to produce every necessity. They can concentrate on making things they are good at making and trade them for needed items made by others.

Thus，exchange allows a society to produce much more than it would with any alternative system.

Exchange is the core concept of marketing. For an exchange to take place，several conditions must be satisfied. Of course, at least two parties must participate，and each must have something of value to the other. Each party also must want to deal with the 0ther party and each must be free to accept or reject the other’s offer. Finally, each party must be able to communicate and deriver.

译文一：当人们开始通过交换来满足欲望和需求的时候就出现了营销。所谓交换就是指从他人那里取得想要的物品，并以某种物品作为回报的行为。获得想要物品的方式有多种，交易只是其中之一。

作为满足欲望和需求的方式之一，交换具有诸多优点：人们不必占他人便宜或者依赖他人的施舍，不必具有每种必需品的生产技术，因而他们可以专心生产他们最擅长生产的物品，然后用以换回由他人生产的自己所需要的物品。这样一来，交换就使整个社会能够生产出更多的东西。

交换是营销的核心概念。为使交换发生，必须满足几个条件：第一，必须存在交换双方；第二，每方都拥有对方所需的物品或价值；第三，每方都想要与对方交换；第四，双方都能自主地接受或拒绝对方的提供；第五，双方都有能力进行沟通和交货。

译文二：当人们决定通过交换来满足各种需求和欲望时，买卖就出现了。交换是指从他人那里获取所需之物并以提供某物作为回报的行为。交换只是人们获取所需物品的众多方式之一。

作为满足各种需求的方式，交换具备较多优点：人们不必再占他人的便宜或者依赖他人的施舍，也不必具备各种技术来生产每一种必需品。这样，他们就可以专心生产自己最擅长生产的产品，然后用以换取他人生产的自己所需物品。可以说，交换就可以比运用其他任何方式更能使得整个社会生产出更多的产品。

交换是营销的核心概念。要产生交换，必须满足几个条件。最重要的就是，至少须由两方参与交换，一方必须具备对于另一方来说有价值的产品；一方还必须具有同另一方交换的愿望；一方必须具备接受或拒绝另一方买卖的自由；最后，各方必须具备沟通和送货的能力。

为比较两个汉语译文的明晰程度，现将原文中的部分词语和短语以及两种与之对应的汉语译文列示如下（如表 9-1 所示）。

表9-1 汉语译文对照表

英语原文	译文一	译文二
Marketing	营销	买卖
obtaining a desired object from someone by offering something in return	取得想要的物品，并以某种物品作为回报	获取所需之物并以提供某物作为回报
Exchange	交易	交换
As a means of satisfying needs	作为满足欲望和需求的方式之一	作为满足各种需求的方式
do not have to prey on others	不必占他人便宜	不必再占他人的便宜
Nor（must they）posses the skills to produce every possess	不必具有每种必需品的生产技术	也不必具备各种技术来生产每一种必需品
making things they are good at making	生产他们最擅长生产的物品	生产自己最擅长生产的产品
trade them	换回（……所需要的物品）	换取（……所需物品）
Thus	这样一来	可以说
with any alternative system	未译出	比运用其他任何方式
For an exchange to take place	为使交换发生	要产生交换
of course	未译出	最重要的就是
at least two parties must participate	必须存在交换双方	至少须由两方参与交换
have something of value to the other	拥有对方所需的物品或价值	具备对于另一方来说有价值的产品
want to deal with the other party	想要与对方交换	具有同另一方交换的愿望
to accept or reject the other's offer	接受或拒绝对方的提供	接受或拒绝另一方买卖
be able to communicate and deriver	有能力进行沟通和交货	具备沟通和送货的能力

从列表中可以看出，对于列于左边一栏中从原文选取的词语和表达，译文一和译文二分别做了不同的处理，到底哪一种表达更为明晰，读者应该一目了然。可见译文的明晰度到底具有多大的价值和分量！

3. 灵活

商务英语翻译，作为译者，精通翻译过程中所涉及的两种语言是根本，但在此基础上，还必须具有灵活的翻译策略、翻译思路和翻译方法。这是作为译者的翻译能力和译者能力的综合体现。

在商务英语翻译中，译者在处理英汉两种语言以及国际和汉语商务文化时，要灵活机动地在译文中予以应对。译者的灵活是产出成功翻译作品的源泉。通常来说，越是经验丰富的译者，处理翻译问题时越是灵活，所给出的译文越是优秀。

译者在翻译过程中要善于从各种不同视角去观察、审视、切入并最终解决翻译问题。译事之难，所考验的就是译者是否具有灵活性。一切翻译技巧的讲解，要培养的就是译者的灵活性。译者在翻译中具有了灵活性，也就掌握了善变的技巧，善变则通，善变则达。

下面，我们以翻译实例来说明遵循灵活的翻译原则的重要性：

——We continue to make essential investments in our drive for more competitive products and services, delivered on ever shorter cycles.

译文一：寻求于更短时间内推出更具竞争力产品和服务的驱使之下，我们持续进行重要的投资。

译文二：由于一心想着要提供周期更短、竞争力更强的产品和服务，我们就不断进行着各种基础的投资。

译文一在表达上就缺乏灵活性，体现在：将“drive”一词机械地翻译成“驱使”；将“in our drive for more competitive products and services, delivered on ever shorter cycles”翻译成“寻求于更短时间内推出更具竞争力产品和服务的驱使之下”，也是因为表述缺乏灵活度而读来佶屈聱牙；将“continue to make essential investments”译成“持续进行重要的投资”亦缺乏灵活性。

译文二则机动灵活，将“in our drive for...”翻译成“由于一心想着要……”，将“for more competitive products and services, delivered on ever shorter cycles”译成“要提供周期更短、竞争力更强的产品和服务”，这样的汉语读来毫无斧凿痕迹，将“continue to make essential investments”译成“就不断进行着各种基础的投资”，正是原文所传达的意义之所在。

再如：

——Huge investment costs, such as those for developing environmental friendly technology, have made it difficult for an automaker to survive competition on its own.

译文一：大笔成本的投资，例如发展对环境有利的技术，会使得汽车制造业者面临生存竞争的困难。

译文二：巨额的投资成本，比如用于开发环境保护技术的投资成本，已经使得汽车制造业者很难独立地在竞争中生存。

译文一首先是漏译了“those for developing environmental-friendly technology”中“those”这一信息，也漏译了“on its own”这一信息。该译文将“huge investment costs”表述成“大笔成本的投资”，改变了原文中修饰成分同被修饰成分之间的关系，颠覆了原文中修饰成分同被修饰成分之间的位置，因而是错误的；将“those for developing environmental-friendly technology”表述为“发展对环境有利的技术”，漏掉了“those”以及“for”所要表达的信息，且“发展……技术”的动宾搭配在汉语中只是勉强地可以接受；将“survive competition”表述为“面临生存竞争”，歪曲了原文之意。

而译文二的表述则非常灵活。首先，原文中“those”的所指就是前面提到的“investment costs”，因此，将“investment costs”译成“投资成本”才便于下面的行文。将“those for developing environmental-friendly technology”译成“用于开发环境保护技术的投资成本”将“survive competition”表述为“在竞争中生存”，真正传达出了原文之意。另外，诸如“巨额的投资成本”“用于开发环境保护技术的投资成本”“很难独立地在竞争中生存”等都是准确、简洁而明晰的汉语表达。

从本例可以看出，要使译文具有灵活性，首先它必须具有准确性、简洁性和明晰性。因此，以上所讨论的商务英语翻译四原则是相辅相成、相得益彰的。

二、商务英语翻译的过程

翻译是把一种语言的信息用另一种语言表达出来的过程。美国著名翻译理论家奈达将翻译过程分为：分析（analysis）、转换（transfer）、重组（restructuring）、检验（test）四个阶段。

第一，分析。分析包括对原文语言现象、文化背景、语篇类型及特征等进行的深入细致的分析。

（1）语言分析主要包括对原文词汇意义（如一词多义、多词同义等）、各成分之间的语法关系（如主谓结构、修饰结构等）、修辞手段（如拟声、双关、头韵、排比等）和惯用法（习语）等进行的分析。当源文本过长时，译者在仔细分析文本语义群的基础上可考虑将原文切分成几个小的部分。当源文本非常复杂时，译者为了消除表层结构和深层结构的不一致性，在进行语言转换之前，对源语文本进行语义结构的改写。改写的目的在于使隐含信息明朗化，消除次要意义和比喻意义。

（2）文化背景分析主要包括对因语言、历史、地理、风俗习惯等不同而造成的各民族独特的表达法和逻辑思维的分析。

（3）语篇类型及特征分析主要包括对原文题材、体裁、文体、风格乃至语篇内在的衔接、连贯等的分析。这对于我们选择翻译方法是至关重要的。一般来说，不同的语篇类型需要不同的翻译方法与之相适应，比如文学翻译就要求译者在翻译过程中具有创造意识，而商务翻译则更注重信息的准确性。因此，在动笔翻译之前，要对原文的语篇类型和文体特征进行认真的分析。

第二，转换。转换是从语义结构分析到产生译文初稿的过程。这个过程在译者的心里完成，即将源语文本的语义信息用合适的目标语表达出来。

第三，重组。结构重组就是组织译文中的词汇特征、句法特征和语篇特征，从而使所针对的读者能够最大限度地理解和领会译文。对于一位优秀的译者来说，整个过程几乎是自动进行的，实际上就像我们使用母语讲话一样。在重组这个阶段中，译者需要牢记：①时刻考虑译文的读者群，以及他们的文化程度。②时刻记住原文作者的写作目的。

第四，检验。对于商务英语翻译而言，在检验的阶段，无疑各种商务文本的读者才具有最大的发言和评判的权力。检验的标准就是我们在上述第二节中已提到的三方面的灵活对等原则。译者可以同时也是检验者，其主要的任务是检验译文是否表达清晰、准确、自然。

检验方法有：

（1）与源文本进行比较。在翻译的全过程中，要不断地将译文和原文进行比较。比较的主要目的在于核对信息内容是否对等，确保没有更改信息、丢失信息和擅自添加信息。

（2）逆向翻译。请熟悉源语和目标语的人将译者已经译好的译文翻译成源语言。这必须在没有接触原文文本的前提下进行，否则会影响效果。逆向翻译得到的译文着重于语义的对等而不在于语言的流畅性。译者再将逆向翻译得到的译文与原文进行比较，找出两者在语义方面的区别和运用翻译技巧和原则的不足之处。

（3）对译文进行理解层面的检验。这是译文成功的关键。检验的目的在于确定译文是否正确传达了原文的信息，译文读者是否能够和原文读者获得同样的信息和感受。检验的具体方法是：请看过译文的人重述译文的内容并回答与译文相关的问题。问题最好是在询问之前就已经精心设计好了的，而不是现场提出的。问题的内容可以是以下方面：整个文本的风格、文章的主旨、细节内容。检验者可以是译者本人，但最好由译者以外的人来承担，因为他人对译文的感觉是全新的。检验者一般为目标语的流利使用者，来自社会不同层次、不同年龄的普通人。检验者对译文的反应可以通过录音和记笔记的形式记录下来，再反馈到译者。

（4）对译文自然程度的检验。即检验译文是否表达自然，风格合适。该检验工作由评论员来完成。

（5)对译文可读性的检验。译者和检验者均可以对译文的可读性进行检验。检验的方法在于请人大声朗读译文的某一个完整的段落或章节，检验者仔细听，并记下朗读者停顿或犹豫过的地方。一篇可读性强的文章应该有好的韵律和风格。这一点同样适用于译文。

（6）对译文一致性的检验。一致性主要体现在内容和格式两个方面：一方面，检验译文中对关键词和概念寻找的对等词在整个译文中是否一致，这在科技、政治以及宗教文件里特别重要。另一方面，检验人名和地名的拼写形式、大小写、标点符号、呈现格式等是否一致。

第四节 商务英语翻译的方法

商务英语是一种具有特殊用途、不同于其他文体的英语，它具有行业特点强，表达方式平实、准确的特点。因此，无论从其词汇、句法甚至从时态和语态上，还是从文字整体语气和风格上，既有其独特的一面，也产生了英语和汉语之间的差异。鉴于此，商务英语文本的翻译必然涉及许多翻译技巧和方法。一般来说，这种文体的翻译技巧，说到底就是对语言差异的“灵活”处理。译者既不能照抄英汉词典的释义，又不能照搬原文的句法结构，而是必须考虑到汉语的遣词造句特征，对译文做出必要的变通，以达到变中求信、变中求顺和变中求实的目的。这里将着重讨论以下翻译方法：选词法、增词法、重复法、减词法；正反、反正表达法；分译、合译法等。

一、选词法

英语同汉语一样，有一词多义的现象。商务英语词汇也是如此。因此，在进行英汉翻译时，译者必须弄懂英语句子结构后，选出关键词最佳的词义。这种方法叫作选词法。尤其要注意，商务英语词汇具有术语性、普通词的专业性、简约性和繁复性等特点，在选词义时，首先应考虑商务英语词汇的特点，其次应确定该词的词类，力求做到在翻译中忠实于原文的意思。例如：

（1）Commodity futures trading is an important part of the buying and selling process.

译文：商品的期货交易是买卖过程中的重要组成部分。

（2）If a particular cargo is partially damaged, the damage is called particular average.

译文：如果某批货是部分受损，我们称之为“单独海损”。

分析：例（1）中 futures 的意义分为“期货”，与其单数形式的抽象意义“未来”相去甚远。例（2）中 particular average 的意思是“单独海损”，是指在保险业中由于海上事故所导致的部分损失，因此 average 一词在本句中的意思是“损失”或“损坏”，而非它的常见意义“普通的”。

二、重复法

重复是汉语里一种常见的现象。它通过有意识地重复某个词语或句子，达到突出明确某种思想、强调某种意义或使文字更生动的目的。译文有时需要力求简练，尽量省略一些可有可无的词，有时则应该将一些关键性的词进行重复。重复法实际上也是增词，只不过增加的词是上文中出现过的词。

（一）重复原文中省略的名词、动词及代词

为了明确某种思想，可以重复原文中省略的名词、动词及代词。这在商务文章的翻译中尤其多见。

（1）John is your friend as much as he is mine.

译文：约翰既是你的朋友，又是我的朋友。（重复名词）

（2）It is on this basis that we should re-examine the world and ourselves.

译文：正是在此基础上，我们应该重新审视世界，并且重新审视我们自己。（重复动词）

（3）The delegation will have the opportunity to meet and talk, not only to present, but also to potential new customers as well.

译文：代表团将不仅有机会和现在的客户会晤、洽谈，而且有机会和潜在的新客户会晤与洽谈。（重复动词）

（4）Jesse opened his eyes. They were filled with tears.

译文：杰西睁开了眼睛，眼里充满了泪水。（重复代词）

（5）Happy families also had their own troubles.

译文：幸福家庭也有幸福家庭的苦恼。（重复代词）

（6）Some have entered college and others have gone to work.

译文：上大学的，上大学了；上班的，上班了。（重复代词）

（二）重复一些比较关键的词

为了强调某种意义或某种情感，英文中常常重复一些比较关键的词，英译汉中也可以采用同样的手段，重复这些关键性的词。

（1）If you didn’t succeed at first，try，try，try again.

译文：起初不成功，可以一试再试。

（2）They would read and re-read the contracts to be signed.

译文：他们往往一遍又一遍地反复琢磨这些待签的合同。

（3）They had to stand there in that heat，watching we go in，come out，come out，go in and never saying anything.

译文：他们在那大热天里站着，一言不发，眼巴巴看着我进去出来，出来进去。

（4）It is impossible to live in society and be independent of society.

译文：生于社会，不能脱离社会。

（三）运用四字词组或成语重复

汉语中的四字词组是一种常见而奇特的语言现象，是汉语词汇的一大特点。为了使译文更加生动，可以采用重复的手法，运用四字词组或成语。

（1）The rain was falling in drops.

译文：雨淅淅沥沥地下着。

（2）Fine words dress ill deeds.

译文：花言巧语，罪恶行径。

（3）Target priorities were established there.

译文：目标的轻重缓急、孰先孰后，是在那里决定的。

（4）Whatever initial worries we had about the plane soon vanished.

译文：不管开始时我们对这架飞机有什么不放心，这种顾虑不久就烟消云散了。

三、增词法

英汉两种语言由于语法结构、文化背景的差异和修辞手段的不同等，在翻译过程中往往会出现词量的变化。增词法就是在忠于原文内容、保持原文风格、展现原文神韵的前提下，为使译文规范化，表达通顺自然，符合中文语言结构和风格，而采用增补词的方法。译者不能脱离原文、随心所欲地滥增滥补。必须是增之有道、补之有理。由于表达方式的不同，翻译时既可能要将词类加以转换，又可能要在词量上加以增减。增词法就是在翻译时按意义上、修辞上和句法上的需要增加一些词来更忠实通顺地表达原文的思想内容。

（一）增加名词

英文不少动词，例如“wash，write，borrow，work”既可以做及物动词又可以做不及物动词，此类动词做不及物动词时往往隐含着宾语，译成汉语时根据表达习惯可以增加相关的名词。名词在汉语中使用得非常广泛，因此在翻译时，在保证原文基本意义不变的基础上，有时需要增加某些名词使译文更加通顺，符合汉语的表达习惯。比如说，英语中有些动词用作不及物动词，但其宾语往往是隐含在动词后面的，因此在译成汉语时就需要把它表达出来。再如，英语中很多形容词在句子中是作为表语出现的，在翻译时我们就应根据需要将其说明的对象补充完整。

例如：在不及物动词后增加名词。

Day after day he came to his work—sweeping，scrubbing，cleaning.

他每天来干活——扫地，擦地板，收拾房间。

此外，某些由动词或形容词派生来的抽象名词，或者具体在表达抽象含义时，在翻译时可根据上下文在其后面增添适当的名词，使译文更合乎规范。例如：

We should try to urge an easing of tensions between our two companies through negotiation.

译文：我们应该主张通过谈判来缓和我们两家公司的紧张关系。

（二）增加表示名词复数的词和概括词

英语中名词有单复数变化，汉语中没有，翻译中有时需要增加一些词。但要表达强调多数的含义时，可以根据情况，在名词后增加“们”、“诸位”、“各

位”，或增加重叠词、数词或其他一些词来表达。这样还可以增强修辞效果。例如:

（1）Directors went flying off to the headquarters in New York.

译文：董事们纷纷飞到纽约总部去了。

（2）The purpose of making scientific and technological progress is to improve the economic performance of enterprises by disseminating applicable new findings.

译文：企业的技术进步应围绕着改进企业的经济效益，大力传播先进、适用的科技成果。

（3）The first computer used the large，heavy valves and other components which made equipment very large.

译文：第一代计算机采用大而笨重的电子管和其他元件，因此设备非常庞大。

（三）增加表示时态的词

英语借助于动词词形变化，或使用助动词表示时态。汉语动词没有时态变化。除了用“曾”“已经”“过”“了”等表达过去的概念，用“在”“正在”“着”表示进行时态，用“将”“就要”“会”“变”等表达将来的概念之外，要强调时间概念时，可增补时态助词和其他的一些表示时间的词。

例如：

More recently，Americans have been moving from the cities to suburbs.

译文：最近，美国人一直不断地从城市向郊区迁移。

（四）增加其他的词

在英译汉中，除了上面所提到的增加名词、增加表示复数的词、增加表示时态的词之外，根据意义或修辞上的需要，还可以增加其他的词。可以在名词前后增加动词、增加形容词，在动词前后增加副词、增加语气助词、增加概括词及承上启下的词。例如：

（1）Despite changes in the load，the voltage applied to it remains fairly constant.

译文：尽管负荷出现了变化，但应用的电压却仍保持不变。（增加动词）

（2）His departure depends on the weather.

译文：他能否动身要由天气来决定。（增加副词）

（3）With the meeting to begin in just a couple of hours，they hadn’t the time to worry about such trifles.

译文：不出两三个小时会议就要开始，他们没有闲工夫为这些琐事操心了。（增加形容词）

（4）My audiences vary from tens to thousands.

译文：我的观众从几十人到几千人不等。（增加语气助词）

（5）The report summed up the changes in payment，deliver date and loan rate.

译文：这个报告总结了支付手段、交接日期及贷款利率三方面的变化。（增加概括词）

（6）Yes，I like Chinese food. Lots of people do these days，sort of the fashion.

译文：不错，我喜欢中国菜。现在很多人喜欢中国菜，这种情况算是有点赶时髦吧！（增加承上启下的词）

（五）根据句法上的需要进行增词

英语中有很多省略的情况，可以省略上文所提到的部分。例如：在回答句中省略问句中所提到的事物或动作，在并列句中省略相同的动词，在比较句中省略比较对象的情况，在含蓄条件句中省略条件部分。因此在英译汉时，有时需要将英语中省略的部分翻译出来才能符合汉语的表达习惯，这就要求我们在英译汉的过程中根据句子结构的要求增补原文中各种省略的部分。

例如：

We won’t retreat，we never have and never will.

译文：我们不会后退，我们从未后退过，将来也绝不后退。（增加原文中省略的动词）

Until these issues are resolved，a technology of behavior will continue to be rejected，and with it possibly the only way to solve our problems.（增加原文中省略的动词或谓语部分）

译文：在这些问题得到解决之前，行为技术会继续受到排斥，解决问题的唯一方式可能也会随之继续受到排斥。

The Guardian，Le Monde and the United Morning Post all reported the financial crisis in Southeast Asia.

译文：英国的《卫报》，法国的《世界报》以及新加坡的《联合早报》都对东南亚的金融危机进行了报道。（增加文字的背景内容）

"It is pity your mother couldn't come," said father, "It would be wonderful to show her around."

译文："真遗憾你母亲不能来，"父亲说，"如果她来了，带她逛逛该多好。"（增加原文含蓄条件句中的省略部分）

Better be wise by the defeat of others than by your own.

译文：从别人的失败中吸取教训比从自己的失败中吸取教训更好。（增加原文比较句中的省略部分）

四、减词法

所谓英译中的减词法，是指由于英汉两种语言在语法结构、表达方式以及修辞手段上的不同，有些短语或句子成分在英语中是必不可少的，但是照搬到译文中去，就会影响译文的简洁和通顺。因此在商务英译汉的过程中，为了使译文更加简练，更符合汉语的表达习惯，需要省略一些可有可无或翻译后反嫌累赘的词语。但必须注意，略译不是删掉原文中的某些内容，在不宜略译的情况下，不要随便省略。

（一）省略代词

英语中代词的使用非常广泛，用以指代前边或后边提到的人或事物；或指代大家共知的人或事物。相反，汉语中代词的复现率远远低于英语。因此，英译汉时，只要句意清楚，不会引起误解，在很多情况下会省略代词。

（1）省略人称代词。根据汉语习惯，前句出现一个主语，后句如仍为同一主语，就不必重复出现。英语中通常每句都有主语，因此人称代词做主语往往多次出现，这种人称代词汉译时常常可以省略。例如：

He was thin and haggard and he looked miserable.

译文：他消瘦而憔悴，看上去一副可怜相。

（2）省略物主代词。英语中的物主代词，汉译时往往可以省略。必须省略时不省，会使译文拖沓，不合汉语习惯，如 Wash your hands before the meal 译作饭前洗手，如果不省掉这个"your"而译成"饭前洗你的手"，就不合汉语习惯了。例如：

He shrugged his shoulder, shook his head, cast up his eyes, but said nothing.

译文：他耸耸肩，摇摇头，两眼看天，一句话不说。

（3）it 的省略。it 也是一种代词，在 it 不指代任何具体内容的情况下，即“非指代性 it”，通常可以起到三种作用：第一种是表示非人物的时间、距离、天气等意义，即“虚义”it；第二种是以 it 做“先行主语”或“先行宾语”的句子，即“先行”it；第三种是以 it 做引导词的强调句型，即“强调”it。英语中的代词 it 十分灵活，使用率很高。除上述三种之外，还普遍用作先行主语、先行宾语、强调句等。在翻译在这类句型结构时，it 往往略去不译。

例如：

He glanced at his watch; it was 7：15.

译文：他一看表，七点一刻了。（“虚义”it）

（二）省略连词

汉语中连词用得不多，其前后关系常常是暗含的，由先后次序来表示。而英语中连词用得则比较多。因此，汉译时，英语中表示原因、条件或时间的从属连词有时可以省略。

（1）省略并列连词，例如：

Mr. Bingley was good-looking and gentleman-like.

译文：宾利先生风度翩翩，彬彬有礼。

（2）省略从属连词。与并列连词相比，从属连词数量要大得多，用法也繁杂得多。无论是时间状语从句、原因状语从句、条件状语从句，还是起各种语法作用的名词性从句，均需相应的连词引导。汉译时这些连词经常可酌情省略。例如：

After all, it did not matter much, because in 24 hours, they were going to be free.

译文：反正关系不大，24 小时后他们就要自由了。

（三）省略冠词

英语中有冠词，而汉语中没有冠词。汉译时往往要斟酌，是否把冠词的意思译出来。一般说来，除了带有明显指示意义的定冠词和含有明显的表示“一个”或“每一个”意思的不定冠词需翻译出来之外，其他情况一般可以省略不译。例如：

AT&T will not put a dollar figure on how much it will end up investing.

译文：美国电报电话公司不打算透露它最终要投资多少美元。

当然，有些习惯短语中的冠词翻译时不可随便省译，冠词的有无，其意义会大相径庭，切不可想当然，比如，out of question（没问题）与 out of the. question（不可能）、take place（发生）与 take the place（代替）、in control（控制）与 in the control（被控制）等。

（四）省略介词

例如：Hydrogen is the lightest element with an atomic weight of 1.008.

译文：氢是最轻的元素，原子量为 1.008。（省略介词）

（五）省略名词

商务英语中常常出现充当主语和表语的名词相同以及充当其他句子成分的名词相同的情况，汉译时按照修辞上的要求，往往要省略重复的名词。此外，有些名词在英文中是必要的，若译成中文便成了画蛇添足，因此也不宜译出。

例如：The company has now 35 representative offices and agencies within China and four representatives out.

译文：我公司在国内设立了 35 个代表处和分销点，4 个国外代表处。

又 如：Many companies turned up the heat on their sales incentive programs，which pushed agents to sell to more marginal customers and employ more marginal customers and employ more marginal sales tactics.

译文：许多公司搞了一些促销活动，鼓励销售人员进行一些打擦边球式的营销手段。

（六）修辞性省略

英文中为强调目的重复使用的句子成分以及事理明显的表述成分，翻译时依据汉语的表述习惯可以省略不译，以取得译文简洁的修辞效果。修辞性省略属于不易掌握的一种翻译技巧。它是指从译文的修辞角度考虑，省略掉原文中某些不言而喻、不说自明的词，或省去原文中某些重复的词。如果说语法性（结构性）略译是比较消极的略译手法，那么修辞性略译则是积极的略译手法。前者一目了然，后者则不易把握。

University applicants who had worked at a job would receive preference over those who had not.

译文：报考大学的人，有工作经验的将优先录取。

（七）省略英语中的重复部分及一些可有可无的词

例如：

The Pacific alone covers an area larger than that of all the continents put together.

译文：仅仅太平洋的面积就比所有的大陆面积的总和还要大。（省略重复部分）

Could you help me in any way？

译文：你能帮帮我吗？（省略可有可无的词）

Reform and opening up are the requirements of the country’s socialist modernization drive and represent the right choice.

译文：实行改革开放是中国社会主义现代化建设的需要，是正确的选择。（省略可有可无的词）

（八）略去赘语以符合汉语表达习惯

有时候，英语表达某一概念时用词冗长，如果照字面直译过来，会使译文变得啰嗦，有损于简洁，在这种情况下宜省去赘语不译。例如：

He asked the divisions to give their mutual cooperation to the project.

译文：对于这个计划，他要求各部门给予合作。

句中，“mutual cooperation”如照直译作“相互合作”，译文比较啰嗦。“合作”一词实际已包含了“相互”的意思。

（九）同义词或近义词并译

英语同汉语比较，前者表达某些概念时要比后者具体、细致。譬如“广告”，英语中有“advertisement”表示文字广告和“commercial”表示电视插播广告之分，而汉语则无此区别，因此遇到原文中有这类词语连用时，根据同义相并的原则可以考虑并译。例如：

On the other hand, advertisements and commercials do many important things for society: They convey business information, facilitate communication and help keep the business world moving.

译文：另一方面，广告也为社会做了许多重要工作：传递商品信息，便于相互沟通并促进商界得以正常运作。

五、正反、反正表达法

由于英汉两种语言表达习惯不同，翻译时，为了适应句子结构、修辞习惯、上下文呼应和文化背景的需要，为了使译文忠实而又符合原文的表达内容，有时必须把原文中的肯定说法变成译文中的否定说法，或把原文中的否定说法变成译文中的肯定说法。英文使用否定性词语表达的手段十分丰富，常用的否定性词语有“never，no，not，none，nobody，nothing，neither，nor，little，rarely，nearly，hardly，barely，seldom，few，little”等。此外，英文否定性质的前缀及后缀也常用来构成否定的表达手段。汉语否定性的词语主要有“不、无、非、否、莫、别、甭、没、勿”等。英文反面表达往往有增强语势、加深印象的修辞效果。为了加强语气或加深印象，英文有时用两个含有否定意义的成分表达一个肯定的意思，这在修辞学中称为“understatement”。例如，“It was not without reasons that the council decided to take such measures.”（安理会采取此种措施不是没有理由的，即安理会完全有理由采取此种措施。）“He was not displeased with her honesty…it took a certain amount of experience in life, and courage, to want to do it quite that way.”（他对于她的直率没有感到不快……那样做得有点生活经验和胆识才行。）有时英文反面表达是出于委婉或讽刺的目的以达到幽默的效果。例如，“She is not so beautiful.”（她长得不是那么漂亮，即长得丑。）“This is no small question.”（这可不是小问题，即问题非常重大。）翻译时，要细细体味原文微妙的感情色彩，根据汉语的表达习惯可以将原文正面表达的意思在译文中从反面加以表达，或者将原文反面表达的意思，在译文中从正面加以表达。当然，译文也可以保持原有的表达方式，只要表达通顺、合乎习惯就行。

（一）正反译

正反译就是用变换语气的方法把原文的肯定式译成汉语的否定式。一般情况下，原文中若暗含否定含义或形式是肯定的，但意思是否定含义时，我们常用这种翻译方法。翻译时运用这一方法有时可以使译文更合乎汉语规范，更恰当地表达原文的意思。如 wonder可以译成“不知道”“difficult”可以译成“不容易”“anything but”可以译成“绝对不，一点也不”“Excuse me.”可以译成“对不起。”“Exactly!”可以译成“一点不错！”……。这里我们可以看出，汉语的否定式就是使用了“不”“非”“无”“没有”“未”等词。

英语中有许多词，翻译时，从正面表达和从反面表达都行得通，应根据上下文选用一种能更确切地表达原文思想内容的说法。很多词类，短语及句子都可以用正反译这种方式来翻译。

例如：

The demand for our products exceeds the supply.

译文：我们的产品供不应求。（将动词正反译）

We may safely say so.

译文：我们这样说万无一失。（或：我们这样说错不了。）（将副词正反译）

The explanation is pretty thin.

译文：这个解释是相当不充实的。（将形容词正反译）

His conduct has always been above suspicion.

译文：他的行为一向无可怀疑。（将介词正反译）

I will not go unless I hear from him.

译文：如果他不通知我，我就不去。（将连词正反译）

This failure was the making of him.

译文：这次不成功是他成功的基础。（将名词正反译）

Ex-Governor Stark remained a private citizen.

译文：前州长斯塔克自从卸任以来，一直没再做官。（将名词正反译）

We believe that the younger generation will prove worthy of our trust.

译文：我们相信，年青一代将不会辜负我们的信任。（将短语正反译）

The decision has to come.

译文：决定还没有做出。（将句子正反译）

正反译的方法在翻译贸易信函中，尤其是英译汉时，用途较广。商贸书信一般要求尽量避免或少用否定形式，因此，译成汉语时应格外注意根据汉语的表达习惯正确地选择肯定或否定的形式。

（二）反正译

“反正译”指的是英语从反面表达，汉语从正面表达。翻译时恰当运用这一方法可以使译文自然流畅。从反面表达，主要指英语中用否定词语 no，not 或者带有 de-，dis-，im-，in-，un-，-less 等否定词缀的词。此外，英语中含有否定词语的结构及双重否定结构也常用这种方法来翻译。含有否定词语的结构有：not. . . until、no less than、no more than、nothing but、cannot. . . too 等。例如：

Don’t stop working.

译文：继续干活吧。

与正反译一样，很多词类，短语及句子也都可以以反正译这种方式来翻译。例如：

The doubt was still unsolved after his repeated explanations.

译文：虽经他一再解释，疑团仍然存在。（将动词反正译）

He carelessly glanced through the note and got away.

译文：他马马虎虎地看了看那张便条就走了。（将副词反正译）

Suddenly he heard a sound behind him，and realized he was not alone in the garage.

译文：她忽然听到背后有声响，便立刻意识到车库里还有别人。（将形容词反正译）

He manifested a strong dislike for his father’s business.

译文：他对他父亲的行业表示强烈的厌恶情绪。（将名词反正译）

Metals do not melt until heated to a definite temperature.

译文：金属要加热到一定温度才会熔化。（将短语反正译）

Quality never goes out of style.

译文：质量与风格共存。（将句子反正译）

In a little town such things cannot be done without remark.

译文：在小镇上，这类事情总会引起别人的注意。（双重否定）

六、分译、合译法

英译汉时，我们有时可以把原文的句子结构完整地保留下来，或者稍微加以改变。但是在很多情况下，我们需要对句子结构做出较大的调整。这就要求我们在翻译时针对句子的整体构成，而不仅仅是对个别词或短语进行关注，并使用不同的技巧来翻译。

分译、合译法就是改变原文句子结构的重要方法。下面对这两种方法分别进行介绍。

（一）分译

分译法就是把原句中的某些成分分出来另做处理，译成独立的句子。对有些英文句子采用分译法可以使译文简洁、明确、层次分明，符合汉语的规范。分译可以分为单词分译、短语分译及整体分译。英语长句子比较多，汉语句子相对而言比较短。在翻译时可以改变原文结构，把原文的某个成分从原来的结构中分离出来，译成一个独立成分、从句或并列分句。

1. 把原文中的一个单词译成句子

翻译时，可以把原文中的一个单词译成句子，使原文的一个句子分译成两个或两个以上的句子，这包括副词、名词、形容词、动词等的分译。例如：

Reluctant, he agreed to help.

译文：他答应帮忙，但却显得很勉强。（副词的分译）

At present people have a tendency to choose the safe of of the middle-ground reply.

译文：现在，人们都倾向于采取不偏不倚的态度来回答问题，因为那样安全、不招风险。（名词的分译）

At daybreak Tom was awakened by a sound that made him know that he had new things to learn about fear.

译文：黎明时刻，汤姆被一种声音惊醒了，这声音使他意识到自己面临着新的可怕的事情。（定语从句分译成独立句）

His announcement got a mixed reaction.

译文：他的声明引起了反应，不过有好有坏。（形容词的分译）

Would Britain and Italy be willing to match those rates and see their own economies plunge deeper into an already punishing recession ? The answer turned out to be a resounding no.

译文：英国和意大利是否也愿意相应地提高利率，而使自己已遭衰退沉重打击的本国经济跌入深渊呢？回答是“不愿意”，而且声音洪亮，理直气壮。（形容词的分译）。

分析：原文中的“resounding”一词如不拆出来翻译，译文很难做到通顺、易懂，无论怎样措辞，都很难与汉语“声音洪亮的”搭配起来。而拆译后不仅避免了搭配不当的问题，而且将英、意反对提高利率的态度充分地表现了出来。

The town boasts a beautiful lake.

译文：镇上有个美丽的湖，人人以此自豪。（动词的分译）

2. 把原文中的一个短语译成句子

翻译时，可以把原文中的一个短语译成句子，使原文的一个句子分译成两个或两个以上的句子。例如：

Throughout his life, Benjamin Franklin continued his education, learning from human contacts as well as from books.

译文：弗兰克林整个一生都在受教育，他不仅从书本中学习，而且也从与人交往中学习。

It was a hot summer. I was on my vocation. The three of us...

译文：一个炎热的暑假里，我们三人……

Technology intensive industries, such as microchip manufacturing and pharmaceuticals, should qualify for unilateral action on the part of the U.S. in anticipation of multinational agreements later on.

译文：技术密集型产业，如微电路芯片制造业和制药业，就应由美国单方面采取行动（予以补贴），然后再争取多国协议的承认。

Please submit full specifications of your equipment together with terms of payment and discount rate.

译文：请提供贵公司所生产设备的各种详细规格说明，并告知付款条件和折扣率。

His delegation welcomed the fact that UNDP was prepared to respond to emergency needs as then arose, despite the basically long-term operations that characterized those programmes.

译文：尽管联合国开发计划署的特点是开展基本上比较长期的业务活动，但是该机构也做了应急准备；对此，他的代表团表示欢迎。

3. 把原文中的一个句子拆开译

翻译时，可以把原文的一个句子拆开，译成两个或两个以上的句子。例如：

These factors mean that importing and exporting are subject to a lot of formalities, such as customs entry and exchange control approval, from which the home retail and wholesale trades are free.

译文：这些因素意味着进出口贸易受许多手续的牵制，诸如报关和外汇审批；而国内的零售及批发业务则不受此限制。

In London they may place their business through Lolyd' s, the center of marine insurance which started in a seventeenth-century coffee house.

译文：在伦敦，他们通过劳埃茨保险公司进行业务活动，该公司为海运保险中心，早在 17 世纪就在一家咖啡馆内开始营业。

They have known that for a long time now in the industrial Midwest, where Japanese competition eviscerated the auto-steel and machine-tool industries.

译文：在工业化的中西部，人们知道这一点为时已久。在那里，日本的竞争挫伤了汽车、钢铁和机器制造诸行业的元气。

It will also have its own offices, associates or agents in the countries with which it trades, and a long experience of dealing with the many categories of people involved in import and export.

译文：他们在那些与他们进行贸易的国家中部设有自己的办事处、联号或者代理，并能与从事进出口业务的各类人打交道，经验堪称丰富。

（二）合译

和分译法不同，合译法是将不同的句子成分组合在一起，使其更符合汉语的表达方法。即把两个或两个以上的简单句或复合句译成一个汉语的单句或复合句。当英语中两个或两个以上的简单句或复句关系密切，意义贯通时，可不限于原文的表层结构，将它们合译成一个汉语单句或复句。合译有时可以使译文的句子意义完整并避免不必要的重复，使译文紧凑、简练、语气连贯、合乎汉语的表达习惯。合译时，可以将原文中的两个或两个以上的简单句译成一个句子，也可以把原文中的主从复合句或并列复合句译成一个句子。

例如：

He was vero clean.　His mind was open.

译文：他为人单纯而坦率。（将单句合译成一个句子）

When we praise the Chinese leadership and the people, we are not merely being polite.

译文：我们对中国领导人和中国人民的赞扬不仅仅是出于礼貌。（将主从复合句合译成一个句子）

It was not until the nineteenth century that heat was considered a form of energy

译文：直到 19 世纪，热才被看作一种能量。（英语强调句合译成简单句）

Last year I met Jane，and we became friends.

译文：去年我与珍相遇并成了朋友。（将并列复合句合译成一个句子）

The door was unlocked. Jenny went inside and sat down. She was near collapse, barely able to move her swollen feet.

译文：门没有上锁，詹妮走进去坐了下来，极度的衰弱几乎使她无力挪动她那红肿的双脚。（将并列复合句合译成一个句子）

The Post Office was helpful, and Marconi applied in June. 1896, for the world' s first radio patent.

译文：在邮局的帮助下，马可尼于 1896 年 6 月获得了世界第一项无线电专利。（将并列复合句合译成一个句子）

第五节 商务英语翻译对译者素质的要求

翻译是由译者主导的在不同语言之间进行的一种语言交流活动。译者所起到的作用就好比在使用不同语言的人们之间架起了一座桥梁，把一种语言文字所表达的意义用另一种语言文字表达出来。这种语言转换的过程要求译者能够准确地表达译文所要表达的全部信息，即原文所含有的全部文字、思想、情感及形式等。好的翻译作品能把原文的内容、思想、观点、立场和所流露的感情等充分地在译文中体现出来。但要做到这一点并非易事，不是只要懂外语就能做翻译。要想真正地做好翻译工作，除了懂外语，还必须掌握一些翻译理论和翻译方法，不断提高语言文字水平以及文化、专业知识水平，并在实践中不断地磨炼。商务英语翻译是一种既涉及不同语言又涉及商务专业领域的跨语言的转换活动。要娴熟地从事翻译活动，译者必须进行大量的翻译实践锻炼和长时间的翻译技巧训练，才有可能真正领悟翻译的真谛。可以说，商务英语翻译对译者有着非常严格的要求。

第一，要热爱翻译、要眷顾翻译。众所周知，真知源于热爱。对于任何事情，真心好之，从而学之，必有所得。若非好之，或以为敲门砖，或以为垫脚石，即有小得，终难深造。对于翻译尤其如此。凡以获取功利为目的而学习翻译的人，终究难以修成正果。

第二，要具备领悟翻译真谛的能力。在我所接触的很多学习翻译的人当中，很多人缺乏悟性。所谓悟性，是指人对事物的分析和理解的能力。培养翻译人才通常要在课堂上进行，但课堂上所讲的内容和案例是非常有限的。作为翻译学习者，应该从课堂教学的有限例证和讲解中，悟出关于翻译的更多问题。

第三，应精通翻译所涉及的不同语言。翻译既是对语言的理解，又是对语言的表达。没有非常过硬的语言基本功，没有掌握翻译所涉及的不同语言的词汇语法，没有对翻译所涉及的不同语言的语感，要成功地从事翻译，是不可能的。因此，作为译者，要精通翻译所涉及的不同语言的方方面面。

第四，要充分掌握商务领域的专业知识。所谓充分掌握，是指译者要成为所涉专业领域的行家，做到在翻译时说的是行话，表达的是符合专业规范的语言。商务领域的专业知识是指涉及经济、贸易、金融、财政、投资、物流、管理、会计、流通、营销、人力资源、电子商务、信息技术、商务信函、商务合同与法律、商务广告、商务信用证、产品说明书等方面的专业知识，同时还包括这些领域内的文化知识和规范做法。

第五，扎实的语言功底，要想做好翻译工作，对译者最基本的要求就是对源语和目的语有良好的把握能力，因此要成为一名优秀的翻译工作者首先要有扎实的英语和汉语基础。例如，要具备较高的阅读能力，这样才能准确地理解原文、保证翻译质量；还要具备较高的语言表达能力，这样才能译出通顺流畅的译文，让读者或听众理解起来没有障碍。因此，译者要不断努力提高自己的英语和汉语水平，对英汉两种语言的词汇、习语、句型结构、修辞手法等有足够的认识和了解。

第六，要严谨求实，勤奋好学。翻译是一项要求译者有着一丝不苟精神的语言转换活动。要做到这一点，译者必须具有严谨的态度，在处理每一个翻译问题时，都要严密谨慎。同时还要求实，即讲求实际，对于具体的翻译问题必须做具体分析，确保依赖情景语境和社会文化语境来处理每一个翻译问题。另外，译者还必须勤奋好学，即要勤于翻译、勤于思考、勤于揣摩。只有这样，才有可能不断地获取经验，不断地往前进步。

第七，要善于从翻译大家的译作中寻找闪光点，并学会为我所用。在初级阶段的为我所用，也许只是蹒跚学步的模仿，但渐渐地，我们一定会深有领悟，并最终使自己的译文绽放出光彩。

第八，要不断培养自己以不变应万变的能力。要对翻译有所领悟，的确需要大量的翻译实践做基础。但作为译者，应学会善于观察各种翻译实例，并对所遇到的翻译实例进行归纳和总结，将这些归纳和总结提升为翻译理念。这些翻译理念往往具有普遍的指导意义。有了这些具有普遍指导意义的翻译理念，我们就能够以不变应万变。

参考文献

[1] 蒋景东．商务英语教学论 [M]. 杭州：浙江大学出版社，2011.
[2] 朱文忠．商务英语教学研究 [M]. 西安：世界图书西安出版公司，2011.
[3]Sylvie Donna. 商务英语教学 [M]. 北京：清华大学出版社，2016.
[4] 董金玉，赵坤，张琳．商务英语教学论 [M]. 哈尔滨：黑龙江教育出版社，2013.
[5] 夏璐．商务英语教学设计 [M]. 武汉：华中科技大学出版社，2016.
[6] 姜伟杰．商务英语教学理论研究 [M]. 长春：吉林大学出版社，2016.
[7] 王光林，彭青龙．商务英语教学与研究 [M]. 上海：上海外语教育出版社，2008.
[8] 刘永厚．商务英语教学研究 [M]. 北京：中国人民大学出版社，2016.
[9] 田卉．任务型商务英语教学研究 [M]. 北京：国防工业出版社，2011.
[10] 李琳娜．商务英语教学理论与实践研究 [M]. 长春：吉林大学出版社，2016.
[11] 刘沛．商务英语教学理论与实践 [M]. 武汉：武汉大学出版社，2015.
[12] 郭晓燕．现代实用商务英语翻译 [M]. 北京：对外经济贸易大学出版社，2013.
[13] 莫群俐．国际商务英语 翻译与写作 [M]. 杭州：浙江工商大学出版社，2013.
[14] 李朝．实用商务英语翻译教程 [M]. 上海：复旦大学出版社，2003.
[15] 陈建平．商务英语研究 [M]. 杭州：浙江大学出版社，2010.
[16] 余美君．商务英语翻译 [M]. 重庆：重庆大学出版社，2012.
[17] 王盈秋，张莉．商务英语翻译教程 [M]. 北京：北京理工大学出版社，2010.
[18] 陈程．跨文化旅游英语实践教程 [M]. 上海：东华大学出版社，2016.
[19] 曾文华，付红桥．商务英语翻译 [M]. 武汉：武汉理工大学出版社，2014.
[20] 杨大亮．大学商务英语翻译教程 [M]. 北京：北京大学出版社，2003.
[21] 叶琴法，陈小莺．外国语言教学与研究 [M]. 杭州：浙江大学出版社，2009.
[22] 李宏亮．商务英语翻译 [M]. 北京：对外经济贸易大学出版社，2010.
[23] 张佐成．商务英语的理论与实践研究 [M]. 北京：对外经济贸易大学出版社，2008.
[24] 曹深艳．商务英语翻译实务 [M]. 北京：科学出版社，2008.
[25] 苑春鸣，姜丽．商务英语翻译 [M]. 北京：外语教学与研究出版社，2013.
[26] 李太志．商务汉英语言文化对比分析与翻译 [M]. 北京：国防工业出版社，2013.
[27] 郑月莉，李正栓．商务英语翻译教程 [M]. 保定：河北大学出版社，2011.
[28] 贺雪娟．商务英语翻译教程 [M]. 北京：外语教学与研究出版社，2007.
[29] 马会娟．商务英语翻译教程 [M]. 北京：中国商务出版社，2004.
[30] 潘月洲．商务英语翻译教程 [M]. 北京：北京交通大学出版社，2008.
[31] 翁凤翔．当代国际商务英语翻译 [M]. 上海：上海交通大学出版社，2007.

[32] 房玉靖，刘海燕．商务英语翻译教程 [M]．北京：清华大学出版社，2012.
[33] 栾颖，韩立华，贯丽丽．商务英语翻译 [M]．北京：世界图书出版公司，2012.
[34] 冯莉．商务英语翻译 [M]．长春：吉林出版集团有限责任公司，2010.
[35] 刘靖．实战商务英语翻译 [M]．北京：冶金工业出版社，2009.
[36] 刘校海．商务英语翻译实训教程 [M]．上海：上海交通大学出版社，2010.
[37] 景志华．商务英语翻译 [M]．北京：对外经济贸易大学出版社，2015.
[38] 詹书权，颜卓文，袁妮子．商务英语笔译实务 [M]．南京：南京大学出版社，2012.
[39] 王森林，肖水来．商务英语翻译 [M]．武汉：武汉大学出版社，2013.
[40] 宋霞．实用商务英语翻译 [M]．天津：天津大学出版社，2013.
[41] 梁雪松．实用商务英语翻译教程 [M]．北京：北京大学出版社，2013.
[42] 吴巧蓉，林南强．商务英语翻译实训教程 [M]．北京：机械工业出版社，2012.
[43] 葛蕴鲜，王小平．商务英语翻译教程 [M]．石家庄：河北人民出版社，2010.
[44] 冯艳昌．语言・跨文化交际・翻译 [M]．北京：中央编译出版社，2012.
[45] 李波阳．商务英语汉英翻译教程 [M]．北京：中国商务出版社，2005.
[46] 李明清．商务翻译标准多元论 [M]．长沙：湖南人民出版社，2009.
[47] 张彦，李师君．商务文体翻译 [M]．杭州：浙江大学出版社，2005.
[48] 鲍文．国际商务英语学科论 [M]．北京：国防工业出版社，2009.
[49] 李明．商务英汉翻译教程 [M]．上海：上海外语教育出版社，2010.
[50] 阮绩智．商务英语听说 [M]．杭州：浙江大学出版社， 2012.
[51] 夏伟华，苏红．商务英语翻译教程 [M]．北京：电子工业出版社，2010.
[52] 沈银珍．商务英语口、笔译 [M]．杭州：浙江大学出版社，2006.
[53] 李晓坤．关于提高商务英语阅读能力的探讨 [J]．商场现代化，2008(21)：397
[54] 李晓坤．商务英语的语言特征及翻译技巧 [J]．商场现代化，2008(22)：189.
[55] 李晓坤．如何写好商务电子邮件 [J]．商场现代化，2008(25)：192.
[56] 李晓坤，李嫦英．依托区位优势建设商务英语校内实习基地探究 [J]．河北北方学院学报（社会科学版），2016(1).
[57] 李晓坤．商务英语专业学生自主学习能力的培养 [J]．教育，2016（11）.
[58] 李晓坤．商务英语教学中课程设置的需求分析研究 [D]．河北师范大学，2016.